Lolaa amantii isa gaarii sana loli

Hojii Waaqayyoo isa dinqisiisaa keessatti ga'ee kee rawwadhu

Barsiisaa duuka bu'umsa hundee qulqulla'oo

Luba Don Allsman fi Luba Doctor Don L. Davis

TUMI Press
3701 East 13th Street North
Wichita, Kansas 67208

The Urban Ministry Institute · Tajaajila World Impact, Inc. ti.

Lola amantii isa garii sana loli: Hojii Waaqayyoo isa dinqisiisaa keessatti ga'ee kee rawwadhu

Dabata tajaajila magalaa (The Urban Ministry Institute)
3701 East, 13th Street North
Wichita, KS 67208

ISBN : 978-1-62932-981-9

Maxxansa TUMI tiin maxxanfame
Daree Worldi impaktii, inc

Dhabat tajaajila magalaa tajaajila worldi impaktii inc ti.

Dubbiin Waaqayyoo maqaa dhame hundi barressichaan ta'e.

Hiika suuraa isaa haguuggii iraa
Fakkiin kun kan inni argisiisu nama kuufama bishanii bira dhaabatu. Akkuma gad ilaaleen gaaddiduu ofii isaa akka loltii Kirstoositti arga. (Efeeson 6: 10-18 irraa)

Macaafni kun kan barreffame kabaja warra namootaa duukabuutuu godhanii fi haaraa fi guddachaa jiraaniif kabaja barreffame.

Lubootaaf, barsiisotaaf, hodoftootaa gorsitoota, karaa afuuraa kan agarsiisaniif, warraa duuka-buutummaaf nam qaraniif- warraa kara afuuraa nama gargaaranii fi warraa qulqullootaaf hirriyoota taan hundaaf, warraa yeroo hundaa fedhi isaanii itti fufanii nama jajjabeessuu fi kirstoos irratti ijaaruudhaaf dhimmanii fi warraa jalaalaaf dhama'an, karaa irraa buusan, warraa afuurri qulqulluun adunyaa guutuutti itti argaaramu-

Akkama isaan kennaa isaaniin dhalootaa afuuraan ga'oo ta'an guddisuudhaaf dhimma itti ba'anii mootumaa isaa baballisuuf Kirstoosiif ulfina kennaniin ayyaana Waaqayoo hin kabajina.

• • •

Gurmuu koo waggoota darban kan ta'an Fairmount Park, dargaggoota akka gootii kan ta'an magalaa keessa irratti sanyii facaatuu maal akka ta'ee warraa amantiif. facaasuutti amanan

~ Don Davis

• • •

Shirley Isaacf, miiltoo koo kutaa 6ffaa kan Kirstoosii Wajjin wal nabasiisifte, Theron Friberg geggessa dargagoota waldaa yeroo mana barumsaa kutaa lammaffaa turee, nama jireenya isaa macaafa qulqulluuf godhee fi nama akkamittiin afuuraa akka deeman na barsiise.

~ Don Allsman

• • •

Akkasumas wanti at dhugabatoota bayyee biratti ana irraa dhageesse fi nama amanamaatti nama barsiisuu danda'utti laatte warraa kaanis in barsiisa.

~ 2 Timotewos 2.2

GABATEE QABIYYEE BARREFAMAA

SEENSA

Duukabuutummaa walquunnamtii beekumsaa otuu hin ta'in walquunnamtii jireenyya ti.

~ Huan Carlos Ortiz

Lotoota hiryoota ko, Maqaa Yesuus Kirstoos is jabaa sanaan nagaa isin gaafadha.

Isin Warraa duuka-buutuu /loltoota Kirstoos duddacha jirtaniif a qabeenyya fayyadu kan yeroo isinii dhi'eessinu gammachuu guddaatu nutti dhaga'ama, lola amantii isa gaarii sana lolaa: Do'ii Waaqayyoo isa mullataa sana keessatti ga'ee keessamn rawwadhaa. Macaaf barsiisa kanaa kannin bakka bu'u ilaalcha nu dubbii Waaqayyoof qabnu, Seenaa Waaqayyoo waliigalaa keessatti waan macaafnni qulqulluu waa'ee hirmaanaa keenyaa ilalchisee jedhu. Seenaan biyyi lafa karoorri isaa fi bakka ga'umsaa isaa hundi macaafa ququlluu keessa akka jiru amanneerra. Maccafni qulqulluun Waaqayyoo barressa jireenya, uumaa ardii, kan karaa Abrham ji'a gara biyya lafaatti erguudhaan maatii biyyaa lafaa eebbisu. Waaqayyoo ofii isaa saba Isra'eeltti beeksisee, karaa kana masi'icha fidee isa dibe. Yeroos hojjetaa Waaqayyoo filatamee gara biyya lafaa dhufeedha, kunis du'a mo'uudhaaf, abarssa ballessuudhaaf, fi mootummaa isaa sanyii namootaa gidduu dhaabbachuudhaaf.

Dhugaamatti, masi'ichi karaa saba isaa saba Israeel dhufe, nut inni eenyu akka ta'e beekna. Olchaa, mootii, Yesuus nama naaziree ti. Caaffannii qulqulla'aan ulfina isaa, isaa sanyii namaa hundumaatti ulfina Waaqayyoo mullise, isa cubbuu irraa karaa du'uu fi du'aa ka'uu isaatii nu fure fi lammata deebi'ee dhufuu isaatiin waan hundumaa kan haaressu dha. Yeroo nut qalbii jijjirranaadhhan yesuus gooftaa fi fayyisaa ta'uuisaa amannu, seenaa isaa dubbatame kun hundi seenaa keenya godhachuu dandeenya. Seenaa jaalalaa fi ayyaana isa dinqisiisaa ta'a, akkasumas immoo do'ii cimaa akka namoota kan biraa waliin qooddanuu fi jiraannu, maatii Waaqayyoo kan taate waldaa.

Ilacha waliigala barumsichaa: Lola afuuraa isa gaarii isa akka itti lolan
Macaafnni kun kan inni caafameef warraa dubbisaniif hubannaa ifaa fi salphaa namaa galuu danda'u waa'ee gaaffii isaa guddaa fi ibsa seenaa isaatii kunis akkataa ittiin dhimmicha Waaqayyoo wajjin wal-itti qabdanii ilaaltanii fi akkataa itti waldaa keessa jiraatan hubachuudhaaf nama gargaara. Kunis amanaa dheebotaa guddachaa jiruu barnoota wal-itti hidhatan sagal seenicha keessa kan jiru dhimmoota ijoo ta'an kan haala qabsiisuu fi kan isiniin seenaa Waaqayyoo keessatti walitti fidu of eeggannaa guddaadhaaf dhimmicha kan dubbatuu dha. maree addaan

ba'e kan ergamaan Pauloos ergaa gara warraa efesoon keessatti lafa kaa'e, barumsichi akka inni barsiisa Kirstoos akkataa deemsaa lafa qabsiisuu dha. Mata dureen barsiisichaa kunoo ti, akkasumas ibsi gababan barumsicha tokkoo tokkoo isaatii.

Barumsa 1ffaa, kan inni moggafame odeeffannoo keessatti of arginu: Seenaa keenya seenaa Waaqayyoo wajjiin walitti qabsiisuu. Barumsi kun Waaqayyoo ardii hundaa, Waaqa hunda caalaa human qabeessaa, isa tokkicha dhugaa ta'ee mul'ataa fi kan hin mul'anne, fi namummaa sadii'iin kan jiraatu: Abbaa, Ilma fi Afuura qulqulluu: Waaqayyo waan hundumaa muli'ataa godhee uume, kan ilmaan namaa akka bifa isaatti uume beekuudhaaf nama gargaara. Barumsi kun waa'ee Waaqqayyo irratti ka'uu seexanaa fi waa'ee namoota jalqabaa warra cimdii sana, Addamii fi Hewaan akkamittiin abboomamuu diduu isaaniin uumamani hundi abarsa jala gale. Waaqayyo garu fayyisaa isa hojii seexana mo'ee irra aanee ulfina waaqayyoo hunduma bichisiisu waadaa gale.

Barumsa 2ffaa, Dhimmama nu argisiifnu: Walmorminsa biyyaa lafaa baricha keessaa kessatti ga'ee ofii simachuu, akkataa yesuus nammi Nazireeti akka seexana mo'atee karaa qulqullumaa isaa fi karaa nuuf du'uu isaatii birmaduu nu baasee. Egaa karaa qalbii jijjirachuu (cubbuu irraa gara Waaqayyootti galagaluu) fi amatii (Waa'ee hojii Yesuus ilalchisee dhugaa isa ta'e kanatti amanuuhaan) gara mootummaa Waaqayyotti seenuu. Inni ayyaana isaatiin nu nu fayyisee, nut immoo qaama Kirstoositti cuuphamnee, jireenya Kirstiyaanummaa keenya keessatti akka nu gargaaruuf Afuurri qulqulluun nuuf kenname.

Barumsa 3ffaa, Balbala nu ittiin seennu: Jireenya keenya karaa Kirstoos Waaqayyoo wajjin walqabsiisuu, akkamittiin akka at amatiidhaan Yesuusii wajjin wal-itti hidhamte si barsiisa (kan jechuunis, nut amma "Kirstoos keessa jirra") . Sababii walitti dhufeenyaaf waan Kirstoos ofii isaatii ta'e hundaa fi shaakala isaa fudhanna. Karaa afuura Waaqayyoo nu maatii isaa taana, karaa Kirstoos Yesuus akka dhagaa golee isaatii taana, akka ergamootaa fi raajoota akksumas akka ijaarsa hundee taana. Amantoonni iddoo iddoo hundi akka wajjira bakka bu'aa mootummaa Waaqayyoo warra yaada iddoo jireenya barbaraa taana. Nut amantootn akka bakka bu'aa fi ergamoota motummaa Waaqayyootti hojjenna.

Barumsa 4ffaa, kan moggafame gatii gargarsaa nut fudhannu: Ga'ee lola amantii isa gaarii sana keessatti Afuurri Qulqulluun qabu. Barumsicha akkamittiin afuurri qulqulluun amantoota keessa akka buufatu, akkamittiin tokko tokkoo kennaa ittiin waldaa tajaajilan kennu jalamuree dubbata. nut kennaan keenyaan warraabiraa giddutti akka hojjenuuf nu birmadoomse, kunis akkuma Afuurri Qulquluun carraa, kallattii, fi human nuu kenneen kana goona. Amantoonni hundinuu akkuma gurmuu tokkummaa fi jalalaan adeemne walii-walii kenyaa wajjin guddachaa adeemna.

Barumsa 5ffaa keessatti, Qaroomina nut argisiifnu: Biyya lafaa kana keessatti akka qulqullootaa fi bakka bu'ootaa Kirstoositti akka ijoollota isaa jallatamootti warraa Waaqayyoon fakkachuudhaaf waamamanii ti. Nut karaa Kirstoos qulqulloota Waaqayyoo (warraa qulqulla'oo) dha, warra kaan birattis Waaqayyoon akka qulqulloota, bakka bu'ootaa fi galateeffamootti bakka buuna. Nut akka bakka bu'aa isaatti sagalee misirachuu warra kaaniif, warra ollootaaf fi maatiidhaaf hiruu fi hojii jaalalaa isa gaarii, namoota kan biroof hojjechuudhhan Kirstoosiif hojjechuu.

Barumsa 6ffaa, Qulqulleffamuu nut barbaannu: Qaama Kirstoos keessatti wal ijaaruudhaan, yaada jireenya kirstiyaanummaa xiinxaluuf, akka maatii Kirstoositti guddachhuf, qaama Kirstoos ta'uu fi mana qulqullummaa afuura qulqulluu ta'uudhaan. Warra kanii wajjiin jireenya Kirstoos jiraachuuf, walii wajjiin dhugaa biraa ga'uuf, walii wajjin waaqeffachuuf, waldaa nannoo fi gurmuu xixiqqaa keessatti warraa kanii wajjin wal-itti dhufuu dha. Kana gochuu keenyyaan gaarummaadhaan walii walii keenya ijaaruu (qulleffamuu), akkataa ittiin walii walii keenya wal simannu baranna.

Barumsa 7ffaa, Diina nut lollu: Waaqayyoo wajjin dina irratti mo'ichaan adeemuu, seenaa jireenya itti gallee kana ibsuuf. Adunyaan lola afuuraa irra jira- Seexannii fi mootummaan dukkanaa Kirstoosii fi mootummaa ifaa wajjin wal'aansoo qaba. Karaa jireenya isaa, du'uu fi du'aa ka'uu isaan Yesuus diina, seexana isa karaa sobaa isaatii hojii isaa biyyaa lafaa kufe kana keessatti hojjechuu itti fufee fi hojii keenya isa amala dulloomaa cubbuun manca'e, kana jechuunis "fedha foonii." Hojii isaa kan nut irratti mo'uu dandeenyu yoo aamnatiidhaan Kirstoosii wajjin adeemnee fi yoo karaa sobaa fi goyyoomsaa isaatiin seexanni akka nu hin walalachifnee eegganne.

Barumsa 8ffaa, moggasi isaa Meeshaa Gargaaramnu: Mi'a lolaa isa kan Waaqayyoo gutummaatti hidhachuu. Barumsi kun kan inni ibsu Waaqayyoo amantoota hundumaa akka mi'a lolaa hidhachiisuu isaa fi lola diinaa immoo of iraa akka dhowwan gochuu isaa insa. Dhugaan dubbii Waaqayyoo (kana jechuunis, Dubbii Waaqayyoo) akka waan sonaan diinni dubbatu garaagar baasanii beekuuf, ittiin mormuuf, iddoo olola diinaa dhugaa buusuudhaaf, akkuma nut na'uumsa afuuraa eegaa adeemneen afuurri qulqulluun lola nut shaakallu keessatti humna nuuf hin kenna, qophaattis ta'u amantoota warraa biroo waliin.

Barmsa 9ffaa, Barumsa keenya isa xumuraa keessatti, jabatanii Dhaabachuu nut argisiifnu: jabatanii dhaabachuu qulqullootaa. Barumsa kana keessatti akkamittiin ijoon seera Kirstoositti guddachuu jabatanii dhaabachuu baruun, dammaqanii argamuun fi dhorkaa diinaan dangeffamuu dhiisuun nu barsiisa. Alkka bakka bu'oota Kirstoositti jabanee dhaabannee, gara fuula duraatti adeemuudhaan badhaasa ofiif gulufuu, yooma amma fedhe cimaa ta'e illee jechuu dha. Waamicha keenyaa jabannee dhaabachuu akka dandeenyuuf Afuurri qulqulluun humna nuuf hin kenna, akkama bakka bu'oota amanamoo Kirstoos ta'a adeemneen, inni immoo namoota kan biroo lola keessat jiran akka jabeessinu nu godha.

Tokkoo Tokko barumsichaa ijoo bu'uuraa: qoodama isaa fi qabiyyeewwan isaa

Barumsichi tokkoon tokkoo isaa qoodama walfakkaatu qabu, qabiyyeen tokkoon tokkoon isaanii akkauma barachaa aeemteen waan barbaachisaa siif ta'e argaa akka deemtu si godha. (keessumma yoo macaafa kana duukaa akka geggessattis haa ta'u akkakindeessaa gurmuu xiqqaa yoo buute bayyee barbaachisaa dha.)

Kayyowwan barumsa. Galmmawwan kun, barumsa tokkoo tokkoo isaa sadi sadii, yeroo barumsa kana namoota kan biroo wajjinis haa ta'uu qophaa fixxuu waan hunachuun si irraa jiru akka at hubattuuf si gargaara.

Ogummaa Argachuudhaaf Kadhannaa Banuu, kadhannaan kun, waan nut irra deddebitee jettuu fi sagalee kee ol kaaftee kadhattuuf si jajjabeessa, Otuu dhugaa wangeelaa qorachuutti hin seenin Waaqayyo akka garaa dhugaa akka sii qopheessuuf kadhadhu, kanaafis waan gooftaan nu qopheesse hubachuus fudhachuus hin dandeenya.

Quunnamtii. Kutaa qunnamaa kun, "Baballisuudhaaf" kutaan kun gaffiwan haalaa fi dhimmootaa jireenya keessaa barachuun eegaluu keessatti nama dandeessisa. Yeroo guddaa gaarii fakkeenyota kan irratti dabarsi, Dhimmi kun immoo maal of keessaa qabachuu danda'an irratti yaadi. Akkuma barnoota kan itti fuftee baraa adeemteen xinxala kee fi yaada kee qaraa adeemu.

Qabiyyee isaa. Kutaa qabiyyee isaatii ibsa itti lixa barumsa barachuuf jennuu ti, gaffilee qajeeloo nut deebifnuu fi wabii macafa qulqulluu yeroo qu'annaa keenyaa barumsichaaf nu gargaaru nuuf kenna.

Keessa Deebii, Erga dubbii Waaqayyo ilaaltaanii booda fi erga gaffiwan bakka qabiyyee keessa erga deebiftanii booda, barnoot tokkoo tokkoo isaanii yaada ijoo ta'an gaggababoo fi cuunfaa barumsichaa isaa barumsichi itti xiyyeefate siif kenna. Kunis akka geggessatti isin gargaara, "yaada isa guddaa sana" barumsichaa isaa yeroo dhuunfaa kee qorattuu hubachuu fi hunachuu dhabuu kee akka ilaaltu sii godha.

Dugda-duubee. Waan akka suuraawanii, barreffama gabaabaa, kufama dhimmaa adda addaa qulqulluu uumnee duga-duubee isaatti waan daballeef inni kun immoo dandeettii hubannaa keetii qabiyee barumsaa keessa jiru hunbachuu siif bal'isa, akksumas qabiyyeewaan barumsicha keessa jiru hojii irraa olchuuf. Yaada barmoota kana tokkoo tokkoo isaanii keessa jiru hubattee hubannaa kee gabbisuuf kanneen dugda-duubee keessa ka'aman ilali, karaanis hundee seena barumsicha keessa jiru hubachuu dandeessaa.

Siraata kayo, Kutaan kun waliigala barumsichaa jecha tooraa tokko yookanis jecha tokkoon lafa kaa'a.

Qu'annaa dhimmaa. Yaada barumsichaa irratti yaada ofii keetii kennuudhaaf akka dandeessuuf kutaan kub carraa siif bana. Dhugaa jechuu calluma jedhanii yaaduu fi haasa'uu miti, duka buutummaan jireenya dhugaa dha, dhimma dhugaa namootni wali'aansoo ittiin qabanii dha, kannen kunis kan jireenya isaanii irratti dhiibbaa godhuu fi miidhuu danda'uu dha. Yaada kee xuxxuqanii kakaasuudhaan na'umsaan akka guddattiu gochuu fi barumsicha seenaa isaa fi dhugaa isaa keessatti akkamitti at of ilaaltu beekuu si gargaara. Dhugaa kana beekuun nama hubataa tokko nu gochuu miti, garu mirmaduu nu baasuu malee (Yohanis 8:31-32).

Wanti "deebii sirrii" caalaa barbaachisaan, "barachuu of ga-deebisuun keessa jiru" Qu'annaa macaafa qulqulluu keessatti in argita yeroo bayyee deebii qulqulluu fi ifaa ta'e tokko illee xinxala keenya irraa hin maddu. Kanaa manna kan nut waamamne yaada keenya irratti kennuuf, qu'anna isaattin of-gad deebisuudhaan akka hirmaannu, waan hundumaa quruu fi waan gaarii ta'etti qabamuudhaaf (1Tes 5.21). Hiika wantoota bartee hunachuu dhaaf kana gargaarami, haala barumsichaa keessatti karaa adda addaa at ittin hubachuu dandeessu akka jijjirutti afrrua qulqulluuf dhiisi.

Waliiti fiduu. Kutaa kun kan inni irratti xiyyeffatu hojii irra olchuu kee fi gugeessuu kee irratti, (irratti hojjechuu) dhugaa barumsichaa irratti jechuu dha. Wanta baratte kan akkataa itti yaaddu, dubbattuu fi amala kee wajjiin walqabsiisuu qabda akkasumas warraa kan biroo biraas qabii ilaali. Kutaa kana keessatti waan baratte jireenya kee dhuunfaatti feddee ilaaluudhaaf karaa barbaadi.

Mirkana. Kutaan ifaan kun dhugaa nut torbanicha guutuu mirkaneekneesuu fi dhugaa ba'uu qabnu dhugichi irra madde of keessatti qabatee jira.

Kadhannaa. Kadhanna namoota waldaa keessa ijoo ta'anii itti daballa, kunis seenaa waldaa keessatti kadhannoota ta'aa turaan akka yaada isaa qabatiuu hubachuu dandeessuuf jecha.

Gara Ofirraa Gooftaatti Bo'uu. Kun kadhanna at xumura barumsa kanaatti kadhachuu qabduu dha. Kadhannaan yadeffamuu fi barreffamuu danda'a (akkuma macaafa farsaa macaafa qulqulluu keessaa)! Kadhana nut kadhannuu gooftaan dhugaa barumsaa kana keessatti baranne fudhachuu fi nagna godhachuuf nu gargaara. Kadhannaa of gad-deebisuu, kan wawwannaa, kan ija-jabinaa jira. Kadhanaa kan calluma jechuudhaa fi sagalee ol-fuudhuudhaan akkuma afuurri Qulqulluun si geggessettu kadhadhu.

Qayyabannoo Dabalataaf. Kun barumsa baratte irratti caalmatti hubanna barbaadda yoo ta'ee yaadamee kan kennamee dha.

Kutaa Itti aanuuf. Kutaa kun irra keessa fi ijoo barumsa isa itti aanuu toora barumsichaa keessatti ibsuuf, waan itti adeemtuuf waan gabaabaa fi ifa ta'e tokko akka argitu si gargaara.

Luqisii Yaadannoo. Nut bayyifnee amanna yoo dubbichaa garaa keenya keessa dhofannaa (sammutti qabanne) Waaqayyoo irratti cubbuu hin hojjennu (Far. 119. 11). Sagalicha sammu keessatti qabatanii beekuun garaa keenya jajjabeessa, soba seexanaas mormoodhaaf qabeenya gaarii ta'ee nama gargaara. Kanaafis jecha barumsi tokkoon tokkoo isaa luqqisii sammutti yaadatan tokko qophaa qaba, dhugaa baratti isaa yaadachuu akka dandeessuuf luqqisii macaafa qulqulluu tokko sammutti qabachuuf dhimmamuu si irrra jira, deemsa kee torbanii fi kan turban itti aanuuf si gargaara.

Abbaltii. Kutaan kun waan addaan ba'aa ta'e "waan fudhatee galtu", waan yeroo barumsicha xumurte waan hojjetiuu dha. Waanti kun akka inni waan qabatamaa fi nama gargaaru akka ta'uuf jecha. Yoo dhugaaman hin hojjetta ta'e xiyyeffannaa irratti godhi, gaarii godhii fuulessi hojjedhu, hubannaan kee barumsicha irra maddu bayyisee bal'ataa. Kirstoositti akka at guddachuu dandeessuuti qarame, kallatti at barumsicha ittin baratte iiraati qarame. Kannaf adaraa hojii namaa kana sirritti xumuri, seeraanis dafii duukaa bu'i. Yoo at dhugaa kana akka layyootti hin dhudhattu ta'e hubannaa kee bayyisee ol-kaasa, garu hojii irraa isaan oolchi.

Lola anantii isa gaarii sana loli: Hojii Waaqayyoo isa bal'aa isa keessatti qooda fudhadhu (Hundee qulqulla'a duuka-bu'insa sirna barnootaa)
Kiriyaana ta'uu jechuun seenaa Waaqayyoo keessa seenuu jechuu dha. Seenaa Waaqayyo bbara keessatti dubbatuu fi fiixaan baasu jechuu dha. Seenaa isaa isa birmaduu baasuu, jaalalaa, kan fayyinaa fi kan abdii, egaa ammaa wal'ansoo fi mo'ichi seenaa kee ta'e jechuu dha. Hundeen seenaa qulqulla'aa kanaa yeroo jalqabaa dheeraa sana eegalee gara Mootummaa ulfina qabeessaa isa kan kirstoos sanatti abdiin isaa diriire. Karaa Kirstoositti amanuu at cubbuu jalaa baate, adaba jalaa, hidhaa jalaa baatee, lolicha keessatti akka loltuutti galmoofte. Barumsa kana keessatti akkamitti mi'a lola isa kan Waaqayyoo hidhachuu akka dandeessu, soba diinaa akka addan baaftu fi kanneen amanttota kan biroo wajjin akka itti duddattu si barsiisa. Lolicha keessatti galmoofteetta, kanafis akkamitti lola afuuraa isa gaarii isa akka loltu baradhu, loli mo'ichaa afuuraa kan Gooftaa ta'uu isaa bari.

Yohannes Eldredge, Lubi yeroo bayyee waa'ee lola afuuraa irraati barressu akkana jedhe, seenaan jireenya keestii seenaa miidhaa jireenya fi garaa kee irraa ga'e kanneen waan at ta'ee dandeessu kan beekanii ta'ee dha- isas sodachuu isaanii irraan kan ka'e." Yeroo at fuula maatii kee, hiriyyoota kee, namoota wallin hojjetuu fi olla kee duraatti Kirstoosiin bakka bu'uudhaaf bartu, maaltu beeka waan Waaqayyo walitti si kuuse. Akkata itti wal'aansoo qaban baruu qabda. Kun "duuka bu'insa" toora barumsaa akkataa at jireenya kirstiynummaa yaada sirriidhaan fi meeshaa ittiin lola gaarii sana loluu itti eegaluudhaaf si gargaaruu dha. Macaafi karaa si argisiisu kun akkataa at: Stu Webber nama jedhamu, Luba hojii loltummaa irraa soorrata ba'e kan inni waa'ee amala rakkina lola afuuraa nammi gooftaatti ijoollee ta'es ta'e nama loltuu afuraa cimaa ta'es guyya guyyaatti qunnamu ilalchisee barreesse hubatta.

~ Stu Webber. *Loltuu afuuraa*. Sisters, OR: Multnomah mana maxxansaa, 2001, fuula 16.

Amatoonni hundinuu dirree waranaa adeemuu dha. Amanan hundumtuu rakkinaa fi mormii keessa isaa isa gad-fagootti baatee adeema. Bayyeen keenya immoo waan lolicha nu mo'achiisuu danda'u irratti kaana. Lola foonii fi afuura gidduutti ta'uudha jedhii moggasi. Gaafii jireenya mo'ichaa barbaachuu kirstiyanotaas jedhii maggasi, waanuma barbaadde iyyuu jedhii moggasi. Garuu, lola kufee – gombifamee-gangalatee dha. Yeroo lolichi dhumuu at warraa hafee dhabatuu keessatti argamta. Seerri lolaa mana barumsaa warraa loltootaa biyya lafa hundummaa kessaati in barsiifamma. Karaa bayyee loli afuuraa lola isa kaan isa kan qaamaa iraa bayyee garagar miti. Loltoonni warri lola irraa afuu duwwaa otuu hin ta'in mo'ichaa lolan seera kan sirritti lola isaanii guyyaa guyyaa keessattii hordofuu fi hojii irraa oolchuudhaan "humna dukkanaa, biyyaa lafaa kanaa, humna seexanaa bantiiwan waaqaa irratti agarsiisuudhaa" (Efesoon 6.12b)

Lola irraa ofkaluu caalaa waa hojjechuun in danda'ama. Mo'achuu in dandeessa. Mo'icha keetiin Kirstoos ulfina argata. Yeroo dhugaa dubbii isaa barattu Waaqayyoo ogummaa fi jabina akka siif kennuuf gaafadhu. Dhugaa isaa hubachuu akka dandeessu akka inni godhuuf gaafadhu, ija jabinaan jireenya kee keessatti akka hojii irra oolchuu dandeessuuf gaafadhu, warraa kaaniifis qooduu akka dandeessuu jaalala gaafadhu. Akka at nuu wajjin baratuu fi akka afuura iiraa baratuuf akka inni lola afuuraa isa gaarii sana loluuf si geggessutti isin afeerra. Bakka Don Allsman buunee, nama anaa wajjiin barresse fi loltoota hiriyoota koo, hojjetoota TUMI hundaa, warra yeroo isaanii fi hojii isaaniin hojii kana keessatti hirmaatan – Waa'ee jireenya keessaniif Waaqayyoon in galateeffanna. Kadhannaan keenya inni garaa irraa ta'e seenaa bararuu fi deebisee uumama ijaaruu Waaqayyoo isa guddaa sana keessatti qooda akka qabaattan dha. Ga'ee guddaa xabattan qabdu.

Baga nagana gara maatii dhufe, baga nagana gara lolaa dhufe!

Dr. Don L. Davis
Wichita, Kansas, Advent 2014

Oduu Keesatti of Keenya Arginu
Seenaa Keenyyaa Kan Waaqayyoo Wajjin Walsimsiisuu

Ayyaanni inni ogummaa isaa fi hubannaa isaa hundumaan nu irratti dhangalaase baay'eedha. Waaqayyo waan isatti gaarii fakkaate karaa Kiristos itti yaadee of dura kaa'atee ture; ammas dhoksaan fedha isaa kun nu biratti akka beekamu godhe* Barri mure yeroo guututti, Waaqayyo akka ittiin fayyaisuuf akkeeketti, wanta bantii Waaqaa keessa jiru, wanta lafa irra jiru, wanta hundumaas harka Kristos jalatti walitti in qaba.

Ergaa Pauloos gara warraa Efeesoonitti (Efe. 1:8-10)

Kaayyowwan

Xumura kutaa kanaa irratti, qabxiiwwan armaan gadii amantee fudhachuudhaan karoora nuti armaan olitti baafne hojiidhaan argisiisuu danda'uu qabda:

- Waaqayyo Uumaa Waaqaa fi lafa, waan hundumaa kan danda'uu, isa dhugaa fi barabaraan kan jiraatu, sadan Waaqayyo tokkoo: Abbaa, Ilmaa fi Hafuura Qulqulluu ta'een kan jiraatu.
- Waaqayyo Waaqa waan hundumaa uumeedha; isa mul'atus isa hin mul'annes. Dhala namaa immoo akka bifaa fi fakkeenya isaatti tolche.
- Saba yakka seexanni dhala namaatti fideen, abaarsi biyya lafaa irratti ta'ee ture. Garuu Waaqayyo dhala namaa karaa Kiristoos Yesuus fayyisaa deebisee oolchuudhaaf waadaa galee ture.

Ogummaa Argachuudhaaf Kadhannaa Banuu

Yaa Waaqa barabaraan jiraattuu, dubbii sagalee kee keessatti maddaa ogummaa fi beekumsa hundumaa akka taate dubbateetta. Anis jecha dubbii kee kanaaf galata qaba. Dubbii ogummaa kana akkan adda baafadhuuf na gargaari (2Tim:2:15). Adaaraa karaa irra deemuu qabu na barsiisi akaksumas natti agarsiisi(Faarf:32:8). Gurra koo dubbii kee dhaga'uuf gara keettan qaba; atis karaa hamaa irraa deeb'ee karaa yaada kee irra akkan geggeeffamuu fi akkaataa ati jettetti akkan deddeebiuuf na sirreessi.

....

*Seexana- Seexana jechuun maqaa diina dhala namaa fi Waaqayyoo jechuun isaaf kennameedha.

*Gurmuu Namaa- Addaamii fi Hewaan dhiiraa fi dubartii jalqabaa ta'anii Waaqayyoon kan uumamaniidha; hidhata qajeelaa Waaqayyoo wajjin akka qabataniif akka bifa Waaqayyootti uumaman, akkasumas eebba dhoksaa addunyaa akka itti fayyadamanii fi hojii hiika qabeessa akka hojjennuufidha.

15

Waaqayyo Abbaa koo, dandeetti murtoo ittiin dubbii kee kana keessatti jireenya nama Waaqayyummaa, barsiisa dhugaa, kennaa dhugaa fi amala nama Waaqayyoo irraa hin eegamne ittin adda baafadhu naaf kenni. Karaa Hafuura Qulqulluu fedhiin kee maal akka ta'ee na barsiisi.

Abbaa koo, mul'ata ittiin yaada kee fedhii koo guutummaadhaan calaqqisiisu naaf kenni. Adaaraa Gooftaa koo, dubbii kee akkan dafee hubadhuu fi jecha koon dogoggooree akkan hin dubbanneef na gargaari(Yaaq.1:19). Yaadni garaa koo fi dubbiin afaan koo si duraatti fudhatamaa naaf haa ta'u. Nama jireenya dubbii kee isa dhugaa karaa jaalalaa dubbachuun namoota baay'eef kan fayyidaa kennu akkan ta'uuf na gargaari.

Qayyabannoo kana keessatti akkan dubbii kee hubadhuuf na barsiisi. Kana hundumaa Maqaa Yesuus is hundumaa danda'uun si kadhadha. Ameen!

1. **Nuti Addnuyaa kana irraa Uumama addaati?** Baay'inan agarsiifni HooliHudi jireenya dhala nama akka waan qabatama(keessummummaa) ta'eetti haala qajeelaa fi fudhatama hin qabneen ibsu. Kanarraas kan ka' baay'oliin dhalli namaa addunyaa kanarraa kaayyoo addaa fi uumama addaa miti waan jedhaniif; yaada garaa isaanii keessatti jireenyi eessa akka jiruu fi maal akka ta'e hin hubatan. Ilaalchi biroon immoo dhalli namaa galaaksii guddichaa fi galaana keessas akka ta'eetti hubatu. Yaadni kan biroon immoo adeemsa uumamatin akka ta'eetti dubbatu. Muraasni immoo hojii Waaqummaa Waaqayyootin akka ta'e dubbatu. Yaadni biroon immoo wanti beekamu tokkollee akka hin jireetti dubbatu. Sadarkaa ijoollummaa kee jalqabdee eessaa akka dhuftee fi uumama samii fi lafaa irratti maal hubattee?

   *Waaquma - Waqaa inii nutti jenu kun waqaa isaa hundumaa danda'uu dha.

2. **" Yeroo tokkoo.....!"** Baay'oliin keenya sadarkaa mucummaa irraa eegallee oduu adda addaa, seenaa darbani, barnoota mucoolii Waldaa keessatti kennamu fi mana barumsaatti kennamu barachaa guddanne. Dhalli namaa addunyaa kanarra jiraatu oduu durii walitti himuu fi dhaga'uu jaallata. Isaan kan immoo TV, Raaddiyoonin, Muuziqaa, Barruulee Diraamaa fi kkkf irraa guyyaatti wanta baay'ee dhaga'aa oolla. Isaan keessaas baay'ee isaa dhugaadha; kaan immoo sobas ta'e; isaan kan nama daddammaksu; isaan kan immoo safuu hin qaban. Yoo Macaafni Qulqulluun waan qabatamaa qiinxee fi dhugaqabeessa tokko sitti hime ni ajaa'ibsifattaa? Macaafni Qulqulluun kuusaa kitaabota 66 of keessa qabuu fi gargarummaa wagoota 1500 keessatti kan barreeffame garuu dhoksaa qiinxee tokkotti kan of keessa qabu; innis waa'ee Waaqayyoo fi kaayyoo inni dhaloota baraaruuf qabuudha.

   Waa'ee seenaa walumagalatti maal yaaddaa? Barreeffamni qulqulluun waa'ee Waaqayyoo fi karoora inni fayyisuu dhala namaaf qabuu ilaalchisee barreffame dhageessee beektaa? Garagarummaa seenaa namoota irraa dhageenyee fi seenaa waa'ee Waaqayyoo fi karoora inni dhala nama fayyisuuf qabu gidduu jiru beektaa?

3. **"Dubbachuu dandeenyaan, karoora arguu hin danda'u"**- Jalqabni amantii bara ergamoota isa amantoonni "dhuga ba'umsaa amantii" Yookiin "Mallattoo amantaa isaanii ittiin calaqqisifan" jedhamee waamu irraa eegale. Har'as ta'ee bar asana wantoonni laman baay'ee beekamoo fi iddoo olaanaan kennamuuf Mallattoo amantaa of ittiin calaqqisifatanii fi Dhuga ba'umsaa Nikooniyaa jedhamanii beekamu. Yaadonni kun lamman mul'ata Macaafni Qulqulluun eenyummaa fi wanta Waaqayyo karaa Kiristoos yeroo isaatti dhala namaaf mul'ise kan ibsanidha.

Namootni Waaqayyo jiraachuusaatti hin amanne baay'eensaanii adduunyaan kun kan isheen hundoofte akka tasaa ykn kaayyoo tokko maleedha jedhu. Kanaafis namootni ejjennoo akkasii qabatan maaliif akka lafa kanairra jiraanuu fi gara kamitti deemaa akka jirru beekuuf karoorri adduynaa kana walitti hidhe ykn gargar baasu tokko illee hin jirre dubbatu. Akkasumas warri Waaqayyo hin jiru jedhanii yaadan, Waqayyos ta'e karoorri guddaan jiraachuu lubbuuf jira jedhanii yaaduun gowummaadha jedhu. Jarreen kun Waaqayyo erga hin jiraatnee adduynaan kun jireeyna lubbu-qabeeyyii hundaaf kaayyoos ta'e dhuma hin qabdu jedhanii tilmaamu. Karaa biraatiin immoo, namootni akka Waaqayyo jiru beekuu hin dandeeynu ykn Waaqayyo jiraachuusaatiifillee ragaa qabatamaa hin qabnu, garuu wanti gaariidha jennee yadnu haalotni akka gaariitti akka deemaniif abdiin jiraachuu danda'a jedhu. Waaqayyo jiraachuu dhiisuusaatii fi karoorri tokkollee adduynaa kanaatiif akka hin jirre warra mormaniif Ergamootnii fi Raajotni mormii kanaaf deebbii akkamii itti kennuutiin nu gargaaru ta'a?

Qabiyyee

Kitaaba Qulqulluu keessatti, seenaa Waaqayyoo fi ilma namaa argina, innis kan giddu-galeessa godhatee dubbatu Gooftaa keeyna Iyyesus Kiristoosiini. Haata'u malee seenaan kun wanta dubbisnee olitti yoo ta'u nuyi hordoftoonni Iyyesus eeynummaa haaraa qabaachuu fi seenaa guddaa kana keessatti gahee qabaachuu fi barbaadnee of arguun nu barbaachisa.

Adduynaan kun kan isheen hundoofte karaa Waaqayyo: abbaa, ilma fi afuura qulqulluutiin. Jarreen kun sadeen uummama kamiin dura kan turanii fi bara baraan kan jiraatan, kabaja dhuma hin qabne kan qaban, waan hundaan guutuu kan ta'an fi Waaqayyo yommuu adduynaa kana filatu bakka ilmi namaa akka fakkeyna isaatti Waaqayyo hojii harka isaatiin uumee, uummama hunda keessaa hojiin harkasaa itti guutuu ta'ee dha. Garuu adduynaan harka Waaqayyootiin uummamte kun fincila sexanaatiin gara hin taanetti akka darbatamtu taateetti. Mootummaa Waaqayyoo galagalchuuf/ fonqolchuuf akkasumaas mormuuf jecha namoota kamiinuu dura uumaman Addaamii fi Hewaaniin qoruutiin kaayyoo uumamanii fi namummaa isaanii dagatanii/dhiisanii namoota abaaramoo fi namoota abdii fayyinaa hin qabne akka ta'aniif mormaan motummaa Waaqayyoo innis Seexanni isaanirratti xiyyeffate akka kufan taasise.

Inaaffaa mormii kanaan Waaqayyo mo'aa, fayyisaa, fi kufaatii kana hanga dhumaatti hambisuu fi gatii abaarsaa kana cabsuuf/kanfaluuf murteesse. Kanaafis Waaqayyo kakuu/waadaa karaa Abirahaam galeetiin kufaatii namaa oolchuuf mootii dibataa saba Israa'eliif erguuf murteesse. Kanaafis, Waaqayyo abbaan, mucaasaa Iyyesus Kiristoosiin kabajasaatiin akka adduynaa kana uffisuuf, akka uummata fayyisuuf, akka dhaloota hambisuuf gara biyya lafaa kanatti erge. Iyyesus kiristoos barsiisasaatiin, akkasumas humnaa fi dinqii hojiisaatiin ogummaa mootummaa waqayyoo adduynaa kanarratti gad- dhiise. Kanaafuu jaalala guddaa nuuf qaburraan kan ka'e fedha isaatiin fannoo irratti fannifamee du'uutiin adabbii cubbuu ykn adabbii irra daddarbaa keenyaa fi hojii sexanaa fashalleesseera/barbadeesseera. Waaqayyo Iyyesus Kiristoosiin du'aa kaasee guyyaa afurtamaan booda kabaja guddaa fi mo'ichaan gara samiitti akka ol butamu taasiseera. Du'aa ka'ee guyyaa shantama booda duukaa buutota isaa hidhadhachiisuu fi hojii mootummaa Waaqayyoo karaasaa egalame itti fufsiisuuf hafuura qulqulluu gara isaaniitti erge. Akka maatii abbaatti, qaamni Kiristoos, argamni hafuura qulqulluu akkasumas waldaan kiristaanaa ergamnisaanii eessattiyyuu taanaan uummatni dhimma fayyinaa kana baree dhimma dhimoota kamiyyuu caalu kanairratti akka hirmaatu ykn akka itti makamu gochuudha. Yommuu lolli nuyi amantaatiin taasifnu raawwatu, Kiristoosimmoo mootummaa Waaqayyoo adduyaa kana guutuuirratti uumuuf ykn babal'isuuf dhufa, yeroo sana bakka hundatti gaddi, dhukkubni fi duuti ni raawwata innimmoo[kiristoos] uummatasaa waliin adduynaa kana irratti baraa hanga baraatti ni mo'a. Kabajni maqaasaatiif haa ta'u.

....

*Birmaddummaa: Jechuun uummama irrattii fi seenaa kammiyyuu keessatti to'annaa addaa fi aangoo dhuma hin qabne jechuudha.

*Sadan Tokkummaa- jechuun karaa biraatiin namoota sadii garuu Waaqa tokkicha jechuudha. Isaanis abbaa, ilma fi hafuura qulqulluu jechuudha.

*Ergamootummaa- jechuun ergamoota Waaqayyoo aangoo fi dandeettii eenyuunuu tilmaama-muu kan hin dandeenyee qabani jechuudha.

*Cubbuu- dubbii keenyaan ykn gocha keenyaan akkasumas yaada keenyaan waan Waaqayyo yaadu ykn nurraa eegu bahuu dhiisuutiin cubbuu hojjechuu jechuudha.

*Gara Waaqaatti ol buutamuu- jechuun duukaa buutonni Kiristoos osuma ilaalanii Iyyesus qa-amaan lafa kana dhiisee gara samiitti ol butame jechuudha. Du'aa fi du'aa ka'uun booda Iyye-sus gara samiitti ol bahuun mootummasaa mirkaneessuun aanga'ee teessoo mootummaasaar-ra taa'ee kiristaanota adduynaa mara irra jiraniif hafuura qulqulluu erguutiin isaan guuteera.

*Duuka Buutummaa- Jechuun barattoota ykn hordoftoota gooftaa Iyyesus Kiristoos jechuudha. Kiristaanni kamiyyuu duukaa buutuu Kiristoos. Al tokko tokko duukaa buutota jechuun akka jarreen kudha lamaan Kiristoos bara lafa kanarratti tajaajilaa ture filate ta'an qofatti hiikkama.

*Waldaa- jechuun uummata Waaqayyoo warra Iyyesus Kiristoos gooftaa ta'uusaatiif beekkamtii kennanii, ergamasaa kalleessaa, har'aa fi gara fuula duraattis bakka hunddatti, lafa kanarratti seenaa kamuu keessatti warra galmaan ga'an jechuudha.

Gafiin garaa namaa kessaa burquu inii guda senaa macaafni qulquulu kessaatti akka agarutti humnii waqaayyoo maliif bara keynaattis hin yojatuu kan jedhudha. Gafiin kun gafii sabaa hundumaati. "yeroo waqayoo human isaa senaa kessaatti mulisu, wantii inii jalqabaa godhu waraa rakataan bilisaa basu dha.' Yeroon kun yeroo ittii waqayoo senaa namaa jijiru dhaan waqumaa isaa itti mulisuu dha. Kana jechuun namotti kadhanaatti jabataan hundinuu humnaa waqayoo kana akka egataaniti argu jechu mitti. Waqaayoo akka fedha isaatti malee akka nutti yaanu'tii hin hojetuu waan ta'eef.

~ Ronald J. Sider and Michael A. King.
Preaching About Life in a Threatening World.
Philadelphia: The Westminster Press, 1987, pp. 56-57.

Kiristoosiin alatti Macaafni Qulqulluum kitaaba cufamaadha. Kiristoosiin giddu galeessa godhi dubbisi, seenaa ajaa'iba sitti himaati. Qajeelfama jireenyaatu keessa dhokatee jira. Ergamoonni fi Yesuus akka dubbatanitti, Macaafni Qulqulluun dhoksaa jireenya Yesuusiin bifa diraamaatiin banee kan namatti agarsiisuudha jedhu.

Mikaa'el Hortoon. Christless Christianity.
Grand Rapids, MI: Baker Books, 2008, page 142.

Eeyyummaa Keessatti of Arguu Qabnu/Ilaaluu Qabnu/ Barannoo 1 Qo'annaa Macaafa Qulqulluu

Macaafa Qulqulluu armaan gaditti kenname sirritti dubbisuun Macaafa Qulqulluun kami wajjin walsimsisuun deebisi.

1. Waaqayyo Gooftaa qofatu Waaqayyoodha. Inni uumaa biyya lafaati. Seera Uumamaa 1.1-3.15

   a. Waaqayyoo seenaa kana keessatti ga'ee maalii taphatee?

   b. Addaammii fi Hewaanis seenaa kana keessatti ga'ee maalii taphatanii?

   c. Seexanis seenaa kana keessatti ga'ee maalii taphatee?

2. Dhalli namaa kamillee Waaqayyoon kan uumamee akkasumas aangoo fi fedhii Isaan kan jiraatudha. Hojii Ergamoota 17: 24-31 Yoo xiqqaate seenaa sadii Ergamaa Phaawulos saba Ateeniyaatti waa'ee Waaqayyo ibsi barreessi.

3. Waaqayyoo dhala namaatti karaa uumamaa, karaa raajotaa fi bara dhumaatti immoo karaa ilma isaa Yesuus kiristos dubbateera. Heb.1:1-4

   a. Barreessaan Erga Macaafa kanaa akkamitti karaa Waaqayyoo dhala namaatti dubbataa ture ibsee?

   b. Barreessaan warra Ibrootaa fayyidaa Waaqayyo karaa Ilma isaa Yesuus nutti dubbate akkamittin ibsee?

4. Waaqayyo bifa namummaa uffachuudhaan lafakanarra jiraate! Yohannis 1:1-14

   a. "Sagalee" jechuun eenyuudha, hidhatni Inni Waaqayyoo wajjin qabus maaliidha?

   b. Hidhatni Sagaleen uumama hundumaa wajjin qabu maaliidha?

   c. Warri sagalichatti amanan maal argatu akkasumas " Lammaffaa" akkamitti dhalatu?

5. Seenaan Waaqayyo karaa Ilma isaa Yesuus biyya lafaa hunda bakka hundumaatti jaallate kennameera. Maatiyos 28:18-20. Abboommii Yesuus bartoota isaatti kenne maaliidha?

6. Wangeelli Oduu gammachiisaa fayyinaa kan waan hundumaa of keesatti hammatuu akkasumas kan nuti keessatti eenyummaa keenya ilaaluudha. 1Qor:15:1-8. Ergamaan Phaawulos jalqabatti faayidaa maalii ibsee?

   a. "Ayyaana" jechuun maali? Maaliif wangeelli waa'ee "Ayyaanaa" ta'ee?

   b. Wangeelli wanta Waaqayyoo karaa Kiristoos hojjeteedha. Maal hojjetee?

   c. Yesuus erga hojii isaa raawwatee, eenyutti of mul'isee?

7. Jireenyi, Du'uu fi du'aa ka'uun Yesuus Namich Naazereti gidduu galeessa seenaa Waaqayyo dhala namaaf qabuuti. Maarqos 1:1-13 Yeroo Yesuus cuphameetti, Waaqayyo Abbaan, Ilmi fi Hafuurri Qulqulluun akkamitti akka mul'atan kanneen armaan gadiin walitti firoomsi.

a. Abbaa ___ Bifa Gugeen

b. Ilma ___ Sagalee Waaqarraa dhaga'ameen

c. Hafuura Qulqulluu ___ Yesuus Namicha Naazereti

8. Seenaa Waaqayyoo gooftaan Iyyesus Kiristoositti hime ykn karaa gooftaa Iyyesus raawwate seenaa qulqullina/bilisa bahuu, seenaa fayyinaa fi seenaa eebbifamuu miidhamtootaa fi hiyyeessotaati. Kaanaafis ragaa ta'uu kan danda'u macaafa qulqulluu Raajii Isayaas boqonnaa 61: 1-4 waan gooftaa Iyyesus Kiristoos yommuu deebi'ee dhufu wantota dhabaman deebisudha jedha.

Maqaan koo Nee jedhama. Maqaan kunis maqaa Chaayinootati. Umuriin koo meeqa ta'a? Maqaa kana ani hin filatne maqaan koo Nee dha garuu walumaa galatti hojii koo miti irra caalattis maqaa kana booda/duuba waanan hojjechuu danda'u hin jiru. Abbaan koo sababa maqaan isaa Nee jedhamee waammameef anis Nee jedhame, abbaan koos maqaa kana kan inni argate akaakayyuu koo irraati, innis waan Nii jedhamee waammamaa tureefdha. Haata'u malee hojiin koo akka Nee yoo ta'e maqaan koo dhuguma Nee dha, akkasumas hojiin koo Nee hin fakkatu yoo ta'e ani ammayyuu Niidhuma. Yoon Pirazadaantii ykn mootii Chaayinaa ta'e maqaan koo Nee dha yookiin immoo ani nama daandii irra ta'ee kadhatu yoon ta'e ani ammas Nee ma jedhama. Ani Neen alatti ta'uuf yookiin maqaa Nee jedhamuu irraa baqachuun waanan godhu tokkoillee hin jiru. Nuyi sababa keenya irraan kan ka'e osoo hin taane sababa Addaamiitti cubbamoo turre. Ani akka dhuunfaakootti cubbamaadha jechuu hin danda'u, garuu yommuu Addaam cubbuu hojjete Addaam keessa waanan tureef cubbamaan ture. Sababnisaas dhalootaan/ykn sanyiitiin Addaamirraa waanin uummameef, kanaafiyyuu ani qaama isaati. Amala koo fooyyesuutiinii fi qaama Addaamiin ala of gochuutiin waanan raawwadhu tokko illee hin jiru.

~ Watchman Nee. The Normal Christian Life. Fort Washington, PA: Christian Literature Crusade, 1974, p. 26.

Keessa Deebii

Akka Kitaabni Qulqulluun jedhutti, Waaqayyo Gooftaan Waaqa dhugaa fi Waaqa tokkicha Israa'eel isa karaa namoota sadii (Abbaa, Ilmaa fi Hafuura Qulqulluutiin) akka waaqa tokkichaatti of ibsuu danda'udha. Waaqayyo gooftaan jaalala guddaa fi dhimma guddaatiin uummama isaa badinsa irraa oolchuuf ykn fayyisuuf nutti dubbateera. Waaqayyo wanta hin mul'atne ykn wanta hin jirre irraa addunyaa kana uumuutiin ummatasaa akka hoganuu fi fayyisuuf gooftaan akka dhufu murteesse. Yeroo jalqabaatiif Waaqayyo nama chubbuu tokko malee haa uumuyyuu malee ilmi namaa Waaqayyo irratti ka'uun cubbuu keessatti kufuun simboo Waaqayyoo dhabe. Kanaafis uummama fi ilmaan namaa hunda irratti abaarsi dhufee bu'aan isaas du'a ta'e. kufaatii namaan booda Waaqayyo sababa ajajamuu dhabuu fi kaffaltii gatii cubbuu ilma namaatiif jecha Iyyesusiin gara biyya lafaa kanatti erguun cubbuu keenya akka baatuu fi jireenya bara baraa karaasaa akka argannu taasiseera.

Dugda-duubee

Dhimoonni nuyi ilaaluu fi itti xiinxaluun nurraa eegamu akka armaan gadiitti ta'uu qaba:

Guyyaa gaaf tokko (App.1)
Ergaa ykn seenaa Waaqayyo nutti himaa jiru (App.2)
Yeroo durii fi isaan dura (App.6)
Haguuggii fi wantota qabatamoo (App.7)
Iyyesus Kiristoos abbaa dhimmaa fi yaada bu'uuraa kitaaba qulqulluu
    (App.22)
Ergaa fi haala amantaa dura buutota Waldaa (App.2 and 25)
Ergaa ykn haala amantaa Egamootaa (App 26)

> Akkuma jedhamu addunyaan kun haala mumula'ttudha. Akkuma nuyi jennu walitti bu'insa yeroo dhufaa- darbuun alatti diraamaa gurguddoon taphatame tokkollee hin jiru. Akkuma kitaaba fi seenaa kitaabaa keessatti akkasumas gahee nuti kun karoora Waaqayyooti jennee taphannu walitti bu'insi mootummaa lamaan gidduutti jira. Kanaafiyyuu kun faallaa karoora Waaqayyoo ta'uusaa barreessitoonni seenaa kitaaba qulqulluu keessatti barreeffamaanis ta'a hiikkaa hedduu qaban kitaaba keessatti ibsaniiru.
>
> -James Deyoung and Sarah Hurty.Bryond the Obvious. Gresham, OR: Vision House Publishing, 1995, pp, 83-84

---

*Ayyaana Isaa Keessaa Ba'uu/Kufuu- jechuun yeroo Addaamii fi Hewaan cubbuu hojjechuun ajaja Waaqayyoo cabsanii hojii seexanaatiif harka kennuun hariiroo waaqayyo waliin qaban dhii-suun du'a gara addunyaa kanaatti fidan jechuudha.

Siraata kayoo

Waaqayyo guddaan karaa gooftaa Iyyesuus isa Naazratiin gara biyya lafaa kana dhufuun Iyyesuus fannoorratti du'ee addunyaan kun karaasaa araara akka argattu taasiseera.(2 Qor 5:19)

Qu'annaa dhimmaa

Yaadotaa fi dhimmoota armaan gadii dubbisuun akkaataa dubbisa ykn ergaa kanaan olitti dubbistaniin yaadaa fi deebbii hiika qabu itti kennaa.

1. **"Ani Waaqayyo jira jedhee hin yaadu."** Sa'aatii ykn yeroo laaqanaa tokko Jaaniis hiriyyaa ishee Liih kan jedhamtu tokko waliin yaad-rimee akkaataa akkamiin addunyaan kun akka uummamte mari'atu ture ykn mar'achaa turan. Liin walumaa galatti Waaqayyo jiraachuusaatiif ragaan tokkollee akka hin jirre ciminaan ykn jala sararuun amanti. Amantaan hundinuu Waaqayyo isa kam akka ta'e, meeqa akka ta'ee fi barreffama isaanii keessatti yaada nama amansiisurratti yaada gara garaatu jira. Jaaniin garuu Kiristoositti kan amantu yommuu taatu, wantotni babbareedoo fi mimmiidhagoon uummama hunda qabatan Waaqayyo guddaatiin uummamani jetti. Osoo isin taatan dhimma kana akkaataa uummama addunyaa kanaa ykn dhugaa kitaabni qulqulluun kaa'uun akkamiin yaada keessan yaada Lii waliin waliif qooddu?

2. **"Waaqayyo gooftaan ammuma kana maaliif wantoota hin jijjiiru?"** Yeroo qayyabannaa kitaaba qulqulluu kiristaanota haaraatiin gaaffiin ni ka'a. Gaaffiin kunis "Waaqayyo uumaadha yoo ta'e, wantoota hunda walitti-qabaatti ni hojjeta yoo ta'e/akkasumas wanti hundi harkasaa keessa jira yoo ta'e maaliif rakkinni ykn gidiraan addunyaa kanarratti uumama?" Amantootni gariin immoo gidiraan kun addunyaa irratti ta'aa/raawwachaa jiraachuusaa Waqayyoo hin beeku yommuu jedhan, Waaqayyo ni beeka garuu wantoota ta'aa jiran gidduu seenuu akka hin qabne waan murteesseefi jedhu. Akka hubannaa armaan olitti amma argatteetti, yeroo ammaa kana haalotni ykn taateewwan addunyaa kanarratti maaliif ta'u ykn uumamaa jiru jettee yaadda/ deebbii itti ni kennita? Barumsi nuyi as keessatti arganne Waaqayyo yeroo murtaa'eef qormaata keessa akka dabarruuf ayyameera ta'uu danda'a isa jedhuuf hubannaa akkamii nuuf kennuu danda'eera ta'a?

3. **Waaqayyo daandii hedduu/baay'ee hin qabuu?** Daandiin gara waaqayyootti nama geessu adda adda yoo ta'eyyuu amantaan hudinuu wal-qixa barbaachisoo ta'uusaanii yeroo har'aa kana namootni hedduun ni dubbatu ykn ni amanu. Kana jechuun akkuma gartuun namootaa miilla gaaraa/tulluu jalaa ka'anii gara fiixa/gubbaa gaaraatti ol ba'uutiif deemsa eegalaniiti jechuudha. Ka'umsii fi karoorri namoota kanaa gara fiixa gaara bakka mootiin itti argamu ga'uuf karoorfatanii yoo ta'ellee daandii/ykn karaa adda addaa qabatanii, kallattii gara garaa irra deemanii booda kan bakka mootiin kun jiru kana ga'uu danda'an. Haa ta'u malee dursees haa ta'u booda imaltootni hundi ykn amantaan

addunyaa kana irra jiru hundi fedhiin isaanii bakka yaadan ga'uudha. Haala kanaan amantaan hundi walqixa, hundinuu waaqayyoonsaanii akka sirrii ta'e dubbatu, kanaafuu amantaa jiran keessaa amantaan kamiyyuu gooftaasaa/waaqayyoosaa hordofuu ykn barbaadu ni danda'a. Qayyabannaan keenya kun dhima ykn daandiiwwan gara Waaqayyoo geessan irratti haala akkamiin ibsa ta'a?

Waliiti fiduu

Yeroo ammaa Gooftaa Iyyesus Kiristoositti amanuunii fi isa olii dhufe irraa amantaatiin dhalachuun mucaa Waaqayyoo taatee cubbuurraa bilisa ba'uukeetiif kitaani qulqulluun ni mirkaneessa. Kana jechuun ati nama karoora Waaqayyootiin ilmaan namootaa hedduu keessaa filatamee kabaja isaatiif qophaa'edha. Karoora fi seenaa Waaqayyoo ati itti makamte kana akkuma salphaatti hin ilaaliin ykn hin dubbisiin sababnisaas wantichi kan dubbisarra darbedha. Ati amantiitiin Iyyesusitti makamteetta, cubbuun kee siif dhiifameera, maatii Waaqayyootti makamuun guddiseesaa jedhamteetta akkasumas raayyaa ykn loltuu Kiristoos jedhamtee fo'atamteetta. Guyyaa gaafa Kiristoositti amantee kaastee senaa kanatti makamtee jirta. Kana jechuun, seenaa kana barachuutiin waan Waaqayyo hojjechaa jiru, Waaqayyo maaliif ati jiraachuu akka qabdu akka barbaade si beeksisuuf , irra caalaatti immo Waaqayyoo jaalala fi fayyisaa ta'uusaa akka hubataniif namoota biroo gara dhugaa/ seenaa kanaatti akkamitti karaa kee dhufuu akka danda'an Waaqayyo sitti fayyadamuu barbaadeeti jechuudha. Kanaafuu, Waaqayyoo akka sibarsiisuf, sagaleesaan akka sihoggannuuf akkasumas waldaaleen fi afuurri qulqulluun immoo humna kadhannaa isaaniitiin sicinaa dhaabbachuun akkamitti jireenya haaraa Kiristoosiin argame kana akka jiraachuu qabdu sigaggeessu/ sihogganu waan ta'eef hin sodaatiin.

Yeroo kana egaa hiriyyoota haaraa, akkasumas diinota haaraa ni qabda ykn ni horatta. Amma hojii dukknaarraa oolteetta waan ta'eef, kijiba seexanaa mormuuf, qorumsa biyya lafaa kana mo'uu fi amala osoo ati hi haarawiin dura siwaliin ture hambisuuf yeroo kana barumsa kitaaba qulqulluu barachuu qabda. Fayyuu ykn ooluu jechuun falmii lapheetiinis ta'e sammuutiin eessattuu gara Waaqayyoo goruu jechuudha. Kana hunda keessatti, jireenya kiristaanummaa akkamitti jiraachuu akka kabdu, akkamitti kabajasaa/humnasaa mul'isuu akka qabduu fi seenaa kana keessatti akkamitti diinota kee mo'achuu akka qabdu Waaqayyoo aboo siif kenneera waan ta'eef hin yaadda'iin/hinsodaatiin.

Waaqayyo ofiisaan of fakkeessee si uumuusaatiif, mucaasaa si godhachuusaatiif, akkasumas jireenya bara baraa siif kennuusaatiif mee al tokko tokko isa galateeffachuutiin yeroo kee dabarsi. Duukaa buutuu gooftaa Iyyesus taatee itti fuftee manasaatti guddachuuf, raayyaa/loltuu goftaa taatee argamuuf humnaa fi gargaarsa gooftaa gaafachuun sirraa eegama. Inni tasuma gadi nu hin gatu gadi nu hin dhiisus.

Baga gara maatii fi gara raayyaa kanaatti nagaan makamtan /dhuftan.

Mirkana

Yeroo tokko diina Waaqayyoo yoon tureyyuu ani kanin uummame akka fakkeenya Waaqayyootti, aangoo isa yeroo kufatii sana dhabame deebisee akkan argadhuuf Waaqayyo karoora matasaatiin na filatee mootummaasaa keessatti akkan hirmaadhu/akkan qooda fudhadhu na taasiseera.

Kadhannaa

Akkaataa Goftaa Iyyesus Kiristoos duukaa buutota isaaf Wangeela Maatiyoosii 6: 9-13 fi Wangeela Luqaas 11: 2-4 keessatti haala kadhannaa barsiiseen, kadhannaan gooftaa jaarraallee hedduuf akkaatuma sanaan kadhatamaa tureera.

Kadhannaan kunis: Yaa isa waaqa irra jiraatu abbaa keenyaa, mootummaan kee haa dhufu, jaalalli kee waaqa irratti akka ta'e, akkasuma immoo lafa irratti haa ta;u, soora har'aa bor nu barbaachisu har'a nuuf keenni, akkuma nuyi warra nu yakkaniif dhiifne yakka keenyas nuuf dhiisi, qormaatattis nu hin galchiin hamaa nu oolchi malee, mootummaan, humni, ulfinnis baruma baraan kan kee ti

Gara Ofirraa Gooftaatti Bo'uu

Yaa Waaqa jiraataa, abbaa koo ati kitaaba kana keessatti naaf ifuu keetii fi karoora guddaa ana mucaa keetiif qabaachuu keetti guddaa galatoomi. Addunyaawwan kunii fi ani bu'aa ykn uumaa hojii harkaa, keeti kanaafis ati Waaqa kooti. Wangeela fayyinaa kee akkan dhaggeeffadhuu danda'uuf laphee koo waan naaf bantee fi warra Gooftaa Yesus Kiristoositti amananiif jireenya bara baraa karaa kee qofa akka argataniif waan gooteef ati ulfaadhu. Na jaallachuu keettii fi na fayyisuu keettiif nan amana/nan fudhadha. Kanaafis, qaama seenaa kee na godhatteetta. Yaa Waaqayyo gooftaa, akkamitti si kabajee jiraachuu akkan danda'u, sibiraa duubatti na deebisuun gara hojii biyya lafaa kanatti deebi'ee akkan makamu na gochuu warra barbaadaniif akkamittiin isaan mo'achuun mana kee keessatti utubamee akkan jiraadhuuf afuura keen na gargaari. Akkan si ibsuu danda'uuf simboo kee har'uma naaf kenni.
Maqaa Yesuusin, Amen.

Qayyabannoo Dabalataaf

www.tumi.org/sacretroots, meeshaalee barreffamaa fi viidiyoodhaan karaa armaan olii argachuun ni danda'ama.

Noormaan Geesler. Waa'ee Yesus hubannoo addaa argachuuf. Eeginuu, Yookiin: Wipf fi maxxansa 2002.

Kutaa Itti aanuuf

Kutaa itti aanu keessatti, matadurewwan kana keessatti dabalama akka armaan gaditti hubadhaa!

1. Yesuus Seexana injifachuun karaa mootummaa Waaqayyoo nuuf saaqera.
2. Karaa amantii fi dhiifama argannee arganneen, ayyaana Waaqayyoon cuuphamuun qaama Kiristoos taanerra.
3. Hafuurri Qulqulluun qabdii ittiin dhaala keenyaa ta'ee nuuf kennameera.

Luqisii Yaadannoo

1 Yohannis 3:8

Abbaltii

1. Waraqaa of danda'e irratti, seenaa Macaafa Qulqulluu waliigalatti barreessi. Yaada waliigalaa barreessite immoo Waldaa kee keessaa Kiristaana bilchina hafuura qabu tokkoof qoodi.
2. Maxxansa Caafata boodaa isaa, "Akkamitti Macaafa Qulqulluu dubbisuu eegalla" jedhu dubbisaa.
3. Karoora dubbisa Macaafa Qulqulluu guyyaatti jalqabi.

KAROORA NUTI BAAFANNE

Dirree Waldhabdee Barootaa Furuu Keessatti Ga'ee Keenya Fudhachuu

> Isinis immoo ergaa dhugaa, Wangeela fayyina keessanii karaa isaa dhageessan; isin warri dhageessanii itti amantan, Hafuura Qullqulluu isa abdachiifameen mallateeffamtaniittu. Hafuurri qulqulluun immoo warri kan Waaqayyoo ta'an galata ulfina isaatiif yeroo furamanitti wanta nuyi argachuuf jirruuf qabdii keenya.
>
> Ergaa Pauloos gara warraa Efeesoonitti (Efe. 1:13-14)

Kaayyoowwan

Xumura kutaa kanaa irratti, qabxiiwwan armaan gadii amantee fudhachuudhaan karoora nuti armaan olitti baafne hojiidhaan argisiisuu danda'uu qabda:

- Yesuus jireenyasaa isa cubbuu hin qabnee fi qooda keenya du'uu isaatiin seexana injifatee warra isatti amananiif ammoo daandii ittiin mootummaa Waaqayyootti galan qopheesse.
- Qalbii diddiirrannaadhaan (Cubbuu keenya irraa gaea Waaqayyootti deebi'uu) fi amantiidhaan (Karaa hojii Yesuus nuuf hojjeteetiin dhugaatti amanuudhaan) fi ayyaana Waaqayyootiin nuti cuuphaadhaan qaama Kiristoositti tokko taaneerra.
- Nuti jireenya bara baraatiif qabsiisa Hafuura Qullqulluu fudhanneerra.

Ogummaa Argachuudhaaf Kadhannaa Banuu

Yaa abbaako isa bara baraan jiraattuu, ati dubbiikee keessatti madda beekumsaa fi ogummaa hundumaa akka taate dubbatteetta. Dhugaa kanaaf sin galateeffadha, Yaa abbaa, ogummaakee keessakootti akka dhangalaaftu, kanaanis ani akkan dhugaa namootatti dubbachuu danda'uuf sin kadhadha (2Ximootewoos 2:15), karaan irra adeemuu qabu nabarsiisi, naqajeelchi (Faarfannaa 32:8), tarkaanfiikoo qajeelchi, dubbiikee akkan dhaga'uuf gurrakoo naaf bani, akkaataan itti yaadu, dubbadhuu fi hojjechuu qabu hundumaa dubbiikeetiin naaf qajeelchi, akkan daandiikee irraa hin banneef nageggeessi.

Yaa abbaa, kennaa murtii qajeelaa kennuu naaf kenni, hamaa fi gaarii garaa gara baasuu akkan danda'uuf nabarsiisi, barsiisa sobaa fi dhugaa, hafuurotaa fi kennaawwan addaan baasuu akkan danda'uuf hafuurakee naaf kenni. Hafuurakeetiin fedhiinkee maal akka ta'e nahubachiisi, garaakoo guutuu jaalalakee raawwachuu akkan danda'uuf nagargaari.

Yaa Gooftaa, dammaqinaan dhaggeeffachuu fi dhaga'uuf, dubbiitti suuta jechuuf, aariittis akkan hin ariifanneef nagargaari (Yaaqoob 1:19). Dubbiin afaankoo fi yaadni garaakootii siduratti fudhatamaa naaf haa ta'u. Dhugaakee ogummaadhaan akkan dubbadhuuf, akkanatti namoonni ani dhugaakee itti dubbadhu hundumtuu hubatanii dhugichatti gargaaramuu ni danda'u.

Barnoota kana keessatti yommuun qajeelfamaa fi jechakee dhaga'utti ati nabarsiisi. Maqaa Yesuus isa guddaatiin sin kadhadha, yaa Gooftaako Yaa Fayisaako, Aameen.

Quunnamtii

1. **"Seexanni maaliif nu jibba – Nuti isaaf homaa tokkollee hin hojjennu, ni hojjennaaree?"** Gartuu qayyabannaa Macaafa qulqulluu xiqqoo amantoota haaraa irraa ijaarame keessatti, gartuun kiristaanota haaraa, xobbeen barsiisota isaanii irraa qajeelfama Macaafa qulqulluu baratu. Yeroo barnootaatti, seexanni akkuma nama jalqabaa Addaamiif Hewaaniin gowwomsee ture sobaa fi gowwomsaadhaan karaarraa isaan kaachisuu ni barbaada. Barataan tokko barsiisaa isaa "naaf hin galle, seexanni hamma sana Addaamii fi Hewaaniin maaliif gowwomse, maaliif rakkina hammana ga'u keessa isaan buuse, maaliif waan hundumaa isaan dhabsiise? Isaan seexanatti maal balleessani? seexanni maaliif hamma kana nama jibba?" jedhee gaaffii gaafate. Akka amma hubattee jirtutti Macaafni qulqulluun seexanaan maaliif hadheessituu, gowwomsaa, isa dhala namaa balleessuu barbaadu jedhee waama? Jalqabaa jalqabee maaliif akkasitti barreeffame?

2. **"Dhugumaan, Nan Amana, Garuu Itti Seenuuf Waanan Qophaa'e Natti Hin Fakkaatu – Yoo Xiqqaate turuun qaba."** Maarshaan Adaadaashee Raalfii waliin utuu mariyatanii waan Waaqayyo jireenya bara baraa nuuf kennuudhaaf nuuf hojjete misiraachoo yommuu dhageesse, mana keessa fiigdee waanuma hin beekne hundumaa bubbutuu jalqabde, waan isheetti miidhagu hundumaa ni fuuti, waanta dhimma qalbii diddiirratanii gara Waaqayyootti deebi'uu ilaalu qofa hin tuqxu. (Raalfiin waa'ee wal'aansoo seexanni nama irratti geggeessuu xiinxalaa turte. Dhuga ba'umsa Maarshaa yommuu dhageessu Raalfiin, "Waaqayyo Yesuusiin gara biyya lafaatti erguu isaatiin hammam akka inni nu jaallaten arge – kun waan ajaa'ibaati. Garuu, amanamummaadhaan, ammuma, isaaf of kennuu nan danda'a, kana jechuun waantotan dur hojjedhu keessaa kan hin barbaachifne ammuman dhiisa, sun illee cimaadha, Ta'us ani salphaatti Yesuusitti amanuu hin danda'u, sababoonni kunniin ga'aadhaaree? akkuma ati jechaa jirtu maaliifan cubbuukoottii qalbii hin diddiirradhu? Ani amma tarkaanfii hammas ga'u fudhachuudhaaf waanan qophaa'e natti hin fakkaatu. Karaan biraan kan qalbii diddiirrannaa bakka bu'uu danda'u kan biraan jiraa?" jettee gaafatte. Maarshaan gaaffii kana yommuu

deebiftu, "fayyina argachuuf cubbuukee irraa qalbii diddiirrachu ni barbaaddaa? ibsi.

3. **"Ati amma duuka buutuu Yesuusi, Karaa Argattee jirta."**
Namoonni hedduun amantii Kiristaanaa akka madda ayyaanaa fi jaalala Waaqayyootti kan ilaalan yoo ta'u, kaan ammoo dirree lolaatti gara Waaqayyoo goranii loluudha jedhu. Dhugaan isaa, Namni yommuu qalbiididdiirratee Yesuusitti amanu, lolatti hirmaate jechuudha, barreessaan Kiristaanaa tokko "Yesuusitti amananii qalbii diddiirrachuun haadha dirree waraanaati" jedhe. Kana jechuun Yesuusiif "tole" jedhanii, qormaata biyya lafaa, fedha foonii fi soba seexanaatiin "hin ta'u" jechuudha. sobni kun hedduun isaa eenyummaa keenya boceera – nutis guutummaa jireenya keenyaatiin bara jireenya keenyaa guutummaa isaanitti amanne. Kiristaana ta'uun loltuu ta'uudha, xiyyeeffannaa diinota Waaqayyoo keessa seenuudha. Erga gaafa Gooftaa Yesuusiin Gooftaa fi fayyisaa lubbuukeetii gootee fudhattee karaawwan kamiin dhugaa kana argitee beekta?

Qabiyyee

Kutaa darbe keessatti (**Kutaa keessatti of argine**) Seenaan Waaqayyoo, karaa Yesuus fayyina namaaf argamsiisuun isaa macaafa qulqulluu keessatti barreeffamee kan jiru gaaffii jireenya keenyaa isa guddaa nuuf deebisa. Garuu kutaan kun akka tapha nama bashannansiisuutti dhaggeeffatamuu hin qabu, irraanfatamuu hin qabu. Fayinaa fi lammaffaa dhalachuu Waaqayyo karaa Kiristoos nuuf kenneen Waaqayyotti araaramne. Nutis dhuga ba'umsa hojii Waaqayyoo kana fudhachuu qabna, dhugummaa isaa amanuu qabna, akka seenaa keenyaatti itti hidhamuu qabna, lola amantii isa gaarii keessaa hirmaachuu jalqabuu qabna, kallattii adeemsa ajijjiirrachuu qabna, Fedhiidhaan loltoota Waaqayyootti makamnee lola hafuuraa loluu qabna.

Tattaaffii fi hirmaannaakee tokko utuu hin dabalatin (Yesuus qooda keenya guutummaatti fudhatee) nuuf du'uu isaatiin, balballi fayina bara baraa hunduma keenyaaf baname. Afeerraan fayyinaa loltummaatti waamamuudha – Mootummaa dukkanaa keessaa gara mootummaa ifaatti darbuudha, jireenya lafa kanarratti ofiikeetiif jiraattu keessaa baatee Ambaasaaddara Gooftaa Yesuus ta'uudha. Biyya lafaa irraan addaan ba'anii Yesuus duukaa bu'uudha.

Cubbuu fi yakkakee irraa yoo qalbii diddiirratte, cubbuu sanarraa guutummaatti irraa deebi'uudhaan aaqayyo fannoo irratti du'uu Yesuusiin akka siqulleessuuf, of bira akka siteessisuuf kadhadhu. Ati dhagna Kiristoositti dabalamteetta, Maatii Waaqayyoo taateetta, Waldaa Kiristaanaa. Fayyina irratti, Waaqayyo hafuurri qulqulluun mana qulqullummaa isaa keessa keenyatti ijaarrata, guyyaadhaa gara gurraattis humnaan nuguutuudhaan akka ulfinasaatiif jiraannu nutaasisa. Kanaafuu Hafuurri qulqulluun kennaa guutuu Waaqayyo biraa nuuf kenname, isa

---

*qalbii diddiirrana— qalbii diddiirrachu jechuun guutummaatti deebi'uudhaan karaa jijiraachu jechu dha. Yeroo qalbii diddiirranu Waaqayyo wajiin walii gala akkasumas dhuga baatuu gooftaa is adu'aa ka'ee ta'uu keenya kan beeksisuudha.

guyyaa Yesuus deebi'ee dhufutti dhaaltuu mootummaa Waaqayyoo ta'uu keenyaaf qabsiisa nuuf kennameedha.

Cubbuurraa qalbii diddiirratanii amantiidhaan Yesuusitti maxxanuun mootummaa seexanaa gananii mootummaa Waaqayyootti makamuudha. Yommuu kana gootutti, waa'ee Waaqayyootiif waan amantu hundumaatti amantiidhaan hidhamtee, badii bara baraa jalaa baateetta. Bishaaniin cuuphamuun warra Yesuusitti amane hundumaa akka barbaachisu Yesuustu bartoota isaatti hime, Cuuphaan bishaanii kun mallattoo alaan mul'atu, kan Hafuura Qullqulluudhaan keessa keenyatti hojii hojjetuudhaan Gooftaa keenya fayyisaa keenya Yesuus Kiristoositti numaxxansu, akkasumas dhuga baatuu gooftaa is adu'aa ka'ee ta'uu keenya kan beeksisuudha.

Yesuusiin akka Gooftaa fi Fayyisaa lubbuu ofiitti itti amananii fudhachuun loltuu ta'uudha. Beektus beekuudhaa baattus loltuu Waaqayyootti dabalamteetta.

John White. The Fight.
Downers Grove, IL: Intervarsity press, 1976, p.217

Tokkummaa Nuti Uumne
Kutaa 2: Qo'annaa Macaafa Qulqulluu
Luqqisa armaan gadii dubbisuudhaan gaaffiiwan kanneen akka barsiisa Macaafa Qulqulluutti deebisi.

1. Sagalichi foon uffatee, amantootaafis fayyina bara baraa kenne. Yohaannis 1:10-14 dubbisi.

   a. Akka Yohaannis dubbatutti sagalichi eenyu, hariiroon inni Waaqayyoo wajjin qabu ammoo maali?

   b. Sagalichi Yohaannis cuuphaa wajjin hariirooakkamii qaba? Addunyaa kanaa waajjin ammoo hariiroon isaa kan akkamiiti?

. . . .

*Cuuphaa – Cuuphaan gochaa amantootaaf murteessaa ta'e, bishaan keessa seenanii ba'uu, isa qaama Kiristoositti dabalamuu amantootaa argisiisuudha. Cuuphaan bishaan keessa lixuu, Mataatti naquu yookaan akkaataa addaatiin raawwatamuu ni danda'a. Jechi Cuuphaa jedhu jecha "Baptidzo" jedhu irraa dhufe. hiikni isaa "keessa buufamuu" jechuudha. Kanaafuu cuuphaan baay'ee barbaachisaadha sababni isaa cuuphaan hojii qaama Yesuusitti dabalamuuf amantootaaf kennameedha. Amantoonni hundumtuu cuuphamuu qabu sababni isaa Yesuus hundumti keenya akka cuuphamuu qabnu nutti dubbateera. Kunis sirna hawaasa duratti Yesuu-siif waadaa seenuudhaaf taasifamuudha.

c. Waaqayyo akka namoonni ijoolleesaa ta'aniif akkamitti mirga isaaniif kenna?

d. Nuti akkamitti ijoollee Waaqayyoo taana? (Deebii sirrii filadhu).
   i. Hidda dhalootaa yookaan dhiigaan
   ii. Fedha foonii yookaan fedha abbaa ofiitiin dhalachuudhaan
   iii. Waaqayyoof lammaffaa dhalachuudhaan.

2. Cubbuu fi du'a jalaa baanee fayyuun karaa amantii ayyaana Waaqayyootiin nuuf kenname. Efesoon 2:1-10 dubbisi.

   a. Ergamichi utuu isaan Kiristoositti amananii fayyisaa lubbuu isaanii hin godhatin dhala namaa fi hariiroo isaan seexanaa wajjin qaban akkamiti ibsa? (warra qilleensa kanarratti aboo qabu jedhamanii sodaataman).

   b. Utuu Waaqayyo si fayyisee cubbuukee siif hin dhiisin dura dhugaawwan jireenyakeetii sadii tarreessi
      i.

      ii.

      iii.

   c. Nuti akkamitti fayyine? (Deebii sirrii ta'e filadhu):
      i. Karaa amantii ayyaanaan fayyine.
      ii. Hojii gaarii hojjechuudhaan (Kanaafuu of tuuluu ni dandeessa)

   d. Kaayyoo maaliitiif fayyine – Akka nuti taanuuf waanti Waaqayyo barbaadu maali, nuti maaliif fayyine?

....

*Ergamuuma: Ergamuuma jechun "namaa ergamee" jechu dha. Macaafa qulquullu kessatti akkata lamaati hikaama. Kaan, namotaa Yesuus yeroo biyaa lafaa ture tajalilaaf isaan ergeeti, bartoota 12 dabalaate jechuu dha. Ergaama Pawuulosin dabalee waraa tajaajilaa turan jechu dha (Hojii Ergaamota 9). Wantii ergaamoni ijaan argaanif hubaatan hundi nutiif barbaachisaa kan ta'eef Macaafni qulquulu dhuga ba'umsaa isaani irraati kan hundaa'ee wan ta'eefi dha (1 Yohaanis 1:1-4 fi 2 Petroos 1:16-18 ilaala). Dhugaa ba'uumsi Nicee'as akasumaa wa'ee "ergamuuma" nuf dhugaa ba'a. Nutti Macaafa qulguullu fi seena humamaa kan nutii hikaanu ergaa warraa ergaamota irratti hundaa'uu dhanii (fakeeynaf Efeeson 4:11) kan dubaatu wa'ee warraa kenaa Hafuura Qulquulu argaachu dhan ergaaman ilaalchisuu dhaan. Haraa nutiii waraa "misi'oota" jenee wamnaa, isaanis warraa kayoo waqaayyoof wamamaan jechuu dha.

3. Yesuus uumamaa fi sanyii namaa bilisa baasee bakka duraaniitti deebisuuf seexana kuffise. Luqaas 11:14-23 dubbisi.

   a. Erga Yesuus namicha duudaa keessaa hafuura hamaa baasee booda seexanichi Yesuusiin maaliin kasase?

   b. Yommuu deebii kenne, Yesuus waa'ee mootummaa garaa gara cabee yommuu dubbate maal jedhe?

   c. Yesuus hafuurota hamoota "quba Waaqayyootiin" (Hafuura Qullqulluudhaan) baasa yoo ta'e maaltu ta'e jedhe?

   d. Yesuus namicha cimaa sana (seexana) injifachuuf akkamitti humnasaa argisiise?

   e. Fakkeenyi Yesuus Luqaas 11 keessatti dubbate 1Yohaannis 3:8 keessatti akka gaariitti ibsamee jira. Yesuus kaayyoo maaliitiif biyya lafaa irratti argame?

4. Yesuus nama Naazireetiif fayyisuu fi firdii kennuun Waaqayyo abbaa biraa kennameef. Yohaannis 5:19-27 dubbisi.

   a. Yesuus hojiisaa isa hojii Waaqayyo hojjetee wajjin hariiroo qabu akkamitti ibse?

   b. Namoonni Yesuusiin yoo amanuu dadhaban, hariiroon isaan abbaa isaanii waliin qaban maal ta'e jechuudha?

   c. Yesuus waa'ee warra dubbiisaa dhaga'anii isa isa ergetti amananii maal jedhe?

      i. Inni jireenya _____

      ii. Maal hin ta'u_____

      iii. _____ keessaa gara jireenyaatti darbe.

5. Sanyii namaa keessaa kan hojii gaarii hojjechuudhaan qajeelaa ta'uu danda'u hin jiru, Nuti Yesuus Kiristoositti amanuu qofaan Waaqayyo duratti qajeelota taane. Roomaa 3:9-28 dubbisi.

   a. Amala isaanii irratti hundaa'uudhaan akkaataa itti dhalli namaa Waaqayyo duratti ibsaman sadan barreessi.

     i.

     ii.

     iii.

   b. Akkaataa nuti ittiin Waaqayyo duratti qajeelota ta'uu dandeenyu kan phaawuloos dubbate sadan barreessi.

     i.

     ii.

     iii.

   c. Nuti akkamitti utuu seeraaf hin abboomamin Waaqayyo duratti qajeelota taane (qajeelummaan keenya akkamitti mirkanaa'e)?

6. Nuti Yesuus Kiristoositti amanuudhaan jireenya haaraa jiraachuuf lammaffaa dhalanne. Yohaannis 3:1-21 dubbisi.

   a. Namni tokko mootummaa Waaqayyootti galuuf lammaffaa dhalachuun maaliif isa barbaachise?

   b. Yesuus fannoo irratti du'uun maaliif akka isarraa barbaadame Niqoodemoosiin hubachiisuuf boqonnaa 2 irratti macaafota kakuu moofaa caqasaa ture. seenaa kana keessatti fakkeenyi fudhatame maali, namoonni fayyuuf maal gochuu qabu? Yesuus Niqoodemoosiin barsiisuuf seenichatti akkamitti fayyadame (Lak 15)?

   c. Bakka duwwaa guuti (Lak 15-16).

     i. Ilmi namaa gara Waaqaatti ol fudhatamuu qaba sababni isaa

    ii. aaqayyo akkasitti biyya lafaa jaallateera, tokkicha ilmasaa hamma kennutti, kunis_____

    iii. Waaqayyo ilmasaa biyya lafaatti _____f hin ergine, biyyi lafaa akka _____ malee.

7. Nuti yeroo tokko gowomnee Waaqayyoof abboomamuu dinneerra yoo ta'e iyyuu, amma nuti amantiidhaan ayyaana Waaqayyootiin, Yesuus keessaan ijoollee Waaqayyoo taaneerra. Tiitoos 3:1-8 dubbisi.

    a. Nuti akka amantoota haaraatti Kiristoos keessa jiraannee"

        i. Seeraa fi aangoo biyya lafaatiif hariiroon nuti qabnu maal ta'uu qaba?

        ii. Nama hundumaafoo?

    b. Utuu qalbii diddiirrannee Kiristoositti hin amanin karaan keenya akkam akka ture ibsi.

    c. Yommuu "Gaarummaa fi jaalalli abbummaa Waaqayyoo" nutti mul'ate maaltu nurratti ta'e?

    d. Amma nuti ayyaana Wangeelaatiin akkamitti jiraachuu fi ittiin geggeeffamuu dandeenya?

8. Erga amannee booda, hafuurri qulqulluun nukessa buufachuudhaan qabeenya dhuunfaa Waaqayyoo taasisee numallatteesse – adda waraanaatiif nuqopheesse!

    a. Efesoon 1:13-14 dubbisuudhaan bakka duwwaa guuti.

        i. Yommuu Yesuusitti amantu _____ dhaan mallatteeffamta.

        ii. Hamma nuti qabeenya isa dhumaa argannutti hafuurri qulqulluun _____ keenyaaf wabiidha.

    b. Roomaa 8:12-17 Dubbisuudhaan gaaffiiwwan armaan gadii soba yookaan dhugaa jedhii deebisi.

i. Amma hafuurri qulqulluun nukeessa buufatee jira. Deebinee cubbuutti kufuu hin qabnu.

ii. Nuti hojii Hafuura Qullqulluutiin maatii Waaqayyootti dabalamneerra.

iii. Nuti duka buutota Waaqayyoo taaneerra, dhiphinasaa keessaa yoo hirmaanne duuka buutuu Yesuusis ni taana.

9. Waaqayyo moo'icha Kiristoos seexanaa fi cubbuu irratti argate akka labsaniif ergamoota waame. Hojii Ergamootaa 26:12-18 dubbisi. Bakka duwwaa guuti. Phaawuloos yommuu gooftaa biraa mul'ata argate gooftaan akka inni maal hojjetuuf isa abboome?

a. Tajaajiluudhaan waantota argitu _____ (Lak 16).

b. Ija namootaa yoo bante isaanis _____ irraa gara ifaatti, aangoo _____ jalaa gara Waaqayyootti. Akkasitti isaan _____cubbuu argatu, _____ dhaan qulqullootatti dabalamu (Lak 18).

Keessa Deebii

Namni cubbuurraa deebi'ee Waaqayyotti amane (Qalbii diddiirratee) fi akka Gooftaa Yesuusitti amananii fayyan – dhiifama argatanii, guutuu ta'anii, maatii Waaqayyootti dabalamuudhaan ayyaana argatanii jaalala garraamummaatiinis jaallatama. Ijoollee Waaqayyoo ta'uudhaaf afeeramuun kun biyya lafaa fi cubbuu gananii Kiristoosii fi mootummaa isaatti dabalamuudha.Amanuun biyya lafaa kana keessaa gara Waaqayyootti deebi'uudha, gooftaa biraa jala of galchuu, mootummaa haaraatti makamuudhaan jireenya haaraa jiraachuudha. Yesuus hojii seexanaa diiguudhaaf dhufe, namaa fi Waaqayyoon walitti araarsuudhaaf dhufe, waan hundumaa mootummaa Waaqayyoo jalatti deebisuudhaaf dhufe.

Waaqayyo ayyaana isaatiin nu fayyise, seera isaatiif abboomamuu keenyaan miti, kan nuti ijoollee Waaqayyoo taaneayyaana isaatiini, Yesuus qooda keenya dhiphachuu isaa fi du'uu isaatiin Waaqayyotti araaramne. Egaa nuti amma fayyineerra. Nuti amma fayyineerra, warra cubbuu, seexanaa fi dukkana loluuf waamamanitti makamneerra. Dhugumaan, gara fayinaatti waamamuun loltuu Waaqayyoo warra jaallatamootti makamuudha, biyya lafaatiin loluu, jireenya keenya isa moofaa, uumamaa fi seexanaan loluudha.

Erga amannee booda, Hafuurri qulqulluun inni nukeessa jiraatu manasaa keessa keenyatti ijaarrata, jabina nuuf kenna, kallattii nu argisiisa, Waaqayyoon gammachiisuudhaaf nu gargaara, Kiristoosiin tajaajiluu nudandeessisa, hojii Waaqayyoo hojjechuudhaaf nugargaara. Hafuurri qulqulluun qabsiisa guutummaa ayyaana Waaqayyoo isa yommuu Yesuus dhufu nuuf kennamuudha, hafuurichi Yesuus waliin itti fufnee jiraachuu akka dandeenyuuf wabii nuuf laata. Jaalalli Waaqayyo nuuf qabu Hafuura Qullqulluu qabsiisa nuuf kennuu isaatiin mirkanaa'e, dhiifamuu cubbuu, isa hamaa jalaa oolfamuu, mootummaa dukkanaa jalaa ba'uu, yeroo jireenya kiristaanummaa jiraannus jaalala Waaqayyoo guutuudhaaf nu gargaara.

Dhugaa dubbii Waaqayyoo amannee fudhachuudhaaf jajjabina Hafuura Qullqulluutti gargaaramna, dubbii waa'ee hin baafne dubbachuu dhiisuudhaan, dubbii hin ijaarre, soba, dubbii caaffata qulqullaa'aadhaan mormu hundumaa gargaarsa Hafuura Qullqulluutiin ofirra aaddaan baafna.Nuti Kiristoos keessatti uumama haaraadha. Kanaafuu nuti waanta barreessaan macaafa qulqulluu dhimma jireenya keenyaa ilaalchisee barreesse, seenaa dabarsine, waanta baay'ee barbaachisaa, waa'ee ga'umsa keenyaa fi fuula dura keenyaa macaafa qulqulluu keessaa fudhachuu qabna. Nuti kana booda hojjetoota mootummaa dukkanaa ta'uu hin dandeenyu. Nuti Mootummaa ilma Waaqayyootti makamneerra, mootummichis mootummaa ifaati. Warri gooftaan fayyise akkasuma haa jedhan (Faarfannaa 107:1-3).

Dugda-duubee

Qabxiiwwan ijoon kutaa kana keessatti hubachuu qabdu:

Yesuus nama Naazireet: Jiraachuu yeroo fuula duraa (App.4)
Seenaa Waaqayyoo: Hundee keenya isa eebbifamaa (App. 5)
Bara duriitii hamma har'aatti (App. 6)
Gaaddidduu fi waantota (App. 7)

Siraata kayoo

Warra maqaa isaatti amananiif aboo ijoollee Waaqayyoo ta'uu isaaniif kenne (Yohaannis 1:12).

Qu'annaa dhimmaa

Qabiyyeewwan armaan gadii dubbistee hojiitti jijjiiruudhaan, caqasa olitti dubbiste irratti hundaa'ii furmaata isaaniitiif deebii barbaachisaa kenni.

1. **"Yeroo ammaa kana injifannoon natti hin dhaga'amu"** Kiristaanonni haaraan hedduun adeemsa Kiristaanummaa isaanii gammachuudhaan jalqabu, ofitti amantaa cimaa, ammaa ammaa lola foonii keessa seenaa, cubbuu fi yeelloo wajjin jiraatu. Haalli cimaan isaan rakkisuudhaan, naasuu fi dadhabinaan waan eegalaniif "kiristaanummaan akka lallabaan jedhe salphaa miti" jedhu. Ammayyuu ni qoramu, ni aaru, Cubbuutti ni kufu, fedhii addaa addaatiin dhiphatu, dheebuu addaa addaa fi of tuulmaadhaan qoramu. "Moo'ichi inni macaafa qulqulluu keessa jira jedhame meerre eessa jira?" jedhanii of gaafatu. Yeroo qoramanitti

Gooftaa waamanii maaliif haalicha sirreeffachuu akka dadhaban of gaafatu. "Amma waaqyayo nawajjin jira, garuu hamma ammaatti maaliifan qorama?" jedhu. nama qoramsa akkasii keessa jiru akkamitti gargaarta? eenyutu wal'aansoo jireenyaa guyyaa guyyaa kana irratti injifanoo argachuu hin yaadu?

2. **"Akkan araara argadhe maaliinan mirkaneeffachuu danda'a?"** Kiristaanonni haaraan yookaan kanneen hin bilchaanne waa'ee fayyina isaanii mirkaneeffachuu dadgabanii ni shakku. Jireenya isaanii dabarsanii Gooftaatti kennataniiru yoo ta'eyyuu, akkaataa sirrii hin taanetti yaadu, dubbatu, hojii jireenyasaanii isa haaraa waliif hin galle hojjetu. "fiigichi wal rukutu" kun yeroo baay'ee akka isaan guutummaatti fayyina isaanii shakkan taasisa. Shakkii fi sodaadhaan guutamuudhaan, haaraa kaasanii akka gooftaan isaan fayyisuuf irra deddeebi'anii gaafatu. Araara argachuu isaanii amanuu dhabuu qofa osoo hin taane, utuu haalli hundumtuu akka isaan yaadan isaaniif ta'ee hawwu. Olitti qayyabannaan macaafa qulqulluu ati taasifte rakkoo akkasii siif furuuf hammam sigargaare? Amantoonni haaraan kun akka fayyan akka amananii fudhatniif akkamitti gargaarra (Yohaannis 5:11-13)?

3. **"Ajaa'ibsiisaadha. Ani amma ayyaanaan fayyeera, Waantan barbaade hojjechuu nan danda'a. Ani bilisa!"** Yeroo tokko amantoonni haaraan waan macaafni qulqulluun waa'ee ayyaanaa ilaalchisee dubbatu, waa'ee qajeelummaa fi jireenya bara baraa hubachuu dhabuu ni danda'u. Qooda gadi of deebisuudhaan hafuura galataatiin guutu, hubannaa dhabiinsi of tuulmaadhaan akka guutamu isa taasisuu danda'a. Namni akkasii hiriyoota isaatiin "Erga Waaqayyo ayyaana isaatiin nujaallatee, nuti akkamitti akka jiraannu ilaalchisee homaa dhiphachuu hin qabnu. Waan feene yoo hojjenne iyyuu Waaqayyo nuuf dhiisa, nu simata, waan nuti hojjennu irratti hundaa'uudhaan utuu hin taane, Waan Yesuus nuuf hojjete irratti hundaa'uudhaan jechuudha." Obboleessi haaraan kun akkamitti jiraachuu akka qabu akkamitti irraanfate, har'a nuti Kiristoosiin kan fayyine ta'uu keenya akkamitti dagate? Akkaataan nuti itti jiraachuu qabnu inni sirriin isa kamidha?

Waliiti fiduu

Waanti hundumaa dura amantoonni gochuu danda'anii fi hojjechuu qaban, utuu daandii isaanii Waaqayyoo wajjin hin jalqabin dura lola jireenyaa isaanii guutummaadhaan loluuf jiraniif of qopheessuu qabu. Waanti beekuu qabnu, yeroo Yesuusiin amannee fudhannu bakakkaan inni kamillee, waanti hundumtuu waanuma duraan ture nutti fakkaachuu qaba. Dhugaan isaa garuu, waanti hundumtuu jijjiirameera. Nuti mootummaa dukkanaa jalaa baaneerra, balleessaa keenya hundumaa irraa araara arganneerra, maatii Waaqayyootti dabalamneerra, mootummaa isaatiif loluuf humna waraanaa

Waaqayyootti makamneerra! Nuti Kiristoos keessatti uumama haaraadha, inni moofaan darbee inni haaraan dhufeera (2Qorontoos 5:17).

Egaa amma hafuura lola hafuuraa qabaachuuf murteessi, Hafuura Qullqulluu irraa jabina akka argattuuf, Yeroo hundumaa Kiristoosii wajjin adeemuuf gargaarsa akka isa gaafattuuf, Dhaabbannaakee adda waraanaa sammuukeetiitiif akka mijeeffattuuf, lapheenkee fi lubbuunlee jajjabina Hafuura Qullqulluu argachuu qabu. Waaqayyo akka moo'icha siif kennu si abdachiiseera (1Qorontoos 15:57). Sababni isaa inni si keessa jiru isa biyya lafaa keessa jirurra guddaa in caala (1Yohaannis 4:4). Egaa ati amma kan Gooftaati, akkaataa jireenyakeetii isa dulloomaadhaan hin jiraattu, nagaa dhabuu, sobaa fi hammacamaan hin jiraattu. Ati Kiristoos keessatti mucaa Waaqayyoo isa haaraadha, kanaafuu akka nama haaraatti hojjechuu, dubbachuu fi yaaduu jalqabuu qabda. Obsa qabaadhu. karaa Waaqayyoo isa haaraa barachuuf obsaa fi yeroo nama gaafata, akkasitti nama haaraa isa inni barbaadu taata.

Jireenya haaraa kana jiraachuu jalqabuu akka dandeessuuf gargaarsa Waaqayyoon kadhadhu, namummaan haaraan Waaqayyo siif kennu kun hojii fi amala yeroo darbee irraa akka bilisa taatuuf sigargaara, Hafuura Qullqulluudhaan sammuukee haareffadhu, akka nama haaraatti, akka uumama haaraatti, akka maatii haaraatti, akka gooftaan haaraan sigeggeessuutti jiraachuuf of qopheessi (Efesoon 4:20-24). Inni humna waraana isaatti sidabalateera, fuula duratti akka adeemtuufis si hidhachiiseera. Kanaafuu, akka bartuu Yesuusitti, gara maatii Waaqayyootti baga nagaan dhufte, gara loltuu Waaqayyootti makamuutti baga nagaan dhufte!

Ati hin cuuphamne yoo taate, nama macaafa qulqulluu sibarsiisu wajjin, hiriyootakee kanneen kiristaana ta'an waliin, tiksee waldattii waliinis waa'ee cuuphaa mariyadhu. Waantota cuuphamuuf sirraa barbaachisu hundumaa akka qajeelfama Waldaatti guuttachuuf iyyamamaa ta'i, hamma danda'ametti qajeelfama Waldaa Kiristaanaa hundumaa hordofi, Kiristoos cuuphaadhaan akka isatti dabalamnu nu abboomeera, cuuphamuun keenyamuutummaa Waaqayyootti dabalamuu keenya argisiisa (Maarqos 16:14-16, Maatewoos 28:18-20). Cuuphamuuf beellama hin qabatin, cuuphamuun mallattoo alaan mul'atu, garuu hojii Yesuus fannoo irratti hojjete amananii fudhachuudhaan kakuu Waaqayyootiif mallattoo keessa lapheetti fudhachuudha. Waaqayyoof abboomamii dafii cuuphami!

Ani ayyaana Waaqayyootiin ayyaana isa araara namaaf godhuuf abboomameera, inni ayyaana isaatiin nama balleessaa hin qabne nagodhate, mootummaa dukkanaa jalaa nabaasee mootummaa ilma isaatti nadabate.

Kadhannaa

Kadhannaan Te Deum Laundamus kadhannaa kiristaanonni hamma hamma jaarraa arfaffaatti kadhataa turaniidha. kadhannaa kana kan qopheesse Nicetas of Dacia, 335-414, garuu kadhannicha Ambrose nama jedhamutu yeroo cuuphametti labsee beeksise.

Ati aaqayyoodha: nuti si ulfeessine;

Ati Gooftaadha; nuti ol ol siqabna;
Ati abbaa bara baraati: Uumamni hundumtuu siwaaqeffatu.
Siif ergamoonni, humnoonni waaqa keessaa hundumtuu, kiruubelii fi
    suraafel, ulfina daangaa hin qabne siif kennu:
Qulqulluu, qulqulluu, qulqulluu Gooftaa, Waaqayyo isa humnaa fi aango
    qabeessaa,
Waaqnii fi lafti ulfinakeetiin guuteera.
Gartuun ergamoota warri ulfina qabeeyyiin si ulfeessu.
Kutatni raajotaa warri gurguddoonni si ulfeessu.
Gootonni Waaqayyoo warri uffata adii uffatan si ulfeessu.
Guutummaa biyya lafaa keessaa Waldaan Kiristaanaa si waaqeffatti.
Abbaa, kan aangoonkee dhuma hin qabne, dhugaankee fi ilmikee inni
    tokkichi,
Waaqeffannaa hundumaa fudhachuuf kan malte, hafuurri qulqulluun
    dhugaa siif ba'a.
Yaa kiritsoos ati mootii ulfinaati, ati ilma Waaqayyo isa bara baraan
    jiraatuuti.
Yommuu nama bilisa baasuuf nama taatee dhufte ati gadameessa durbaa
    hin balleessine.
Ati arfii du'aa injifattee balbala mootummaa waaqaa amantoota
    hundumaatiif bante.
Ati ulfinaan mirga Waaqayyoo abbaa teesse.
Akka ati deebitee dhuftuu fi hunduma keenyaaf akka firdii kennitu ni
    beekna.
Kanaafuu, Yaa Gooftaa kottu, sabakee warra dhiigakeetiin bittegargaari,
    qulqullootakeetti nudabaluudhaan ulfina bara baraa sana keessaa
    hirmaattuu nutaasisi.

**Gara Ofirraa
Gooftaatti Bo'uu**

Yaa abbaa bara baraa, Abbaa gooftaakoo Yesuus Kiristoos, nu fayyisuudhaaf gooftaa Yesuusiin gara biyya lafaatti waan ergiteef sin galateeffadha. Nuti jaalalaa fi araarakee daganne, garuu ammayyuu ati nu eegaa, Yesuusiin nuuf erguudhaan eeggumsa guddaa nuuf goote, Hafuura Qullqulluudhaan nu mallatteessitee maatiikeetti nudabalte, soda du'aafi adaba bara baraa jalaa nubaafte. Araarakee fi ayyaanakee isa hammana ga'uuf ani maalan siif kenna? Ani lapheekoon siif kenna, jireenyakoo siifan kenna, qabeenyakoo, yerookoo eenyummaakoo hundumaa siifan kenna. Yeroon kun shakkii tokko malee yeroon itti sibaruu qabu akka ta'e hubachuudhaan, siif of kennee jireenya haara ajiraachuu jalqabuuf qophaa'een jira, jireenya haaraa, karaa haaraa, adeemsa haaraa. Nafudhadhu, hafuurakeetiin nageggeessi, waantan hojjedhu hundumaatiin ulfinan siif kenna, maqaa Yesuusiinan sikadhadhaa, Ameen.

Qayyabannoo Dabalataaf

www.tumi.org/sacredroots. Ilaalaa. barreeffamootaa fi video dabalataa waliin argattu.

Robert Webber. Who Gets to Narrate the World. Downers Grove, IL: Inter Varsity Press, 2008.

Kutaa Itti aanuuf

Kutaa itti aanu keessatti qorannaa bal'aa mata dureewwan armaan gadii dabalatu argatta:
1. "Kiristoos keess" jiraachuudhaan, eenyummaa isaa fi hojiisaa hundumaa ni hubanna.
2. Miseensa maatii Waaqayyoo ta'uudhaan hundee keenya ergamootaa fi raajota irratti ijaarranna.
3. Waldaan Kiristaanaa hundumtuu akka loltuu Waaqayyootti tajaajilti.

Luqisii Yaadannoo

Roomaa 10:9-10

Abbaltii

1. Hin cuuphamne yoo taate, Paasteriikee haasofsiisuudhaan cuuphami.
2. Hiriyootakee kanneen loltuu Waaqayyootti dabalamuu barbaadaniif guyyaatti nama sadiif kadhadhuu akka fayyan taasisi. Amanannaakee namootaaf akka dhugaa baatuuf akka carraa siif kennuuf Waaqayyoon kadhadhu.
3. Waldaakee keessatti waan gaaffii sitti ta'u amantoota bilchaatoo gaafachuudhaan yaadannookee keessatti barreeffachuu jalqabi.

KARAA ITTIN GALMAA
Jireenya Keenya Karaa Kiristoos Waaqayyotti Hidhuu

> Egaa isin si'achii warra mana Waaqayyootis malee, orma nama biyyadiidaas miti. Isin hundee ergamootaa fi raajotaa irratti ijaaramtamittu, Kiristoos Yesuus immoo ofii isaatii dhagaa golee qajeelchuu dha. Guutummaan ijaarsa Sanaa isumaan walitti qabame,mana qulqullummaa Waaqayyoo ta'uu dhaaf gooftaatti inguddata.Isinis immoo isumaan mana isa waaqayyo hafuura isaatiin keessa jiraatuu taatanii itti ijaaramuu keessan.
>
> Ergaa Pauloos gara warraa Efeesoonitti (Efe. 2:19-22)

Kaayyoowwan

Xumura barannoo kanaarratti, karaa isa nu baasutti akkamitti akka hidhamnu beekuu. Innis

- Amaantiidhaan Yesuusitti hidhamuu. Kunis isa ofitti fudhachuun wanta inni nuuf godhee fi hojjete hundumaa raawwachuu.
- Karaa hojii hafuuraan isa amanuun warra maatii Waaqayyoo isa bu'uurrii fi dhagaan golee isaanii Yesuusiin ta'etti dabalamuu
- Waldoonni kiristaanaa lafarra jiran hundi imbaasii mootummaa Waaqayyoo akka ta'anii fi fedhii fi hawwiin isaanii hundi waa'ee waaqarraa lallabuu fi amantoonnis ambassadaroota Waaqayyoo akka ta'an amanuu.

Ogummaa Argachuudhaaf Kadhannaa Banuu

Waaqaa bara baraa, abaa koo, akka dubiin ke jedhuutti atti maada bekumsaa fi oguumaa dha. Kun akka bubii ketiitti dhugaa akka ta'ee nan amaana. Kanaaf ogumaa ke akka anaaf latuuf sin kadhaadha. Kunis akkaan isaa dhugaa ta'e bekka subaa irraa akkan fagaadhu nagargaara (2 Timootiwoos 2:15). Hafuura kettin anaa barsiisi (Faarsa 32:8), Karaakos anaaf qajeelchi. Gurii kos akka sagaale dhaga'u godhi. Dubaana kotiif hasaa anii godhus dogoogora iraa egii.

Waaqyyo abbaa, hafuura murtoo haqaa nama murteessisuu akkasumas barumsa dogoggoraa adda baafachuuf nama dandeessisu naaf kenni. hafuura keetiin fedhakee isa ta'e natti mul'isi.Laphee koo banii yaada kee nattii agarsiisi. "Obboloota koo jaallatamoo! Namni adduma addaan dhaga'uutti ariifataa, dubbachuuttis suuta jedhaa, dheekkamuuttis suuta jedhaa, ta'uun akka isa irra jiru beekaa"Ya 1:19 Dubbiin afaan koo fi yaadni garaa kootii si duratti fudhatamaa haa ta'u.Dhugaa kee ogummaa fi hubannaan ba'ee akkan dubbadhu godhi.

Barumsa kana keessatti qajeelfamaa fi dubbii kee Na barsiisi, maqaa Yesuus Gooftaa isaa oolchaa keenya ta'een cimsinee si kadhanna.

Quunnamtii

1. **"Waqayyoon duratti bakka nuti jirruu fi bakki macaafa qulqulluu keessatti barreeffame maaliif garaagara ta'e?"** Kiriistaanonni hedduu fuula Waaqayyo duratti jireenya isa waa'ee isaanii caafameen faallaa Kan ta'e jiraatu.Akkasumas jireenyi isaan guyyaadhaa guyyaatti jiraataniis jireenya soda, dhiphinaa fi gaaffiin guutameedha.kanaaf jireenyi kiristaanummaa jireenya wal-faalleessu lama fakkaata. Innis jireenya isa macaafni qulqulluun jedhuu fi isa nuti guyya guyyaan nu mudatuudha. Jireenya kiristaanummaa guyyaa guyyaan jiraannu keessatti, caaffanni qulqulla'aan kiristoos keessatti maal akka taane fi waa'ee keenya maal akka yaadnu gidduu wantoota walfaalleessan akkamitti hubanna?

2. **Yoom akka Nama macaafni qulqulluun jedhun sanatti jiraadha?** Jireenya naamusa qabu isa kan Kiristoos jiraachuu keessatti duraan dursinee rakkoo soo Yesuusiin ammannee hin fudhatin duraa fi erga isa ammannee asitti jiru hiikuu dha. Erga kana goonee/raawwannee booda, yeroo hundumaa bilchaataa, jireenya dhugaa akkasumaas waa'ee keenyaaf ilaalcha gaarii isaa caaffanni qulqulla'aa fi Paastaroonni jedhanii olitti akka jiraannu nu taasisa.

3. **"Mana kee keessatti gooftaa wajjiin adeemsa shaakaluu"** yeroo tokko dorgaggeessi haaraan gooftaatti amanee suusii irraa adda bahe tokko adeemsa isaa gooftaa wajjiin jireenya haaraa jiraachuu eegala.Rakkoon jiru garuu sababaa hojii hamaa kanaan dura godheef yeroo Kiristaanota gidduutti argamu yeellootu itti dhagaa'ama. Gadduu fi of cupha'uu irraa kan ka'e jireenya Kiristaanummaa warreen waldaa keessa jiranii wajjiin jiraachuu hin danda'u jedhee yaada. Hunduumti isaanii namoota gaarii waan ta'aniif bakka an amma dhufetti hin argaman jedhee yaada. Kanaaf ofuma kootiif mana Koo keessatti gooftaa wajjiin adeemsa shaakaluun qaba jedha. Kanaaf murtoon inni murteesse sirriidha jettee yaaddaa? Yoo sirrii miti ta'e maaliif?

Qabiyyee

Barannoo keenya kana gara dhumaarratti kan nuti hubannu, yeroo hojii sirrii hin tane ykn cubbuu dhiifnee gara Waaqayyootti deebinu Yesuus nama Naazireeti isa du'aa ka'etti amannu,altokkotti miseensa loltuu Gooftaa ta'uun mootummaa seexanaa ganuun gara mootummaa ilma Waaqayyootti deebina jechuudha.

Amma badhaadhummaa isa amantiin arganne sanaan Kiristoositti dabalamneerra.Karaa amantiin Kiristoositti dabalamuun keenya Waaqayyoo wajjiin walitti dhufeenya gaarii akka qabaannu akkasumas iddoo haaraa akka qabaannu nu godha.Innis gaarummaa, arjummaa fi eebba ijoolleessaatii. Dabalataanis jireenyi Kiristoosii wajjinii guyya guyyaan akka nuti jireenya moo'icha qabaannuu fi humna hafuura qulqulluu ittiin deemnu nu gonfachiisa.

Akka kakuu haaraatti,namni Yesuusitti amanee cuuphame karaa hafuura qulqulluu Kiristoositti dabalameera. " nuyi Yihuudonni, warri Yihuudii hin ta'inis, warri garbummaa jala jiran, warri birmaduunis hundumti keenya dhagna tokko ta'uudhaaf hafuura tokkoon chuuphamneerra, nuyi hundumti keenya akka dhugnuufis hafuurri qulqulluun inni tokkichi nuuf kennameera" 1 Qor12:13 yeroo hafuurichi Kiristoosiin keessatti nucuuphu, dheekkamsa Waaqayyoo qofaarraa nu oolcha osoo hintaane, argamsa isaatiiniis gammachuu guutuu akka qabaannu nu taasisa. Akkasumas, walitti dhufeenya adda ta'e Waaqayyoo wajjiin akka qabaannuu fi iddoo addaa isa durati akka qubaannu nu taasisa.

Fayyina keenyaaf Kiristoosiin waan amananneef dhugumatti eebba baay'eedhaan eebbifamneerra. Cubbuun keenyas nuuf dhiifameera. Efe 1:7 "Akka badhaadhummaa ayyaana isaattis Kiristoos dhiiga isaa nuuf dhangalaasuu isaatiin furamuu, dhiifamuu cubbuus qabna" 2 Qor 2:18-19 " akkasumas immoo " Ani abbaa isiniif nan ta'a, isinis ilmaan koo intaloota koo in taatu jedha Gooftaan inni hundumaa danda'u jedhameera". Nuti akka ilmoo guddisaatti mana Waaqayyootti guddifamneerra (Rom:8:14-15:23) bu'aan nuti Kiristoos keessaa argannu, waldaa keessatti miseensa haaraa ta'uu fi dhagna Kiristoos ta'uudha. Nuti amantiidhaan amantoota biyya lafaarra jiran wajjiin warroottan Waaqaa wajjiin walitti hidhaman wajjiin taanee mootummaa isaa tokko taanee ni tajaajilla.

Waaqayyo, lola keenya si wajjin lollee waan mo'anneef galatoomi! Amantoonni hundinuu jalqabaa hanga ammaatti jiran walitti qaama tokko Kiristoosiin uumu. Waldaan inni Yesuusii fi Ergamoonni jalqaban tokkicha haa ta'u malee, waldoonni naannoo (local church) kanneen adda addaa hojii Waaqayyoo hojjetanis ni jiru. Labsiin "Nicene|" waldoonni qulqulluu, tokko, akkasumas, ergama barsiisuu tokko qabu jedha. Innis waldoota naannoo addunyaa kanarraa jiran irraa akka uumaman seenaan ni ibsa.

Dhugumatti garuu sagalee gammachuu ergamaan Phaawuloos warra Filiphiisiwusiif erge dhaga'uun adeemsa jireenya keenya isa nuti Kiristoos wajjiin goonuu sana hojiitti haa hiiknu

....

*Waldaa Cathollik: Catholiik yeroo jenuu waldaa warra Romaa jecha jiraa mitti, waldaa aduynaa biyaa lafaa yeroo dheraa dha kasee kanturte jechu malee. Waldaan kun sabaa hundumaa kessa, afaan heduu kan dubataan, sabaa fi sablamii hedu kan hamaatu dha. Beksiisa abolii fi Niceen kessaatti Catholiik inii jedhu kun amantootaa aduynaa irra jiraan hundaa kan ilaalatu dha (fakeeynaaf Waldaa Catholiik)

Nuyi garuu nama biyya Waaqaraati, gooftaan keenya fayyisaan keenya Yesuus Kiristoos achii nuuf dhufa" jenne eegganna.Inni humna isaatiin bifa dhagna keenyaa isa gadi deebi'aa diddiiree, akka dhagna isaa isa ulfina-qabeessa gochuun ni danda'a.Humna kanaanis waanuma hundduumaa of jala in galcha".

Fil 3:20-21

Walumaagalatti, amantoonni hundinuu lammii Waaqarraati, waldoonni kiristaanaa lafarra jiranis imbaasii mootummaa Waaqarraa bakka itti walgahanii waa'ee waaqeffannaa hafuuraa fi tajaajila Kiristoos amantoota barsiisaniidha. Waldaa keessatti hafuurri qulqulluun jalqabarratti waan amannu, akka itti waaqessinu fi caafanni maal akka jedhu nutti agarsiisa. Barsiifanni kun bakka deemnu hunduumaatti hundee amantii keenyaa nuuf cimsa. Innis barsiisa isa ergamoonni barsiisan, akkasumas isa macaafa qulqulluu keessatti barreefamee fi mana maree waldootaa keessa taa'ee fi amantootaan irratti walfalmaame bakka bu'a.

Yeroo waldaan walitti qabaamu... dhumaa biyaa lafaa labsu iraati dabalale akka biyii lafaa kufatiiti jeru labsaa. Kun imoo orumaa biyaa lafaa isaa wan hunduumaa garii godhe namaatti agarsisuu barbaduuf ilaalcha falaa dha. Sabaabin isaas biyaa lafaa ganuun ogumaa akka ta'e kan hubaatan waraa cuphaa dhan biyaa isaa waqaara wara shakaala jiraaniif dha... waqeefanaan christiyaana biyyaa lafaa ganuu irraatti kan hunda'ee fi ijoole waqaayyo kayoo waqaa irrattif kan qopheesu dha.

~ Jean-Jacques von Allmen. Worship: Its Theology and Practice.
London: Lutterworth, 1966, p. 63.

Ittin galmaa
Barannoo 3ffaa Qo'annaa Macaafa Qulqulluu

Caaffata armaan gadiitti kenname dubbisuudhaan gaaffiwwan barsiisa macaafa qulqulluun walqabatan sirriitti ibsuun deebisi.55

1. Du'aa ka'uu Yesusiin, Waaqayyo wabii jiraachuu fi kakuu jireenya bara baraa nuuf kenne. 1 Pet 1:3-12 dubbisi!

    a. Eebba kiristoos keessaa argamu yoo xinnaate sadii barreessi

        i.

        ii.

iii.

b. Dhaddacha duratti yoo akka malee gaddine maaltu nu mudata? (lakk.6-7)

c. Gooftaa kana qaamaan of jidduutti yoo arguudhaa baanne isaan fayyuu keenya akkamittiin hubanna? (lakk 8-12)

2. Yesuus dhagicha jireenyaati, nuti warri isatti amannemmoo warra Waaqayyoon filameedha. 1pex. 2:4-10 dubbisi!

a. Nuti erga luboota qulqullaa'oo isa kan Kiristoos taanee, hojiin Waaqayyo akka nuti hojjennuuf nutti kenna maalii?(lakk. 4-5)

b. Namoota Waaqayyoof wantoota dhugaa ta'an afur tarreessi.

i.

ii.

iii.

iv.

3. Amantiidhaan Kiristoosiin keessatti cuuphamuun keenya, du'a isaa keessatti, awwalamuusaa, du'aa kaafamuusaa, jireenya haaraa isa kansaa akka hirmaannu nu taasisa.

a. Rom 6:3-10 dubbisuudhaan. Kiristoos kessatti yeroo cuuphamnu wantoota jireenya keenyarratti ta'an sadii barreessi.

i.

ii.

iii.

b. Kiristoosii wajjin akkuma dune, amantiidhaan isaa wajjiin du'aa ni kaafamna, kanaaf cubbuun aboo maalii nurratti qabaataree? (lakk 9-10)

c. Cubbuu fi humni cubbuun nurratti qabu wajjiin akkamiti of madaalla?(lakk 11-13)

4. Yesuus giddu galeessa jireenya kiristaanotaa kan hundi keenya waan hundumaaf amanannuudha. Qol 2:1-10 dubbisi

   a. Phaawuloos Kiristoos " iciitii Waaqayyo abbaa" isa ogummaa fi hubannaan hundi biraa burquudha jedhee?(lakk 3-4)

   b. Phaawuloos warri qolasayis akkasaan kiristoosiin gooftaa fi oolchaa isaanii godhatanii fudhatan godhee? (lakk 6-7)

   c. Amantoonni yeroo hundumaa maalirra of eeggachuu qabu (lakk.8)

   d. Lakk 10 Yesuus Kiristoosiin waaqummaasaa fi namummaasaa akkamitti ibsa.

5. Amantoonni Kiristoosiin keessatti eebba isa dhuma hin qabneen eebbifamaniiru. Efe 1:3-14 dubbisi.

   a. Eebbawwan erga Kiriistoosiin fudhattee eebbifamtee keessaa yoo xinnaate Shan tarreessi.

      i.

      ii.

      iii.

      iv.

      v.

   b. ErgaKiristoos kanatti amannee hafuurri qulqulluun maal nuuf hojjete? (lakk 13-14). Kennaan hafuuraa akkamitti eebba nuuf dhufee wajjin walitti hidhata?

6. Nuti warri Waaqayyoorraa fagaannee turre, karaa Kiristoos isatti dhihaannerra. Efe 2:13-22 dubbisi.

a. Kiristoos amantoota warra ormoota jedhaman jidduutti akkamitti nagaa buuse?(lakk 13-18)

b. Ephesoon 2:18-22 dubbisuun kanneen armaan gadii akkaataa galumsa isaaniitti walitti firoomsi.

   i. Hordoftoota qulqulloota __ mana waaqayyooti ijaaruu

   ii. Ergamootaa fi raajota   __ dhagaan bu'uuraa isarratti ijaarame

   iii. Yesuus   __ keessummummaa fi ormummaan hin jiru

   iv. Hafuura qulqulluu   __ dhagaa golee qajeelcha

7. Waaqayyo badhaadhummaa ayyaanasaa karaa amantotaa (waldaa) akka mul'atu godhe. Efe 3:8-11 dubbisi bakka duwwaa armaan gadii guuti Waaqayyo waan hundumaa karaa _____ uume. Karaa garagaraan _____ waaqayyoo mul'atee _____ ol waaqarratti akka beekamu taasise.

8. Bara durii Waaqayyo dhoksaa mul'achuu isaatii isa karaa raajotaan kakatame sana dhala namatti of hin mul'ifne.

a. Qolasaayis 1:24-29 dubbisuun deebii filannoo sirri ta'e filadhu. Dhoksaan inni Phaawuloos dhoksaan inni namootatti barootaaf gaaffii ta'e amma mul'inatti argame jedhe maalii?

   i. Guyyaa fi sa'atii yesuus itti deebi'ss dhufa

   ii. Kiristoos isa nu keessatti abdii badhaadhummaa ta'e

   iii. Akkaataa du'a phaawuloos

Keessa Deebii

Raajonni kakuu haaraa keessatti amantoonni Kiristoositti amanan cuuphamuudhaan humna hafuura qulqulluutiin hojiisaatti dabalamaniiru. Hafuurri qulqulluun isaa wajjiin du'uu, awwalamuu., du'aa kaafamuu fi jireenya haaraatti dabalamuu keenya mul'isa.Yesuusiin keessatti nuti abboommii Waaqaarra darbuun warra adabamu miti.Cubbuu Kanaan dura rawwanneefis dheekamsa isaa hin sodaannu.Sababiinsaas Waaqayyo karaa Yesuus Kiristoos ofitti nu dhiheessee badhaadhummaa dhuma hin qabneen nu eebbiseera.

Kanaanis isa hundumaa gararraa ta'e miseensa waldaa ta'uu ykn dhaqna kiristoos ta'uu dandeenye.Waaqayyo karaa Kiristoos wabii jiraachuu fi guddachuu amantoota hundumaaf kenne (1 yoh.3.13).akka dhaqna isaatti (Rom12:1-8) dahoo hafuura qulqulluu akka taanu nu godhe (1 Qor 3:16-17) kanaaf isattii adda baanee jiraachuu hin dandeenyu. Qaamni kun guddachu fi bilchaachuuf hojii isaa sirriitti dalaguuf bu'aa qaama isaa hundi ni barbaachisa.

Akkaataa Kanaan namni kiristoositti dabalame hundinuu gaafanni deebi'ee dhufu isaa wajjiin lafarra jiraachuu lammii waaqarratti dabalamuusaa ni mirkaneeffata. Kanaaf waldaan kiristaanaa ambaassadarii mootummaa waaqaa fimul'ina ulfina Waaqaa isa iddoo amantoonni itti walgahuun waaqeffatanii fi itti Yesuusiin tajaajilan ta'uu qaba. Jalqabumayyuu hafuurri qulqulluun namoota warra kan Kiristoos ta'an akkasaan waan hundumaa adda baafatan, cubbuu isaaniif dhiifama gaafatan akkasumas macaafa qulqulluu ergamoonni barsiisan dhugaa akka bahaniif isaan ni geggeessa. Dabalataanis dhukkubaa fi hidhaatti akkasan hiikaman taasisa.

Akimaa goftaati amaane nutii waldaa hundumaa waliin tokumaa hin qabaana, tokumaa waldaa nuti itti sanbaata gudaa itti waqeefanuu irra kasse, nuti goftaati hafuuraani fi goftaati jabaachu dhan hin gudaana.

Dugda-duubee Torbee kana keessa yeroo fudhachuun kitaaba waa'ee eebbaa fi bu'aa kiristoosiin keessatti cuuphamuun dhufu keessa deebiin qo'adhu.

Ebbaa sodomii sadii christos kessaan argaanu (App 14)
christos kessaan (App.8)
Yesuus ilmaa Nazreet: Jireeyna fulaa duraa (App. 4)
Garaa dubaati ilaala garaa fulaa duratti adeemu: Barsiisa warra wangeela
   (App. 16)
Beksiisaa amaanti Nice'aa (App. 24 and 25)
Beksiisaa amaanti abotaa (App. 16)

Siraata kayoo Karaa Christoos ebaa hundumaa arganee jiraa (Efesoon 1:3)

Qu'annaa dhimmaa Hidhata urmaan gadii kanaa siriiti qu'aadha, akkasumaas gafiilee jiraanif barnoqoota urmaan olii iraati hunda'uu dhan debii kenaa

1. **"Anii cuphaamun anaaf hinta'uu, mitti ree? Anoo kanaan duraa cuphaamen jiraa."** Durbartiin tokko yeroo lubaa ishee waliin mari'aati gafii kanaa gafaate turte. Ergaa xinumaa kotti cuphaame mafaan dabalataa cuphaama jetee gafaate. Eyeen, yeroo baraa dheera duraa cuphaamte hubanaa fi christoositi amaanu hin qabdu turte—isheen

yeroos wagaan ishe 12 ture. Isiin utuu gafii kanaa gafataamtani maal jetanii debifuuf—goftaati Yesus Christoositti amanuuf, bekumaa amantii qabaachu dhan, lamataa cuphaamu qabdii moo?

2. **Yeroo tokko hiriyaan koo "mogaasi ti fudhaadhu" ebaa waqaayyoo nan jedhee ture. Amaa wantii kun macaafa qulquluu kessatti akamitti ilalaama?** Hiriyaan ko kuni waldaa christiyaana ishe "mogaasi ti fudhaadhu" namaan jetu kessa waqefaata. Waldaan kuniis barsisaa bakaa fayisaa qamaa, fi fedhii fonii kamiyoo waliin hidhachiisun barsiifti. Xiyefaana kan isheen laatu ebaa fonii dhafii dha (qabeeyna, fayaa qamaa, fi malaaqa), hata'u iyuu ebaa hafuraad xiyefaanan xiqoo ta'e hin kenamaa. Ebba gutooma kara Christoos argane akka maliiti hubaana (Efesoon 1:3), isaa waldaan heduun qabeynaa biyaa lafaa waliin ilaalan (fayinaa fi qabeynaa). Ebba waqaayyo isaa hafuraa fi isaa kan akkamitti gargar bafnee ilaala?

3. **Wantan barbaadu namarraa osoo hin taane, waldaarraan argadhe. Wanta na barbaachisu kanneen akka barsiisa, duuka bu'ummaa, waldoota garagaraarraa argachuun sirriidhaa?** Amantoonni baay'een wanta fedhan hunda waldaa tokkoo qofaadhaa argachuu akka hin dandeenyetti yaadu kanaafis sagantaalee adda addaa barsiisaa fi waaqeffannaa garagaraa hordofu. Addunyaa wanta barbaanne iddoo feenee argachuu dandeenyu keessa teenyee haala kanas waldaa wajjiin walitt hiina. Kunimmoo akka waldaa tokko fedha namaa hin guunne fakkeessa. Warri waan kanatti waliigalanis iddoo tokkottini waaqeffatu, iddoo kaanitti walgahu, iddoo kanitti ni ayyaanetatii erga waldaan kiristaanaa imbaasii mootummaa waaqaa taatee hidhata keenya cimsuu keessatti of kennuun jireenya kiristaanummaa bilcheessuu keessaa qooda qabdi mitti ree?

Waliiti fiduu

Torbee kana keessa yeroo fudhachuun kitaaba waa'ee eebbaa fi bu'aa kiristoosiin keessatti cuuphamuun dhufu keessa deebiin qo'adhu. Yoo hubannoosaa hin qabdu ta'e waa'ee eebbaa mormuufis ta'e dubbachuuf hin dandeessu.Lakk 33 caaffata waa'ee eebbaa ibsu dubbisuun dhugaa kanatti of madaksi hanguma waan Waaqayyo siif kenne beektu, qaama jireenya keetii godhacha adeemta.Akkasumas afaan kadhannaa fi galata kee gootee gooftaaf dhiheessita.

Yoo waldaa naannoo kee jiruuf hanga ammaatti miseensa hin taane taate, gooftaan akka karaa si qajeelchuuf guyyootaa fi torbanoota dura kee jiran isatti kenni inni si qajeelcha. Tiksee gaarii jalatti akka qabamtu, kennaa tajaajila kees adda akka baafattu si gargaara. Wanti murteessaan garuu walgahii qulqullootaa keessatti argamuu qofa osoo hin taane , qaama tokko ta'uun itti dabalamuu gaafata. Jalqabarratti hamilee of buusuun qophummaan sitti hin dhagaa'amin hirmaannaa kee cimsi, gooftaatti

Amani, walitti dhufeenya kee cimsuun isa tajaajili. Yoo obsa qabaatte Waaqayyoo karaa isaa sitti mul'isuun si qajeelchas **(Gal 7:9)**

Mirkana

Ergan Kirstoositti cuuphame, eebba, badhaadhummaa ,abdii fi dhiphina Kiristoos, amantoota iddoo hundumaa jiranii wajjiin yeroo hundumaa qooddachuu qaphiidha.

Kadhannaa

Gartun kadhata sanbataa "billy" jedhamu inni bara 1880 kabajame hojjettoota wangeelaa jalqaba jaarraa 20 ffaa keessa hedduu oomisha lallabni danbataa tuuta namoota baay'ee offitti hawwate. Lalaabni sanbaatati godhaamus biyaa America kessa garaa namaa hedu hawwate. Kanaafis gartuun kun sagalee Kanaan namoota baay'ee oolchan.

* Bareefamnii kan "bareesan kan hin bekaamne" jedhu. Weebsa'iitin tokko garu St. Patrick akka ta'e ibsaa, kan garu Billy Sunday shaa jedhu.

Kiristoos hundumaaf

Kiristoos dhukkubaaf, kiristors fayyaaf
Kiristoos rakkinaaf, kiristoos qabeenyaaf
Kiristoos gammachuuf, kiristoos gaddaaf
Kiristoos har'aaf, kiristoos boriif
Kiristoos jireenya kooti, kiristoos ifa kooti
Kiristoos ganamaaf, kiristoos galgalaa fi halkaaniif
Kiristoos yeroo hundumtuu nama dhiisee deemuuf
Kirostoos hamma barabaraatti na wajjiin jira.
Kiristoos haara galfii koo, kiristoos soorata koo
Kirsitoos waan gaarii hundumaarra
Kiristoos jaallatamaa fi michuu koo
Kiristoos gammachuu koo isa dhumaa
Kiristoos oolchaa koo, kiristoos gooftaa koo
Kiristoos qooda koo, kiristoos Waaqa koo
Kiristoos eegduu koo , animmoo hoolaasaa
Kiristoos ofisaaf jireenya kooti
Kiristoos geggeessaa koo, kiristoos nagaa koo
Kiristoos irraanfachiisaa gadda koo
Kiristoos qulqullummaa koo
Ani kan isaa inni ammo kan koo

Kiristoos ogummaa koo, kiristoos foon koo
Kiristoos amartii quba koo
Kiristoos labsii ti lubbuu koo
Kiristoos isa nama kamiinuu hin dagannee.
Kiristoos barsiisaa,kiristoos qajeelchaa
Kiristoos kattaa koo iddoo dhokannaa koo
Kiristoos abbaa waan hundaa
Kiristoos dhiigni isaa qulqulluun nu bitee

Kiristoos karasaa Waaqatti kan nu bute.
Kiristoos abbaa sagalee barabaraa
Kiristoos hogganaa koo fi qajeelchaa koo
Kiristoos isa cubbuu koof dhiigasaa lolaase.
    Kiristoos ulfina koo kiristoos gonfookoo
Kiristoos isa muka miisee lalisuu
Kiristoos ol qabaa koo
Kiristoos isan abdadhuu fi isa dukkana narraa fuudhe.

~ H.W.S. *The Speakers Quote Book:*
Over 4,500 Illustrations and Quotations for All Occasions.
Roy B.Zuck, Grand Rapids, MI: Kregel Publications, 1997, p. 57.

Gara Ofirraa Gooftaatti Bo'uu

Abbaa jiraataa, waaqa abba a keenya Yesuus kiristoos waan ilma keetti na dabalteef sin galateeffadha. Waa'ee kennaa eebba kee fi badhaadhummaa kee isa karaa kiristoos warra kan kee ta'anitti nu dabalteef sin galateeffadha. Dhagna kiristoos isa ta'e waldaa keetti waan nu dabalteef ulfaadhu. Karaa amantiin, amantootaa kan biraa wajjiin tokko waan na gooteef, akka wajjiin jiraannu, akka wajjiin guddannuu, akka baanee mul'annu, qaama kiristoos akka taanu, dunkaana hafuura qulqulluu akka taanu waan nu gargaarteef guddaa si galateeffanna. Ati waan jaalala taateef nutis namoota akka keenyaa ni jaallanna.

Jireenya kiristaanummaa koo keessatti qofaa koo akka adda bahee jiraadhuu fi diina ofirraa loluuf fedhakee miti gara waldaa ani keessatti guddadhee, tiksee na qajeelchu akkasumas warra kanitti dabalame lola hafuuraa akka loluuf na qajeelchutti, ija godhachuu akkan danda'u na godhi, duuka buutuu gaarii waldaa keessatti akkan ta'uuf, akkasumas nama siif of eeggatu na taasisi. Ameen!

Qayyabannoo Dabalataaf

At www. tumi org/sucredroots barreeffannootaa fi viidiyoo garagaraa ni argama. Nu daawwadhaa.

John Eldridge. *Epic: The Story God Is Telling.* Thomas Nelson, Inc., Nashville, TN: 2004.

Kutaa Itti aanuuf

Kutaa itti aanu keessatti mata duree itti aanu dabalatee galii galchuu qaba
1. Hafuurri qulqulluun tokkoon tokkoon amantootaa gatii kennaa ittiin dhagnicha tajaajillu nuuf kenneera.
2. Yesuus kennicha akka shaakalluuf birmadummaa nuuf kenneera.
3. Nuti humna waliin ta'uu fi waliin guddachuu ykn bilchaachuu fudhanneerra.

Efesoon 1:3

1. Waa'ee gochaasaa gooftaa kana walaloo ykn xalayaa isa ibsuun barreessi
2. Labsii " Nicene Creed" dubbisuun barreeffama kee irratti dhugaa jiru cuunfuun barreessi
3. Amantoota bulleeyyii wajjiin walqunnamuun jireenya kiristaanummaa isa qofaa darbamuu hin dandeenye akkamitti akka darbamu gaafadhu?

GUMAACHA NU FUDHANNU
Lola Amantii Isa Gaarii Sana Keessatti Hojii Afuura Qulqulluu

Isumatus namootaaf kennaa kenne; kennaan isaas kaan ergamoota, kaan waan Waaqayyo isaanitti mul'ise warra himan, kaan warra Wangeela lallaban, kaan eegdota, kaanis barsiisota akka ta'aniif ture. Inni warra Waaqayyoof Qulqullaa'an, hojiiisa itti ergaman sanaaf qopheessuudhaaf, [waldaa isa] dhagna Kiristos sanas cimsuudhaaf kana godhe. Kunis hamma hundumti keenya tokkummaa amantii, ilma Waaqayyoo beekuu namoota ga'an taanee, guddannees safara guutummaa Kiristos bira hamma geenyutti ta'a. Egaa nuyi si'achi ijoollee dha'aan asii fi achi rukutu, warra qilleensa barsiisa namoota axaarotaatiin, haxxummaa isaanii isa gowwoomsaadhaan raawwatamuunis fudhataman hin taanu. Kanaa mannaa jaalalaan dubbii dhugaa dubbachaa, kottaa karaa hundumaan gara isa mataa nuuf ta'ee, gara Kiristositti in guddannaa.

Ergaa Pauloos gara warraa Efeesoonitti (Efe. 4:11-15)

Kaayyoowwan

Xumura kutaa kanaa irratti, Hafuurri Qulqulluun nama keessa buufachuudhaan waan inni hojjetu, kanneen gaditti barreeffaman hubachuu danda'uu qabda:

- Hafuurri Qulqulluun amanaa hundumaa keessa buufachuudhaan kennaawwan Hafuuraatiin guutee qaamni amanasaa sanaa akka isa tajaajilu taasisa.
- Nuti karaa Kiristoos bilisa ba'uudhaan kennaa hafuurri Qulqulluun kennu fudhannee ittiin isa tajaajiluuf carraa arganneerra.
- Karaa kallattii, kennaa fi jabina Hafuura Qulqullu irraa arganneetiin humna guutuu gonfannee amantoota hundumaa wajjin waldaa Kiristaanaa keessa nagaatti jiraachuudhaaf, bilchina, guddinaa fi tokkummaa qabaachuudhaaf humna Hafuuraa guutuu arganneerra.

....

*Hojjetaa Wangeelaa jechuun nama warra badanitti misiraachoo Wangeelaa labsuuf waamichaa fi kennaa qabu jechuudha. Wangeela lallabuuf amantoonni hundumtuu waamicha qbau yoo ta'eyyuu, kaan garuu addumaan tajaajila kana irratti kennaa addaa qabu. Kennaa kanaan amantoota qaama Kiristoos isa cimaa gochuuf ayyaana addaa qabu.

*Tiksee jechuun Paasterii yookaan soortuu karra hoolotaa tokkoof kenname jechuudha, I'e, waldaa isaa kan tiksu jechuudha. Tiksoonni barsiisa macaafa Qulqulluutiin amantoota waldaa isaanii tiksuu qabu, akka gaariitti gorsuu fi jajjabeessuu qabu, hoolota bineensaa fi badiisa irraa eeguu qabu, hoolonnis hawaasa gidduutti hojii Waaqayyoo akka hojjetaniif gargaarsa gochuufii qabu.

Yaa Waaqayyo abbaako abbaa barabaraa, Ati dubbiikee keessatti maddi beekumsaa fi ogummaa hundumaa akka siin ta'e dubbatteetta. Anis dhugaa dubbii kanaa simadhee fudhadheera, Yaa abbaako, Ogummaa hundumaa caalu akka nakeessa seensiftu sin kadhadha, anis akkasitti dubbiikee isa dhugaa namootaaf hiruu nan danda'a. (2Ximootewoos 2:15). Maaloo karaa ani irra adeemuu qabu na argisiisi, naqajeelchi (Faarfannaa 32:8), tarkaanfiikoo naaf qajeelchi, dubbiikee akkan dhaga'uuf gurrakoo naaf bani, dubbiikoo, yaada garaakoos dubbiikeetiin naaf qajeelchi.

Abbaako, Akkan si tajaajiluuf kennaa ayyaanaa naaf kenni, barsiisa sobaa fi dhugaa akkan addaan baafadhuuf ogummaa naaf kenni, garaakoo guutuudhaan seerakee eeguu nabarsiisi.

Yaa Gooftaa, Dhaggeeffachuu fi dhaga'uuf ariifataa, dubbachuu fi aariitti ammaa nama suuta jedhe akkan ta'uuf nagargaari (Yaaqoob 1:19). Dubbiin afaankoo fi yaadni garaakoo fuulakee duratti anaaf haa fudhatamu. Dhugaakee ogummaadhaan dubbachuu nadandeessisi, akkasitti namoonni ani itti dubbadhu hundumtuu dhugaa dubbiikeetii narraa dhaga'anii bu'aa fayinaa argachuu ni danda'u.

Yeroon qorannoo kana qoradhutti illee dubbii fi qajeelfamakee akkan argadhuuf nagargaari. Kana hundumaa maqaa Yesuus isa jabaa, Gooftaakoo, Fayisaakootiin sin kadhadha. Aameen.

1. **"Ergamoonnii fi Geggeessitoonni amma deemaniiruu?"** Macaafa qul;qulluu keessaa Kiristaanni haaraan Efesoon 4:11-15 dubbisuudhaan akkas jedhee gaaffii gaafata, "Akkan yaadutti namoonni akka ergamootaa, kan akka raajota sanaa, kanneen akka namoota durii waldaa har'aa keessa hin jiran. Kana jechuun maal jechuudha? Har'a namoota akka raajotaa fi ergamootaatti tajaajilan qabnaa? qabna yoo ta'e eessa jiru? Waan Phaawuloos dubbatu kana hubadheera yoon ta'e, Waaqayyo kara kana akka nuti tajaajilluuf nuuf kenne, kanaafuu akka nuti isaan tajaajilluuf nu gargaara. Maaltu sitti dhaga'ama – har'a dhuguma Waaqayyo geggeessitoota kennaa geggeessuu qaban waldaa Kiristaanaa har'aatiif kenneeraa? Hooggansa gaarii kanaan gargaaramuudhaan amantoonni Wangeela akka ta'utti babal'isaa jiruu?

2. **Ani ammayyuu tikseekoo hin beeku.**" Wal ga'ii kadhannaa namootaa keessatti, waanti nubarbaachisu karaa tikaa fi leenjii tikseetiin nu qaqqaba. Yeroo kana miseensi tokko akkas jedhe, "Eeyyee, akka nuti sobdootaan hin gowwomfamneef Waaqayyo tiksee nuuf kenneera, isaanis sobaa fi gowwomsaa sobdootaa irraa nu eegu, hafuurri keenya akka hin miidhamneefis nu eegu. Isaan tiksoota Waaqayyoof hojjetaniidha, akka nugargaaraniif aangoon Waaqayyo biraa isaaniif kennameera, akkasitti nuti akka gaariitti sooramuu, jabaachuu fi

tajaajilaaf qophaa'uu ni dandeenya" jedhe. Yeroo kana Kiristaanni haaraan akkas jedhee gaafate, "Waanta ati dubbattu dhaga'eera, garuu amanamummaadhaan yoon sitti dubbadhe, dubbiikee kana amanuun narakkisa. Ani yeroo tokko qofan tiksee waliin dubbadhe (sunuu kan yeroo dheeraa duraati, yeroon jalqaba gara wladaa dhufeedha), kana malee ani guutummaattuu isa hin beeku. Ani tikseekoo hin beeku. Ergan isa hin beeku ta'ee inni akkamitti natiksuu danda'a?" lubbuu haaraa kana akkamitti gorsita – tiksee isaa waliin wal wallaaluu isaa irratti Waaqayyo maal jedha jettee yaadda?

3. **Akka Hafuura Qulqulluu Of Keessaa Qabdu Akkamitti Beekta?"**
Intalli konkolaataa keessatti mishinaroonni Pheenxaaqoosxaalii dhugaa itti baanaan amante tokko amanuushee irratti yaadaan rakkachaa jirti. Akka mishinaritti itti himetti intalli sun amantee Hafuura Qulqulluu isa jireenyashee irraa mul'atu fudhachuu qabdi, Afaan haaraadhaan dubbachuu qabdi" Intalli kun "Akkan torban darbe qo'annaa macaafa Qulqulluu keessatti baradhetti namni amanee qalbii diddiirrate tokko Hafuura Qulqulluudhaan mallatteeffama, hafuurichis nama sana waliin itti fufee jiraata. Akkasumas hafuurichi Kiristaanota biraa gargaaruu akka dandeenyuuf humnasaa nuuf kenna, afaan haaraadhaan nu dubbachiisa, afaanni kunis kennaawwan isaa keessaa isa tokko – garuu amanaan hundumtuu kennaa hundumaa qabaachuu qabaa? kennaawwan akkamitti hojjetu?" jettee gaafatte. obboleettiin kun ammas waa'ee Hafuura Qulqulluu baruu barbaaddi – akkamitti barachuu dandeessi?

Qabiyyee

Kutaa darbe keessatti (Balbala isa arganne) Yommuu Yesuusitti amannu, Kiristoositti cuuphamuu keenyadha, dhaaltuu eebba Kiristoos ta'uu keenyadha. amma waa'ee Hafuura Qulqulluu waan macaafni Qulqulluun jedhu ilaalla, hojii isaa, eebba inni amantootaaf kennu, guddachuu akka dandeenyuuf akkaataa inni itti kennu addaa nuuf kennu, waa'ee Waaqayyoo akkamitti hubachuu akka dandeenyu, lola Hafuuraa isa gaariis waliin ilaalla.

Hafuurri Qulqulluun qabsiisa dhaala isa nuti amantoonni yommuu Yesuus dhufee mootummaa hundeessu fudhannuuti. Hafuurri Qulqulluun kennaa Hafuuraa akka amanaan tokko isa kaan ittiin jabeessuuf ni kenna. Hafuurri Qulqulluun amantoota hundumaa keessa buufata sababni isaa kutaan qaama ahundumtuu qabeenya jireenya sanaa ni qooddata, tattaaffii fi tumsa

....

*Afaan Haaraadhaan Dubbachuu** – Yommuu dhufaatii Hafuura Qulqulluutiin waldaan Kiristaanaa dhaabbatte (Hojii Ergamootaa 2), afaan haaraadhaan dubbachuu dabalatee, amantoonni kennaa Hafuura Qulqulluu argatan. Isaan akkamitti akka dubbatan hin beekan turan. Kennaan kun kakuu haaraa keessatti amantoota cimsuudhaaf kan kennamu akka ta'e ibsamee jira (1Qorontoos 12:1-31). Amantoonni akkaataa itti haasa'an utuu hin hubatin kennaa kana yommuu argatan, waldoonni kaan kennaa Waaqayyoo ta'uu isaa ni amanan, kaan garuu hin amanne. Har'a ammoo waldoonni tokko tokko kennaan sun waldoota Kiristaanaa bara sanaa qofaaf akka kenname, waldootii har'aatiif garuu kan hin kennamne akka ta'etti amanu.

qaama sanaa guutummaatti hirmaata. Akkasumas Waaqayyo karaa ayyaana isaatii araara akka nuuf godhu, dhiibbaa cubbuu jalaa akka walaba nubaasu, yakkamaa ta'uu jalaa akka bilisa nubaasu waadaa nuuf seeneera, kanaafuu nuti amantoota kaan maqaa Yesuusiin ija jabinaan tajaajiluu ni dandeenya. Dubbii isaatti guddachuu, maqaasaa beeksisuu fi karaa aarsaa Waaqayyoof dhiyaatuutiin Hafuura Qulqulluudhaan geggeeffamnee deemsa barattummaa adeemuudhaan hojii Waaqayyoo (dhuga ba'umsa Wangeelaa) hojjenna.

Dandeettii Waaqayyoon waaqeffachuu keenyaatti hammuma guddachaa adeemnu, hammuma Waaqayyoof lollu, amantii keenyatti bilchaataa adeemna, kanaaf amantoota haaraa gargaaruu ni dandeenya. Hammuma amantoonni amantii isaaniitti bilchaataa adeeman, tokkummaan waldaa Kiristaanaa jabaachaa adeema, kunis Kiristoosiin gammachiisa.

Hafuurri Qulqulluun bakka bu'aa Waaqayyooti. Gaaddidduu dhugaa Waaqayyoo argisiisa. Sana jechuun, hafuurri Qulqulluun yaadaa fi hojiikee yoo hooggane, qajeelfamni isaa yeroo hundumaa dhugaa dubbii isaatii si hubachiisa jechuudha. Hafuurri Qulqulluun yoom iyyuu daandii macaafa Qulqulluudhaan mormu irra nun geggeessu. kana gochuus hin danda'u. Namummaa Yesuus akka qabaannu nutaasisa. daandii Waaqayyoo nuuf ibsas.

Kanaafuu akka hafuurri jireenyakee geggeessaa jiru yommuu hubattu, qormaata kana fayyadami: Kun dhugaa macaafa Qulqulluu wajjin wal ni fudhataa? hin fudhatu taanaan bakka fagootti gati. Nuti yeroo hundumaa yaada tilmaamaa fi ajaa'ibsiifannaa qabna. Jecha gorsaa Phaawuloos dubbate yaadadhu, yaadni namaa macaafa Qulqulluu wajjin waliif hin galu yoo ta'e, yaadonni sun Hafuura Qulqulluu biraa hin dhufne – onneekee irraas fagoodha.

-Jennifer Rothschild
Self Talk, Soul Talk: What To Say When You Talk To Yourself.
Eugene. Or: Harvest House Publishers, 2001, Pp 54-55

Karoora Nuti Baafanne
Barannoo 4ffaa Qo'annaa Macaafa Qulqulluu

Luqqisawwan armaan gadii dubbisuudhaan gaaffiwwan barsiisa macaafa Qulqulluu irratti hundaa'anii dhiyaatan kanneen akkaataa ifaa ta'een deebisi.

1. Yesuus Nuyii fi warra Gooftaa fi Fayisaa isaanii godhanii amananii fudhatan hundumaatiif ni kadhata. Yohaannis 17:20-26 dubbisi. Waantota Yesuus abbaa nuuf gaafate sadan barreessi:

a.

b.

c.

2. Amma Hafuurri Qulqulluun warra Yesuusitti amanan hundumaa keessa ni buufata. Roomaa 8:9-17 dubbisuudhaan gaaffiiwwan armaan gadii deebisi.

   a. Namni tokko Yesuusitti amanee utuu Hafuura Qulqulluudhaan hin guutamin fayyuu ni danda'aa?

   b. Warri amanan akkamitti du'aa kaafamu?

   c. Ijoollee Waaqayyoo akkamitti addaan baafannee beekuu dandeenya?

   d. Hafuurri Qulqulluun akka nuti Waaqayyotti qabamnee jiraannuuf akkamitti nugargaaruu danda'a?

3. *Waaqayyo abbaan kennaa ayyaanaa karaa Hafuura isaatii nuuf kenneera, kunis qaama Kiristoos godhee Waaqayyotti nu ijaaruuf ta'e. Roomaa 12:3-8 dubbisi. Kennaawwan Hafuuraa luqqisa kana keessatti ibsaman tarreessi.*

   a. _____

   b. _____

   c. _____

   d. _____

   e. _____

4. *Kennaa gosa addaa addaatu jira, tajaajilli hafuurri Qulqulluun nama tajaajilsiisus kan addaa addaati. Garuu kennaan kun adduma addaan akka namni tokko isa kaan ittiin jabeessuuf kennameef. 1Qorontoos 12:4-11 dubbisi. Deebii sirrii filadhu:*

   a. Akka amantoonni miira of jaallachuu guddaa qabaataniif kennaan ayyaanaa kenname.

    b. Kennaan Hafuuraa akka waantota jireenyaaf barbaachisaa argannuuf kenname.

    c. Amantoonni kennaa Hafuuraa filatanii fudhachuu ni danda'u.

    d. Namoonni tokko tokko kenna atokkollee hin fudhatan.

5. Amantoonni gadi of deebisuudhaan ayyaana Waaqayyootiin hojjechuutti fakkeenya garaii ta'uu qabu. Haala kanaan Waaqayyos karaa ilmasaa Gooftaa Yesuus ni ulfaata. 1Pheexiroos 4:7-11 dubbisi. Himoota armaan gadii walitti firoomsi:

    a. Wal jaallachuu   ___ Jabina Waaqayyo naaf kennuun

    b. Hoo'a walitti argisiisuu   ___ Baay'ina cubbuu dhoksa.

    c. Kennaakeetti fayyadami   ___ Akka dubbii Waaqayyootti

    d. dubbadhu   ___ guungummii malee.

    e. tajaajili   ___ Akka ayyaana Waaqayyootti gadi of deebisuudhaan wal tajaajiluu

6. *Hafuurri Qulqulluun abaarsaa fi cubbuu jalaa akka bilisa baanuuf nuwaameera, inni akka Waaqayyoon gammachiifnuuf humna nuuf kenne malee akka fedha foon keenyaatti gadhiisiitti akka jiraannuuf miti. Galaatiyaa 5:13-16 dubbisi. bakka duwwaa guuti.*

    a. Ati _____ waamamte.

    b. Bilisummaakee _____ f itti hin fayyadamin, garuu waliif _____ itti fayyadami.

7. *Nuti filannoo qabna, akka hafuurri Qulqulluun barbaadutti jiraachuu, yookaan namummaa keenya isa moofaadhaan jiraachuudha. Akkamitti akka jiraachaa jirrus kan argisiisu jireenya keenydha. Galaatiyaa 5:16-24 dubbisuudhaan gaaffiiwwan armaan gadii dhugaa yookaan soba jedhii deebisi.*

    a. Nuti Hafuuraan geggeeffamne eyoo jiraanne, akka namummaa keenya isa moofaatti hin jiraannu.

b. hafuurri Qulqulluun waanta qajeelaa ta'e nutti argisiisuuf namummaa keenya isa moofaa wajjin waliif ni gala.

c. Yommuu hojiin namummaa keenya isa moofaa dhokatu, iji hojii Hafuuraa ifaaf ifatti mul'ata.

8. *Hafuurri Qulqulluun akka amantoonni hojii isaa biyya lafaa keessatti hojjetaniif erge. Yohaannis 16:5-15 dubbisi.* waantota hafuurri Qulqulluun nuuf hojjetu kanneen Yesuus dubbate keessaa yoo xiqqaate sadii tarreessi.

a. _____

b. _____

c. _____

9. Amanaan hundumtuu hojii Hafuura Qulqulluu hojjechuudhaaf waamame, jecha isaatiif abboomamuu fi qajeelfama isaa duukaa bu'uudhaaf waamame. Luqqisawwan armaan gadii dubbisuudhaan akkamitti Hafuura Qulqulluudhaaf deebii kennuu akka qabnu ibsi:

a. Roomaa 8:22-27

b. Efesoon 4:30

c. Galaatiyaa 5:16

d. Efesoon 5:18

e. 1Tasalonqee 5:19

10. Waaqayyo dhiiraaf dubartoota dubbii isaa labsuudhaan waldaa Kiristaanaa ishee qaama Kiristoos taate cimsanii dhaaban kaafatee jira. Efesoon 4:11-15 dubbisi. Bu'aan jaarsoliin kennaa geggeessummaa qaban waldaadhaaf buusan maal akka ta'e ibsi.

11 *Hafuurri Qulqulluun dhugaa Hafuuraa akka hubannuuf dandeettii nuuf kenna, humna Waaqayyootiin akka guutamnuufis nugargaara. Efesoon 3:16-19 dubbisuudhaan, akka hafuurri Qulqulluun nukeessatti hojjetuuf waantota Phaawuloos kadhatu sadan tarreessi:*

a. _____

b. _____

c. _____

Keessa Deebii

Yesuus nuyii fi warra isatti amananii fayyisaa fi Gooftaa isaanii isa taasifataniif ni kadhata. Hafuurri Qulqulluun dhufee manasaa godhatee akka nukeessa buufatu nutti dubbateera. Amma egaa hafuurri Qulqulluun Kiristaanota hundumaa keessa ni buufata jechuudha. Inni Kiristaanota hundumaa kennaa Hafuuraa fi dandeettii addaatiin Kiristoositti ijaara, bilchina gara Kiristoositti akka guddataniif ni gargaara.

Hafuurri Qulqulluun qabsiisa badhaasa isa Kiristaanonni yommuu Yesuus deebi'ee dhufee mootummaa isaa dhaabbatu Kiristaanotaaf kennamuuti. Waaqayyo abbaan ittiin jajjabeessuudhaaf Hafuura Qulqulluu kennaa godhee erge. Amanaan hundumtuu kennaa qaba. Kennaan hundumtuus amantoota kana jabeessee Kiristoositti guddisuuf ga'ee mataa isaa qaba.

Nutti kenna waqaayyo biraa arganeen biyaa lafaa akka kununsiinuf ulfinaa Isaatif jechaa karraa kiristoos wamaamne. Hafuura kessaatti, bilisumaan akka jiraanuf malee garbumaan akka jiranuuf hin wamaamne. Nutti karra itti hafuuri qulquuluu, karra itti ijii hafuraa ittin mulaatu, taneetu isaa tajaajila. Isaaf karaa banuu qofaatu nuraa egaama.

Dugda-duubee

Appendiksiiwwan ati kutaa kana waliin wal qabsiiftee qayyabachuu qabdu kanneen armaan gadiiti:

Labsii bilisummaa nuti Kiristoosiin arganne: Kiristoositti hirkachuu (App 9)
Yesuus nama Naazireet: Jireenya fuula fuula duraa (App 4)

> Hafuura tokkichatu meeshaalee muuziqaa kanneen akka flute, cornet fi bagpipe tti afuufama, meeshaaleen kunniin garuu sagalee gosa addaa addaa dhageessisu. Haaluma wal fakkaatuun, Hafuurri Waaqayyo inni tokkichi ijoollee Waaqayyoo hundumaa keessatti ni hojjeta, garuu tokkoo tokkoo keenya irraa firii addaa addaatu argama, Waaqayyos karaa ijoollee isaatii namummaa fi hojii isaanii irratti hundaa'uun ulfina argata.
>
> ~ Sadhu Sandar Singh.
> Richard J. Foster and James Bryan Smith, Eds.
> *Devotional Classics: Revised Edition:*
> *Selected Readings for Individuals and Groups.*
> Renovare, Inc. (HarperCollins Publishers), New York. 1993, p. 291.

Siraata kayoo

Waaqayyo akka akeeka isaa isa gaariitti hojjechuudhaaf fedha akka qabaattaniif, akka hojjettaniifis isin gidduutti in hojjeta (Filiphisiyuus 2:13).

Qu'annaa dhimmaa

Qabxiiwwan olitti qayyabatte irratti hundaa'uun Himoota armaan gadii dubbisuudhaan deebii barbaachisaa tokkoo tokkoo isaaniitiif dhiyeessi.

1. **Hafuurri Qulqulluun Kiristaanota gadi lakkisee deemuu ni danda'aa?** Kiristaanonni hundumtuu rakkoowwan addaa addaatiin qoramanii ni ilaalamu, hamma waan hafuurri Qulqulluun isaan dhiisee deeme itti fakkaatutti qoramuu ni danda'u. Akka barsiifni tokko tokko jedhutti Kiristaanonni amananii qalbii diddiirratan, Waaqayyoof amanamuu dadhabuu isaaniitiin deebi'anii ijoollee Waaqayyoo ta'uu dhabuu ni danda'u. Qacasawwan armaan gadii dubbisuudhaan gaaffiiwwan armaan gadii deebisi: hafuurri Qulqulluun Kiristaanota gadi dhiisee adeemuu ni danda'aa?

   a. 1yohaannis 5:11-13

   b. Efesoon 1:13-14

   c. Roomaa 8:31-39

2. **Waanti tokko ana biraa utuu hin taane Hafuura Qulqulluu biraa kan dhufe ta'uu isaa akkamittan beeka?** Guddinnawwan Kiristaanni Kiristoositti guddatu keessaa inni tokko jireenyaa fi dubbii ofii to'achuudha. nuti Kiristoos Yesuusitti amannee fayyineerra yoo taane iyyuu, ammayyuu diinni yaada keenyatti fayyadamuudhaan, waanti nuti yaadnu Waaqayyo biraa, nubiraas kan hin dhufne, kan faayidaa nuuf hin qabne nutti fakkeessuu ni danda'a. Yaadni sammuukee keessa dhufu guutummaatti kan gooftaa biraa dhufu miti! seexanni abbaa sobaa fi gowwomsituudha (Yohaannis 8:44), Hafuurri Qulqulluun (Inni nukeessa jiru) seexana irratti waan humna qabuuf nuti isa injifachuu ni dandeenya (1Yohaannis 4:4).

   Nuti gooftaa keenya akkeessuu ni dandeenya, hubannaa dubbii Waaqayyootiin seexanaan mormuudhaan, yaada dhimma biyya lafaatiif sammuu keenyatti dhufus mormuudhaan gooftaa fakkaachuu ni dandeenya (Roomaa 12:1-2), 2Qorontoos 10:3-5). Qormaata seexanni Yesuusiif dhiyeessee fi akkamitti akka inni dubbii Waaqayyootiin soba seexanichaatiif deebise hubadhu, akkasitti fakkeenya isaa fudhachuu ni dandeessa (Maatewoos 4:1-11).

3. **Hariiroon hafuurri Qulqulluun dubbii Waaqayyoo wajjin qabu maali?** Karaan sirrii fi humna qabeessi yaada Hafuura Qulqulluu ittiin baruuf nugargaaru dubbii isaa hubachuudha. Akka macaafni Qulqulluun

nutti himutti hafuurri Qulqulluun waan barreessitoonni macaafa Qulqulluu barreessuu qaban yaada Waaqayyoorraa fuudhee isaanitti hime (2Pheexiroos 1:20-21, 2Ximootewoos 3:15-17). Akka lallaba dubbii Waaqayyoo dhageenyutti, akka dubbifnutti, akka luqqisawwan addaa addaa yaadannutti, akka qayyabannuttii fi qabiyyee isaa irratti akka hundoofnutti, yaadni Hafuura Qulqulluu maal akka ta'e hubachuu ni dandeenya. Meeshaan waraanaa Kiristaanni ittiin soba olu dubbii Waaqayyooti, billaa Hafuuraa (Efesoon 6:17). Jechoota dhageenyu kanneen dubbii Waaqayyootiin morman dubbii Waaqayyootiin madaallee ilaaluun maaliif barbaachise (1Tasalonqee 5:19-21)?

Waliiti fiduu

Akka Kiristaana haaraa fi kan guddataa jiruutti, kennaa Hafuura Qulqulluu hubachuun barbaachisaadha, kennaan kun isa namoonni Kiristoositti amanan hundumtuu argachuuf jiraniidha. "Guyyaa xumura ayyaanaatti Yesuus ka'ee dhaabbatee sagalee guddaadhaan, 'kan dheebote yoo jiraate garakoo haa dhufu, caaffanni Qulqullaa'aan akkuma jedhu *burqaan bishaan jiraataa onneesaa keessaa in burqa*' jedhee isaanitti dubbate". Dubbii kanaan Yesuus waa'ee Hafuura Qulqulluu dubbate. Yeroo kana isaan Hafuura Qulqulluu hin fudhatin jiru turan sababni isaa Yesuus gara ulfina isaatti ol hin fudhatamin jira ture (Yohaannis 7:37-39). akka amanaatti ati hamma guyyaa gaafa Yesuus dhufee nufayyisuutti Hafuura Qulqulluudhaan mallatteeffamteetta (Efesoon 1;13-14). Waaqayyo ilmasaa gara biyya lafaatti erge, kunis warri ilma Waaqayyootti amanan maatii Waaqayyootti akka dabalamaniif ta'e. Amma egaa, nuti ijoollee isaa waan taaneef, Waaqayyo Hafuura Yesuus onnee keenya keessa nuuf kaa'e, Hafuura kanaanin "abbaa! father!" jennee ni kadhanna (Galaatiyaa 4:6-7).

Hafuurri Qulqulluun akka ati bilisa baatuuf siwaame, jabina isaatiin akka deddeebituuf, dubbiisaa hubattee akka ittiin eebbifamtuuf siwaame. Nuti adaba, ceephoo, dheekkamsa Waaqayyoo jalaa bilisa baanee akka jiraannuuf waamamne. nuti kana booda kan ofii keenyaa taanee jiraachuu hin dandeenyu, karaa cubbuu irras hin adeemnu. Karaa ittiin namoota biro wajjin jiraannu haaraa qabna. Sababa hafuurri Qulqulluun nukeessa jiraatuuf, nuti akkaataa jireenya keenyaa isa moofaa duukaa bu'uu hin dandeenyu. Ati filannoo qabda, akka hafuurri Qulqulluun sirraa barbaadutti jiraachuu, yookaan ammoo namummaakee isa moofaadhaan jiraachuudha. Isa kamiin yoo filanne iyyuu, guyyaan haamaa dhufuun isaa hin hafu (Galaatiyaa 6:7-9).

Jireenya filadhu! Hafuuraan geggeeffama ajiraadhaa malee akka yaada fooniitti hin jiraatinaa. Akka hafuurri Qulqulluun si jabeessuuf kadhadhu. Dubbii isaatiin geggeeffami (Caaffata Qulqullaa'aa), yeroo hundumaa isa waliin dubbadhu. Isaaf abboomami. Hin dadhabin. Hammuma Hafuura Qulqulluudhaan geggeeffamtee adeemtu, Hafuura Qulqulluu dhaggeeffachuunis siif salphataa adeema, qajeelfama isaa duukaa bu'uunis akkasitti siif salphata.

Mirkana

Hafuurri Qulqulluun nakeessa buufatee qajeelfamaa fi jajjabina waan naaf kennuuf, hojii isaa bilisumma afi ija jabinaan akkan hojjedhuuf waan nagargaaruuf, waldaan Kiristaanaa tokkummaadhaan jiraattee ulfina Waaqayyoo gonfachuuf bilchaataa adeemti.

Kadhannaa

Yohaannis Kiristoom (349-407) geggeessaa cimaa waldaa Kiristaanaa bara sanaa ture. Lallabaa fi haasawaa waltajjii irratti taasisuun beekama. Maqaan isaa inni mason Kiristoom jecha afaan Girikii Chrystomo jedhu irraa dhufe. Hiikni isaa "Afaan warqee" jechuudha.

Ayyaanaaf Kadhachuu, Ibsa Fayinaa Yohaannis Kiristoom

Hafuura nagaatiin, Gooftaa haa kadhannu.
Yaa Gooftaa, araara nutti argisiisi.
Ayyaanakee nuuf baay'isi, lubbuu keenya fayisi,
Yaa Gooftaa sikadhanna.
Biyya lafaa kanaaf nagaa kenni, waldaa Waaqayyoo ishee Qulqullittiidhaaf
    waan gaarii godhi, tokkummaa nuuf kenni, Gooftaa sikadhanna..
Yaa Gooftaa, Araara nutti argisiisi.
Mana Qulqulluu kanaa fi warra sitti amananiif, warra si sodaataniif
    Hafuurakee isa Qulqulluu kenni, Gooftaa sikadhanna.
Yaa gooftaa, araara nutti argisiisi.
Geggeessitootaa fi luboota keenyaaf, tajaajiltoota keenya kanneen biroofis
    ogummaa fi jabina kenniif, yaagooftaa sikadhanna.
Yaa gooftaa araara nutti argisiisi.
Biyya keenyaaf, hawaasa keenyaaf, akkasumas kanneen itti gaafatama
    hawaasummaa addaa addaarra jiraniif sikadhanna.
Yaa Gooftaa araara nutti argisiisi.
magaalaa kanaaf, magaalota hundumaatiif, biyyoota hundumaatiif, kanneen
    sitti amananii jiran hundumaatiif sikadhanna.
yaa gooftaa araarrikee nurratti haata'u. Aameen.

- Roger Geffen. The Handbook of Public Prayer, P.115.

Gara Ofirraa Gooftaatti Bo'uu

Yaa Hafuura Waaqayyoo, Hafuura abbaa fi ilma isaa Yesuus Kiristoos, ati Waaqayyoodha, ati qaama sadaffaa sadan tokkummaa Waaqayyoo is aeebbifamaadha. Ati Hafuura dhugaati, Hafuura jaalalaati, Qulqulluudha, Gooftaa Yesuustu Waaqayyo abbaa bira afuudhee si erge. Ani waanan Yesuusitti amanuuf, ati garakoo dhufteetta, ani amma sittan amana, garaakoo guutuu sin jaalladha. Nakeessa buufachuukeetiif sin galateeffadha, qabeenya dhuunfaa Waaqayyoo taasiftee namallatteeffachuu keetiif sin galateeffadha, dubbii Waaqayyoo nabarsiistee akkan Waaqayyoon barbaaddadhee ifaa fi jabina argadhu waan nataasifteef sin galateeffadha. Ati jabinakooti.

Jaalala Gooftaatiin garaakoo naaf guuti, Waaqayyoon sodaachuus nabarsiisi. Daandii Goofticha airra nageggeessi. Soba injifachuu na dandeessisi, fedhaa fi hojiikee nayaadachiisi. Akkan cubbuutti hin kufneef jireenya obsaa fi Qulqullummaa nabarsiisi, amantiikoo guddisi, akkasitti anis sitti maxxanuu nan danda'a, Yesuusiin fakkaachuuttis nan guddadha. Jireenyikoo akka Qulqullaa'uuf na jijjiiri, jireenya ati akkan jiraadhuuf itti nawaamte akkan jiraadhuuf nagargaari, yaa abbaakoo isa waaqarraa, maaloo nagargaari. Ati maddakooti, ati Waaqayyo abbaan, ilmii fi hafuurri Qulqulluun Waaqayyo tokkodha. maqaa gooftaa Yesuusiin sin kadhadha. Aameen.

Qayyabannoo Dabalataaf

Qayyabannaa dabalataaf barreeffamootaa fi Viidiyoo addaa argachuuf toora interneetii www.tumi.org/sacredroots ilaalaa.

Toora interneetiiwww.tumiproductions.bandcomp.com seenuudhaan faarfannaa "Hafuura Waaqayyoo" jedhu buufadhaa. faarfannaan kun Hafuura Qulqulluu keessa keenyatti fudhachuuf kadhaa nuti taasifnu keessatti baay'ee nu gargaara.

Foster, Richard J. fi James Bryan Smith Eds. *Devotional classics: Revised Edition: Sellected Readings for Individuals and Groups. Renovare, Inc. (HarperCollins Publishers), New York, 1993.*

Kutaa Itti aanuuf

Kutaa itti aanu keessatti mata duree **Hojii Gaarii Nuti Argisiifne** jedhu mata dureewwan armaan gadii waliin baratta:

1. Nuti akka ijoollee jaallatamootti Waaqayyoon akkeessuu qabna.
2. Nuti biyya lafaa kana irratti Qulqullummaadhaan jiraachuudhaan ambaasaaddara Waaqayyoo taanee hojjenna.
3. Nuti jireenya jaalalaa jiraachuudhaan warra kaanis tajaajiluu qabna.

Luqisii Yaadannoo

Filiphisiyuus 2:13

Abbaltii

1. Waldaakee tajaajiluuf tiksee, jaarsolii, daaqunootaa fi qaama dhimmisaa ilaalu hundumaa haasofsiisi.
2. Kennaan Hafuuraa isaan qaban maal akka ta'e amantoota bilchaatoo lama gaafadhu, kennichas akkamitti akka argatan irraa addaan baafadhu.
3. Karaa tajaajilaa fi akkaataa isaa filachuudhaan waldaakee tajaajiluu jalqabi.

QAROOMNA NUT ARGISIFNU

Biyya lafaa kana keessatti akka qulqulloota Waaqayyoo fi akka bakka buutoota kirstoositti jiraachuu.

Kanaaf falkkatii (akkeessituu) Kirstoos ta'u qabna, akka ijoollee isaa isa inni itti gamaduutti. Nut akkataa ittiin jaalalaan adeemaan baruu qabna, akkama itti kirstoos nu jaallatee lubbuu isaa dabarsee nuuf kennetti, akka kennaa urga'aa fi akka arsaa jabaatti. tasuma waa'ee albadhummaa foonii, qulqulla'ummaa dhabuun, hinaaffaaan isin biratti maqaan isaa illee hin dha'amin., sababiin isaa kun ijoollee waaqayyoo wajjin hin adeemu akka qulqulloota isaa tokkotti. Egaa isin biratti, halalummaan, qaasaan gadheen, haasaan dhimma hin baafne hin ta'uu hin qabu sababiin isaa waamicha keessanii wajjin hin adeemu. Kanaa manna, haasaan keessan galateeffanaa fi jajannaann kan guute haa ta'u. Kana hubadhaa, eenyu illee kan galamootaa, qulqullina kan hin qabne, hammina'aa (kana jechuun, sagaagalaan) kan ta'e mootummaa Waaqayyo abbaa fi kan Yesuus Kirstoos keessaa dhaala, iddoo, mirga fi bakka hin qabu.

Ergaa Pauloos gara warraa Efeesoonitti (Efe. 5.1-5)

Kaayyowwan

Barumsa kan boodaa, kaneen kanaa gadii amanuudhaan qaruumina hubannaa nut argisiifnu simachuu qabdu.

- Akka ijollee isaa jallatamootti, Waaqayyoon akkessuu qabna

....

*Weenoo - weennoo jechuun yaada waan kan ofii hin taane tokko kan ofii godhachuu kaka'uu dha. Kan waama argachuuf yaaduu qophaa miti, ofittummaa irraan kan ka'ee kakeeka Waaqayyoof dhimma dhabuu dha.

*Qulqulloota - Qulqulluu jechuun nama nama qabeenyaa Waaqayyoo ta'uu adda of baasee fi nama kanas gochaa fi waaqeffannaan argisiisuu dha. Yeroo bayyee akka waan nama amalli isaa akka malee gaarii nama waa'ee amatiitti beekamaa goodhamee gar malee hubatama. Gar jechi qulqulluu jedhu kan "qullessuu" yokan immoo "qulqullessuu" jedhamu kun yaaduma tokko irraatti hunda'an: Waan dhimma addaa tokkoof addaan baafame jechuu dha. Fakeenyaaf, yoo waayyaa yookaan kopheeguyyaa adda ta'e uffattu tokko yoo qabaatte kophee fi wayyaan sun guggaa sanaaf "adda ba'e" (isaa qulqulla'e) jedhama. Akkasumas karaa wal fakkatu, "qulqullootni" namootuma akka namoota kan biraa ta'anii garu Waaqayyoon waaqeffachuu fi tajajiluuf adda ba'anii dha.

*Waaqa tolfamaa Waaqessuu - Waaqa tolfamaa waaqessuu jechuun Waaqa uumaa waaqessuu dhiisanii uumaman waaqessuu dha. Sababiin isaa namootn rakkoo keessaa ba'anii bilisummaan akka itti dhaga'amu barbaadu, kanais kanas jireenya isaanii to'achuudhaaf human hin hubachuu hin dandeenye tokko barbaadu. Kanaaf jecha Waaqa isa uumaadhiisanii milikkitawan akka roobaa, haala qillensaa, yookanis mo'ichaa lolaa waaqeffatu. Namootni kan biroon immoo yaada isaanii isa sassataa irraa ka'uu kan akka tujaarummaa, barnootaa, godha amantii, yookaan loltummaa irratti of kennanii waaqeffatu. Waaqa tolfamaa kan waaqeffatan jechuu abbama fedhu fedhe iyyuu taanaan nama bu'aa mataa isaaf jecha Waaqayyoo dhiisee waan kan biratti amanuu jechuu dha.

- Akka qulqullootaatti "akka nama karaa Kirstoos qulqulla'eetti" akka qulquloota isaatti waan hundumaa duraa Waaqayyoo hammachuu qabna.
- akka bakka bu'ootaatti, sagalaee fayyinaa hiryoota, maatii keenya fi olloota keenyatti hiruu qabna, jaalal gochaa kirstoos karaa hojii gaarii ta'een isaanitti mullisuu qabna.

Ogummaa Argachuudhaaf Kadhannaa Banuu

Waaqayyo isa Waaqa iirraa, abbaa ko, at sagalee kee keessatti akkuma dubbatte madda beekumsaa fi ogummaa ti. Kan an dhugaa ta'uu isaa nan mirkaneessa, kanaaf akka at ogummaa kee isaa qulqulla'aan na guuttu sin kadhadha, anis sagalee kee isa dhugaa sirritti kan biraaf qooduu akkan danda'utti (2 Xim 2.15). Adaraa karaa an irra adeemu naaf ta'u na barsiisi (Far 32.8) ijjennaa koos na qajeelchi. gurra koos gara sagalee keetti naa qajeelchi, akkataa dubbii fi yaada kootii na sirressi, yeroon karaa irraa goru at na geggessi.

Waaqayyo abbaa, isa ta'uu fi isa hin taane garaagar baasuu na kenni, garagarummaa barsiisa, afuura fi kennaa isa ta'uu fi isa hin taane gidduu jiru anatti argisiisi. Karaa afuura qulqulluu fedha kee na argisiisi. garaa guutuu akkamitti akkan yaadakee rawwachuu baruu akkan danda'u na godhi. Jallatamaa gooftaa ko, dha'uudhaa fi dhageeffachuu kanan arifadhe dubbachuu fi aariidhaa immoo kanan suuta jedhe akkan ta'u na gargaari (Yacoob 1.19) Mee yaad garaan koo fi yaadi sammuu koo si biratti fudhatamaa naaf haa ta'u. Akkan dubbii kee isa dhugaa ogummaadhaan dubbadhuuf na gargaari, kanaan namoot waanan dubbadhu hubatanii irraa fayyadamuu akka danda'aniif.

Qu'annoo kana keessatti akkuman sagalee kee fi qajeefama kee fudhachaa jiru kanaan na barsiisi.

Quunnamtii

1. **"Isa sana gochuuf jabina isaa eessaan argadha?" jechuun koo, akka isaa ta'uuf.** Akka qaama jireenya isaa darbe keessaa, dargaggessi tokko gurumuu warraa sanyii namoota kan biraa jibban "warra adii." waan hundi waan guruun kun jedhu, waan hundi gurumuun kun godu godhaa isaan seenaa keessatti godhaniif jecha warraa adii hammessu. Gurmuu dhokataan kun waan isaan itti of kennaniin godhan miidhaa warra adii warra kaan irraan ga'aniif haaloo isaa baasuu dha, gad isaan cabsuu, kunis iddoo fedhee fi abbama arganii miidhuu danda'an. Qalbii jijjirachuu fi amanuudhaan dargaggessi kun gurmuu dhokataa warraa adii jibbu kana ganee, akkamittiin akkamittiin gara iddoo hamaa iddoo ittii haasaa godhee fi amala hin taane gochaa ture sanatti deebi'ee gara boodaatti hin kufneetu isa yaaddessa.

Erga dhimmaa kaaaf jecha yeroo muraasaa wal'aansoo qabee booda, akkana jedhe "Akka koo kana duraa ta'uu hin barbaadu, Gooftaan akka isaa akkan ta'u barbaada. Garu, dhugaamatti eessan jabina kan ittiin gochuu danda'u argadha, jechuun koo, "akka isaa ta'uu" jechuu koo ti?" nama kannaf gorsa maalii kennita, Kirstiyaanoota dhimma kanaan wal'ansoo qabaa jiraniif?

2. **An nama qulqtlla'aa ta'ee hin beeku, namoota akkasii keessas tokko nan ta'a jedhees hin yaadu. Anuma kanatu qulqulla'aa ta'a moo?** Qu'annaa macaafa qulqulluu dargaggessa tokkoo wajjin ta'utti (dargaggessa umurii giddu galeessaa), waa'ee barsiisa Waaqayyoo isa namni jireenya qulqulla'aa jiraachuu irraa eegama jedhu sana (isaa qulqulla'aa sana) karaa Kirstoos. Ergaan dubbii Waaqayyoo kanin qulqullessee iftoominaan kaa'u nut hojii keenyaan namoot kan biraan bakka buutoota Waaqayyoo ta'uu keenya arguu qabu. Nu warra amala ofii isaanii keessa ba'anii Waaqayyoof addaan ba'an namoota galteeffamoo fi qulqullolota Waaqayyoo ti. Nami dargaggessi kun akkamittiin akka kana akk ta'uun danda'amu hubachuu hin dandeenye, kunis waan dur gochaa turee fi duraan akkamitti akka jiraachuu ture sana hunda tilmaama keessa galchuudhaan kana jedha. waaqayyo "Qulqulluu" jedhee isaa waamee danda'uun isaa bayyee isaa dhibe (naasiise) Akkmittii "warra qulqulla'ota" jedhamnee waamamuu dandeenya, otuuma duraan hojii keenya akkana ta'ee jiruu?

3 **"Kirstiyaana ta'uu jechuun human basaasaa mootummaa Waaqayyoo ta'uu jechuu dha"** Tarii dawwanaa basaasa jechuu ilaaltaniitu ta'a, dhaabbanni basaasaa biyyaa ormoo tokko seenuudhaan bu'aa biyyaa isaaniif jecha hojjetu, yookan immoo tarii dhageessaniittu ta'a ambasaaddar (bakka bu'aa biyyaa) yeroo inni waa'ee ilachi biyyii isaa dhimmoota adda addaa waan akka ilaalchaa, imaammataa ibsu. Ishees haa taatu inni biyyaa isaanii bakka bu'uudhaan akka waan lammiin biyya sanaa hundumaa achi jiruutti ilalcha seera qabeessa ta'e kennu. Akkamittiin macaafni qulqulluun yaada bakka bu'aa biyyaa kana fudhatee ga'ee Kirstiyaanonni fuula maatii, hiriyootaa, dhaabbatootaa, fi ollawwanii duratti akka ergama gootaa fi bakka bu'aa mootummaa waaqayyootti hojjechuun nu gargaara?

| Qabiyyee | Barumsa darbe keessatti, (**gumaacha nu fudhanne**) yeroo fayyinetti Waaqayyo afuurri qulqulluun akka ittiin qaama Kirstoos akka jiraaruuf kennaa nuuf kenne. Amma immoo akkamitti waaqayyo karaa irraa bu'aa qabuun akka nuttti fayadamuudhaan lola amatii isa gaarii sana keessatti akkamitti isa akka buunuu ilaalla. |

Egaa amma nut karaa Kirstoos Yesuus amanuudhaa ijoolee Waaqayyoo warra dhugaa taane (1 Yoh 31-3), nut an waamamne akka Waaqayyoo tauuf amala eenyaan isa fakachuuf, isa akeessuuf karaa isaa namoota kan biraa jallachuuf, nu keessaan akka waan inni biyya lafaa kana keessa jirataa jirutti mullisuu. Nut qulquloota" jedhamnee waamamne, qulqulloota Waaqayyoo, Kirstoositti amanuudhaan qajeelota kan taane, dhiiga Kirstoosiin qulqulloota taanee cubbuun keenyattis kan qulqulloofne. Waaqayyoo qulqulla'uu keenya kan fedhe (mi'a Waaqayyo itti gargaaramu taanee kan addaan baafamne), kanaaf nut karaama hundaa karaa ilalcha, haasaa, amala, fi walitti dhufeenya keenya hunda akka kan Kirstoos taanee fi mootummaan Waaqayyoo warraa kaaniitti akka mula'atu kan ta'uu isaa mullisuu qabna, Mootummaan isaa karaa keenya waldaa keessatti akka mul'atuutti.

Nut akka amantootaatti jireenya hundaa keessatti akka qulqullootaatti mul'achuu qabna, Kanaaf afuurri qulquluun yeroo fi haa'umsa keessaan waarra Waaqayyoo akka taanu fedhu haa taanu. Tokkoon tokkoon keenyaa akkamittiin akka qaama keenya qulqullummatti fi ulfnatti eeggannu baruu qabna. Waaqayyo ofittummaa fi xura'ummaatti waan nu hin waamneef, garu jireenyaa haaraa fi midhagummaas akka qabanuuf malee- jireenya isaaf ulfina kennu.

Kana caalaas, nut Kirstoosiif bakka bu'oota taane, Waaqayyoo nu keessan warra kaanitti mul'ata. Akkuma nu Kirstoos gooftaa dha jennee labsinuun fi jiraanya maqaan isaan jiru kana warra warra amananiif yemmuu dhugeessinu, ergaa keenyaa karaa amala keenyaa, haasaa keenyaa, fi hojii keenyaa isaanii dhugummaa isaa mirkaneessina. Egaa amma akka bakka bu'oota isaa nut fedha isaa bakka mu'uu keenya, sagalee isaa dubbachuuf, amala warra isatti hin amanin argisiisaan irraa adda kan ta'ee agarsiisuufhaan.

Biyyaa lafaa akkeessuu irraa, namoota geeddaramanii fi na moota galateeffatan ta'uu keenya argisiisuu qabna. Nut bakka bu'oota Kirstoos. Jireenya Waaqa hin beekne fi jjireenya cubbuuttii dugda keenya laatnee jireenya Waaqayyoon guutamee, Waaqayyoo ulfina kennu fi jireenya Kirstoos isa fayyisaa nu kenname sana namoota kan biraadhaaf hirru jiraachuu qabna. Nut mana hojii isaa ti, karaa hojii keenya isa gaarii in akka hojjenuuf nu dhaabe bayyee sanaatti isaaf ulfina akka laannuuf. Warra kaan jallachuu fi hojjechuufii qabna, seenaa itti himaadhaan warri kaan akka nutti makaman goona, keessumaa qabiyyee keessa kan jiran maatii keenyaa fi firoota keenya kan ta'an.

Ho'ina, araara fi haqaa ala mootummaa Waaqayyoo gara fuula duraatti adeemsisuun akka hin danda'amne qulqullumatti beekamaa dha. Hundee macaafa qulqulluu kan irra dhabachuudhaan Waldaa kirstiyaana gara ho'inaa, araraa fi haqaatti sochoosuu qabna. Ho'inni jaalala Waaqayyoo nuuf qabuu fi jaalala nu keessaan dhangalu sana bakka bua, nu keessattis namoota badaniif akkaa ho'inu fedha akkataa jireenya isanii isa haaraa to'anu nu keessa kaa'a. Araara jechuun amala nut namootaa fi hawaansa gadadamanni fi cabanitti argisiifnuu dha. Kunis jireenya namootatti eenyummaa isaaniin ilaallee itti faraduu fi hammeessuu irraa nu oolcha. Yooma illee namoonni sababa filannoo isaanii isa gadheedhaan haala gadhee keessa jiraatan illee araarri akka nut gaarummaadhaan itti dhi'aanuu waan isaaniif hin malle illee akka goonu nu godha. Akkuma yeeroo nut Waaqayyo irraa faganee jiraachaa turre Waaqayyo immoo karaa namoota kan biraa keessan nu ilaalaa turee ti jechuu dha.

~ Efrem Smith. Waldaa guaracha boodaa fi adii boodaa: Biyya lafaa ishee gos-bayyee taate keessatti hawaasa jaalalaa ta'uu San Francisco, CA, Jossey-Bass, 2012, fuula 59.

Ol-aanummaa nu argisiifne
Barumsa 5ffa Qo'annaa Macaafa Qulqulluu

Dubbii Waaqayyoo Kanaan gadii dubbisiitii gaaficha akkataa inni barsiisa macaafa qulquluu wal-simatuun deebii qababaa itti kenni.

1. Akkuma jirrenya keenya ta'eetti Kirstoosii wajjin tokko taane, kanaaf jireenya keenya irratti ija banana (Jireenya qulqulla'aa jiraachaa jaalala kirstoos immoo namaaf hirra) sababiin isaa nut isaa wajjin tokkummaa qabna (isatti yeroo hundumaa maxxanuudhaan). Yohannis 15.1-8 dubbisiitii kanneen kanaa gadii deebisi.

   a. Akkairstoos muka wayinii, namicha maasii keessa hojjetuu fi dame mukichaa hunateetti, eenyu abbaan, nut immoo maal?

   b. Yoo dameen sun huka isaatti qabachuu dhadhabe, yoo isa irraa jireenyaa fi eebba irraa fudhachuu dhiise dameen sun ija godhachuu in danda'aa?

   c. Akkamittiin Yesuus abbaan hojii keenyaan ulfina argata jedha?

2. Namni kan Kirstoos tae hundi uumama haraa dha, iddooma jiruttii Kirstoosiif bakka bu'aa akka ta'uu fi jireenya qulqulluu akka jiraatuu waamame. 2 Qorontoos 5.17- 6.2tti dubbifadhu.

    a. Waaqayyo tajaajila akkamii nutti kenne?

    b. Namoota hudumaaf geeddaramsi fi jireenyi haaraan warra isaatti amanan hundaaf akka jiraatuuf Waaqayyoo karaa Kirstoos maal rawwate?

    c. Warra kaaniif karra maqaa Waaqayyoo dubbachuuf akka isaa bakka buunuuf Waaqayyoo ga'ee akkamii nuu kenne?

    d. Bakka Waaqayyoo taanee warraa kaaniif wanti wawwannu maalfai?

3. Waarri isatti amanan Kirstoosii fi mootummaa isaa bakka bu'anii biyyaa lafaa duratti isaaf ulfina akka kennaniif waamaman, kunis waan jedhanii fi hojjetan hundaan. Maatiwoos 5.13-16tti dubbisii, iddoo duwaa Kanaan gadii guuti:

    a. nut _____ biyyaa lafaa ti.

    b. nut _____ addunyaa ti.

    c. Mee _____ kee haa ifaa,
    akka namootni _____ keearganii
    _____ Waaqayoo _____ kennanitti.

4. Warrai amanan mudaa malee, qulquloota ijoollee Waaqayyoo ta'anii, akka aduun dukkana biyya lafaa keessatti ibsanii jiraachuu qabu. Filphisiyuus 2.12-16tti dubbisiitii, gochaa fi dhugaa wal simatu Kanaan gadii wal-itti firoomsi.

    a. Hojii fanyinaa kee irratti hojjechu ___ Waaqayyotu fedhaa isaa si keessatti akkiama rawwatu

    b. Waan hundumaa godhi _____ Biyya lafaa keessatti akka ifaatti

    c. Mudaa malee akka taatuuf ____ Guyyaa Kirstoositti (Pauloos) akkasumaan akka hin fiigne

d. Warra at isaa geddutti ibsitu _____ Otuu hin gungumni fi hin shakkin

e. Dubbii jireenyaa qabachuudhaan _____ Ijoollee Waaqayyoo warraa mudaa malee ta'an

5. Fedhi Waaqayyoo amantoonni bu'uuraa karaa Kirstoos isaaniif kaame irratti hunda'uudhaan jireenya qajeelaa fi qulla'aa akka jiraatanii dha. 1 Tassaloonqee 4.1-8 dubbisi, Paauloos maal jedhe waa'ee akkamittiin Waaqayyoon gamachisaan ilaalchisee?

6. Akka amantoota Kirstoositti amanuutti, sammuun keenya waan waaqa irratti hiinee, jirrenya keenya warra kaan duratti jiraanuun waan qulla'aa hordufuu qabna. Qolaasayis 3.1-17 dubbiisiitii kannaan kanaa kadii deebisi:

a. Akkamitti of ilaaluu qabna, egaa amma erga Kirstoosii Waajjin tokko taanee?

b. Waa'ee waan kan keenya ta'anii ilaalcha akkamii qabachuu qabna" uumama lafa irraa) (L. 59)

c. Waa'ee namummaa keenya isa moofaa fi isaa haaraa yaada akkamii qabachuu qabna? (L. 9-10)

d. Ilacha akkamii dagagsina, egaa ammaa nutoo namoota Waaqayyoon filamanii dha? (L. 11-17)

7. Akkuma lamata deebiee dhufuu Kirstoos eegganutti Waaqayyo akkamittiin akka jiraanuu fi hojjennu nu gorsa.

a. Ayyanni Waaqayyoo fayyina gara keenya fidee akkamittiin akka _____ balaleeffanuu fi _____ akkuma eebba addii isaa eeggachaa jirrutti

b. Yessus ofii isaa nuuf kennee deebisee nu olfachuudhaaf _____ irraa, namootaa isaaf- _____ taan qulqulleessuudaaf.

Keessa Deebii

Akkuma karaa Kirstoosiitti amanuu jallatamoo ijoollee Waaqayyooti, nu Kirstoosiin akkeessuudhaaf, akka gooftaa keenyaa tauu fi warraa kaan kunuunsuu fi jallachuuf waamamne. Akkuma jedhamne sanatti meseensaata isaa taanee, akka waan inni lafa kana irra jiraachaa jiruu ti. Akkasiin nu "Qulquloota" Waaqayyoo jedhamnee waamamne, karaa Kirstoositti amanuu qajeelota nu godhe. Fuula Waaqayyoo duratti jireenya qulqulluu fi qajeelaa akka jiraanuuf waamamne. Nu qulqulleeffamuu (Qabeenyaa Waaqayyoo itti gargaaramuu taanee addaan baane) kanaaf hojiidhaa fi itti himuudhaan waarri kaanis kan kirstoos akka ta'anii fi waangeelumti nun jireenya keenya jijjire sun isaaniinis jijjiruu akka dandauu isaanitti himuu dha. Dhugaamatti, Waaqayyoo jireenya Waaqayyoon hin beeknee fi xura'aa akka jiraanuuf nu hin waamne, garu jirreenya qulqulla'aa fi qajeelaa akka jiraannuuf nu waame.

Qulqulloota jedhamnee waamanuuitti dabalee, bakka bu'oota Kirstoos immoo nu godhe, jireenyaa fi amala keenaan akka Kirstoosiin bakka buunuuf. Nu ergamtoota mootumaa Waaqayyoo, lammii mootummaa Waaqayyoo isa Waaqa irraa, nut maqaa Waaqayyootiin namoota kan biraadhaan akka wawwanuuf nu bobbase. Egaa hojii kan eegganaa gudaa, qulqullinaa fi ija jabinaan akka hojeennu nu iraa eegama. Jechoota krrnyya fi hojii keenyaan Kirstoos namni nazireet gaaftaa fi Kirstoos akka ta'e fi mootii biyya lafaa isaa deebi'ee dhufu ta'uu isaa labsina. Namoota qalbii jijjiratanii amanan hundaaf karaa Wangeelaa jireenya karaa maqaa Kirstoos argamu isaan afeeraa mootummaan Waaqayyoo maal akka ta'e jaalalaa fi hojii gaariidhaan isaan argisiifna. Karaa hojii keenya isa gaarii akkataa Waaqayyoo itti rawwatu "Agarsiisuu fi itti himuu" maatii keenya, firoota keenyaa fi olloota keenya duratti Mootummaan Waaqayyoo maal akka ta'e mullisuu.

Eenyu illee jabinaa isaa fi fedha isaatiin qulqulluudhaa fi bakka bu'aa Kirstoos ta'uu hin danda'u. Kirstoos karaa afuura isaa nu keessa jiraataa, kanaaf ka isaa bakka bu'aa dandeenyu yoo isaa duukaa adeemuu dandeenyee dha. Yeroo isa duwwaa irraatti of hirkifne isa sirritti bakka bu'uu dandeenya.

Dugda-duubee

Dugda-duubee isin qu'achuudhaa fi yaadaan qabuu qabdan barumsa kanafis barbachisoo ta'amn warra Kanaan gad jiranee dha.

Akkataa Oikos (Dugda-duubee 10)
Masi'ichaa wallin haasa'uu: Quunnamtii Wangeelaa (Dugda-duubee 19)
*Gara boodaa ilaalanii gara fuula duraatti adeemuu: Garaa
    Wangela'ummaa addaa isaa guddaa sana deebisanii yaadachuu*
    (Dugda-duubee 16)

An yeroo akkataa kirstiyaanoonni Waan warri biyya lafaa horiidhaan dhiibamanii godhan Kirstianni dhiphinaa fi imimmaan cunsuudhaan rawwatan yaaduun bayyee na qaannessa.

~ Hannah Witall Smith Richard J. Foster fi James Bryan Smith, Gul.
Waan afuuraa kan ta'e humna qabeessa:
Gulaala Kessa deebii: Dubbisa filamoo namoota duunfaa fi gurmuu.
Renvare, Inc. (HarperCollins mana maxxansaa), New York. 1993, F. 39.

Waaqayyoo isaa wajjiin hojjenee magaloota karra madaraa Waaqayootti akka jijjiruuf nu waame. Akkuma mootumman Waaqayyoo nagaa ta'e biyyi lafaa immoo qabeenya irratti kan hundaa'ee dha, waanu n=biyyaa lafaa kana, waan Waaqayyoo barbaadu "fooqii isaa samii irra" otuu hin taane jiraacha jiraatamuu malu hawaasaa isa as lafa irrraa ti. Duma irraatti magalaa isaa ishee qulqulluu fi mootummaa isaa yeroo yeroo isaa ga'uttu as fida "waan hunduumaa deebisee dhaaba" (Hojii Ergamootaa 3.21), seexanni immoo itti faradama. Fedhe Waaqayyoo fi misiyoon waldaa abba kanaa garu mandaroota ceepha'uu fi itti faraduu irra iddoo haqaa fi nagaa gochuu dha. Kun daran cimtanii Kirstoosiif akka gooftaa guddaa fi fayyisaa ti dhuga baatuu isaa cimaa ta'anii argamuu barbaachisa.

~ Howard A. Snyder. Mootummaa, Waldaa fi biyyaa lafaa:
Barumsa amantii keessatti ijoo kan har'aa
Eugene, OR: Wipf fi mana maxxansaa Stock, 2001, F. 48

Siraata kayo

Nu man hojii isaa ti

Qu'annaa dhimmaa

Yaadaa fi ilaalcha Kannan gadii dubbisiitii barumsaa Kanaan olitti barte irratti hunda'itii deebii fi yaada furmaata isaaf kenni.

1. **Yeroo nut kufnu maaltu ta'a?** Yeroo bayyee amantooni haaraa qulqullootaa Waaqayyo fi bakka bu'oota Kirstoos ta'uuf waamicha Waaqayyoo fedhii guddaadhaan fudhatu. Otuuma Kirstoos wajjin adeemaa jiranii, guddachaas jiranii sababa qurumsa biyyaa lafaa, soba seexana, fi amala isaanii isa moofaa durii irraa kan ka'ee hir'atanii cubbuutti kufanii argamu.

Yeroo nut kufnu jireenya keenya keessatti maaltu rawwata, yeroo tokko caalaa dhimmuma tokko ta'e irratti? Namuumti an Kirstiyaana ofiin jechu tokko yemmuu kufu- namni sun amanaama ta'ee itti fufa moo? Moo akka addaan bu'uu qulqullootaa tokkootti ilala moo, fayyinni keenya hanga kamitti hojjeta yeroo nut kuufnu- moo waan hundumtuu iddootii bada? Amma iyyuu akka qulqulootaa fi bakka bu'oota kirstoositti ilaalamu moo, erguma karaa dogoggoraa irraa bu'anii iyyuu jechuu dha? Dubbii kanan gadii dubbisiitii deebii kee anatoota kan biroof hiri, kallatii fi yaada isaanis itti dabaluudhaaf.

- 1 Yohannis 1.5-10
- Fak. 4.16
- Yaacoob 5.16
- Far. 32.3-5
- Fak. 8.12-13

2. **Dimmaa haawaasaa hundumaa keessaa ilaalchi Kirstiyaanu qaphaa ta'e tokkichi jiraa?** Akka qulqulaa fi bakka bu'aa Waaqayyootti jiraachuun nama gammachiisa, garu waan bayyee salphaa miti. Yaada tokko irraatti akkamitti akka waaqayyo ilaaluu danda'uu irratti of eegannoo jabaa godhuu qabna, Waan lalabdootni karaa TV illee lallaban dhugaa Waangeelaa ilaachisee yaadaan qabuu fi shakkii qabachuu qabna. Akkusumas immoo karaa biraa immoo namoota Waaqayyoo kan fi amanamoota kan ta'an dhimoota adda addaa irratti immoo jiru, karaama lachuutti iyyuu dubbii Waaqayyoo keessa fudhanii dubbachuu, yaadii isaanii dhugaa dhaabii "Kirstiyaanaa" bakka bu'uu isaa kallatiin lamanuu in dubbatu. Kirstiyaan iddoo maalii qabachhu qaba yeroo namootnni amantiitti jaboo ta'an gaaffi nama walmormisiisuu tokko irratti yaada yeroo kennan? Yaada yeroo hundaa ka'uu danda'u tokko irraatti wanta tasa ifaa ta'e tokkichi "dhagaa" ta'e hawaasa keessa jiraachuu in danda'aa? Akkamitti Roomee 14. 1-12 dhimoota akkasii kana deemsa gooftaa wajjin goonu keessatti akka hubannuuf nu gargaaruu danda'a?

3. **Waan nu goonu waanta nu jennuu caalaa guddisee dubbata.** Mamii tokko mallee wanti nu warra kaan duraatti goonu waan nut dubbanu caalaa sagalee guddaa dhageessisa. Waa'ee mootummaa Waaqayyoo afaanuma duwwaan warra dubbatu taanee akka hin argamneef of eegganoo cimaa gochuu qaba, kanaa manna, jechoota keenya sana jiraanee argaminee namootn kan biraa illee isaa sana dhugaa baatoota ta'uu akka danda'aniif. Ergaamaan Yohannis ergaa isaa isa duraa keessatti fakkenyoota kaa kenneera.

Akka kanna jaalalli inni dhuugaa isa kama akka ta'ee hubachuu bira geenya. Yesuus lubbaa isaa dabarsee nuuf kenne. Nutis akkasuma lubuu keenyaa obboloota fi obbleewan karaa kirstoos ta'aniif lubbuu keenya dabarsinee kennuu qabna. Yoo nammi tokko waan biyya lafaa kana qabatee obboleessa isaa isaa dhabaa argee garaa isaa jabeesse akkamittiin jaalalli Waaqayyoo isa keessa buluu danda'a? Ijoollee xixxinayyoo nan mee kottii odduudhaa fi jechaan otuu hin ta'in hojiidhaa fi dhugaadhhan malee (1Yohnnis 3.16-18).

Macafni Qulqulluun waamichaa isaatiin anantootaaf ga'eessa jaalala isaa dhuga qabeessa godha (Rom. 12.9), tajiiajila nu warra kaaniif goonuun mul'ata (Gal. 5.13) malee jechotta babbareedaa nut goonuu otuu hin taanee hojiidhaan agarsiisuudhaan malee (Yaacoob 2.15-17). Maaliif kan Waaqayyoo jalallii keenya oduun otuu hin ta'in hojiindhaan nootaatti mullifamee isaan akka amaleeffatan irratti kan xiyyeefatuuf?

Waliiti fiduu

Egaa amma, akkamittiin akka macaaf qulqulluun inni muna socho'u of keessa qabu kun jireenya kee irraatti amma diibbbaa godhu gochuun irratti yaaduu qabda. Sababii at karaa Yesuus Kirstoositti amanuutiin ijoollee Waaqayyoo jallatamoo kessa tokko waan taateef, akka at akkeessituu Waaqayoo qulqulluu jedhamtuuf waamamte Waaqayyoo fi qulqulluu Waaqayyoo akka taatuuf waamamte. Amma yeroo kana akkamitti akka haasooftu, akka warra kaanii wajjin jiraattu, akkamittiin maatii fi hirriyoota keessatti akka of ilaaltu fi akkamitti warraa kaaniif kunuunisa akka gootu yaad mee. Jireenya dhabataa itti waamamte sana jiraachuuf fi namoota walitti dhufeenya qabduu waliin jiraachuuf afuura qulqulluu biraa jabina fi ogummaa gaafadhu. Waanti at akka si irraa citu barbaadu waan kirstoosii wallin muuxannoo at qabdu danqaru, warri kaan waa'ee kee dhugaba'umsaa gaaraa akka hin qabanne kan godhu maal?

Akkasumas, at bakka bua'aa Kirstoos, waan jettuu fi hojjettuu waandaan Kirstoosiin akka bakka buutuuf waamamte. Akkamitti gaarii gootee namoonni kirstoos eenyu akka ta'ee sirritti akka hunatan, mootummaan isaa maal akka ta'e akka beekan gochuu dandeessa? Garramuumaa keef sodachuun hin qabdu. Waan tasuma dhiifte qabda ta'a, waan gochuu jalqabde qabda ta'a, yookaan immoo amala yakanis qunnamtii jijjirte tokkoo qabda ta'a. Waaqayyo waan tokko itt fufyeema kaak hojjetuuf si geggeessa ta'a, yookaniss yeroo bayyee akka at rawwatuu si gaafata ta'a, or warraa kaanii wajjin akkati hojjetuuf. Afruuraa qulwqulluuf garaa kee banaa haa ta'u akkuma waa'ee qulqulla'aa ta'uu fii bakka bu'ummaa keetii inni sutti dubbatuutti, inni waanuma inni si abboome godhi. Yaaadhu nama Waaqayyoo ta'uun waanuma sasalphaa isaaf guyyaa guyyaatti abbomamnu keessaa keessaa madda. Yeroo waaqayyo sitti haasa jalaa qabi, malumaa kee isaa haaraan akka qulqulluu fi bakkabu'a Kirstoositti jiraadhu.

Mirkana

Sababii humni Waaqayyoo ana keessaan hojjetuuf, amala Waaqayyoo akkeessuu nan danda'a, Karaa jaalala fi warra kaan tajaailuun Waaqayyoon akka bakka bu'aa isaatti bakka nan bu'a.

Kadhannaa

Agustiine namni Hippo (354-430), Beekaa amantii fi nama falasamaa kan ta'e barreffanmni isaa qaroomina waldaa biyyaa lixaa irratti ga'ee guddaa kan qabuu dha. Inni ilaaltuu waldaa Hippo (Yeroo ammaa Algeriyaa) kan jedhamtu ture. Inni akka abootaa Waldaa durii keessaa nama tokkootti ilaalama. Hojii isaa isaa bayyee barbaachisaa keessa "mandaraa Waaqayyoo"fi "dhugaba'uumsa amantii" keessatti argamu.

Kadhaanaa Waaqayyoon ittiin baruudhhaf, Augustine

Gooftaa ofii koo siinis akkan baru godhi, sim alee kan fayyisu kan biraa
    akka hin jiree akkan fedhu
Ofii koo jibbee siin akkan jalladhu na godhi
Waan huundumaa siif jedhee akkan godhu na godhi,
Ofii koo gad of deebisee siin akkan ol qabu na godhi
Si malee akkan waan biraa hin yaadne na godhi
Ofii kee du'ee si keessa akkan jiraadhu na godhi
Waan nudumaa si biraa ta'e hundaa akkan fudhadhu na godhi
Ofii koo ganee si duukaa akkan bu'u na godhi.
Akkan ofii koo irraa baqadhee sitti kooluu gal una godhi
Siin eegamuuf akkan mirga argadhuutti
Akkan ofii koof sodadhee, siin sodadhu na godhi,
Warraa siin filataman keessaa tokko na godhi
Akkan ofii koo jeeqee abdii koo si irraa ka'adhu na godhi
Siif jedhee akkan abboomamu na godhi
Waan nama oolcha jechamutti akkan hin hirkanne si malee
Mee siif jedhee hiyyeesa ta'a,
Akkan si jaalladhuu at na to'adhu
Na waami akkan si arguuf,
Akkan baraa hundumaa sitti gammaduuf

~ Don L. Davis. *A Sojourner's Quest.*
Wichita, KS: The Urban Ministry Institute, 2010, pp. 93-94.

**Gara Ofirraa
Gooftaatti Bo'uu**

Waaqa barabaraa, Gooftaa fi abbaa gooftaa Yesuus Kirstoos, waan qulqulluu fi bakka bu'aa kirstoos jettee na waamtee galatoomi. An hojii koo hundaan bakka si bu'uu, dugda koo Waaqa malee jiraachuu biyya lafaatti kennee waamicha at akkan mootummaa kee keessa ittiin jiraadhu akkan fuuleffadhun barbaada. Waaqayyo abba fuula kee dura guyyaa hundumaa jireenya qulqullumaa fi qajeelummaan akkan jiraadhu na godhi. Anaa wajjin tarkaafadhuu na gargaari. Guyyaa hundumaa abdii fi ija jabinaan akkan bobba'u na gargaar, afuurri qulqulluun akkan anaa wajjin jiru beekuudhaan, yeroo rakkina koottis akka inni na gargaaru beekuun.

Akka qulqulluu keetti, akka bakka bu'aa keetti, akkan si irraa garaagar hin baanetti, waan hundumaa keessatti akkan si yaadadhu na gargaari, akkan kan booda kan koo hin taanetti. At dhiiga ilama keenye Kirstoosiin na bitti amma an kan kee ti. Kanaaf sammuu koo fi garaa koo eegi, Waanumti fedhee iyyuu har'a yoo na qunname iyyuu, Warri kaaniis akkataa and itti hojjidhuufii akkataa guyyoota koo itti ilaaluun ana keessaa si arguu akka danda'anii isaan gargaar. Karaa gooftaa koo isa ta'e Yesuus Kirstoos isaan Kanaan si kadhadha.

Qayyabannoo Dabalataaf

www.tumi.org/sacredroots, irraa kutaa barrefamaa fi vidiyoo ramadame qabna.

Don L. Davis. Mul'ata misiyooniif: Kunuunsaa fi garaa ergamootaa. Wichita, KS: Dhabbata tajaajila magalaa, 2012. (kana **www.tumistore. org** irraa argachuu in danda'ama)

Kutaa Itti aanuuf

Kutaa itti aanu keessatti, "**Guutama nut barbaannu**" isa jedhu gad fageenyaa ilaalta, matadureewwan kana gadiis of keessatti qabata
1. Hawaasa keessatti jireenya waliiigalaa jiraanna.
2. Waldaa anannoo fi gurmuu muraasa keessatt kirstoosiin waliin waaqeffanna.
3. Ulfinaa Kirstoosiif jecha walii walii keenyawal simanna.

Luqisii Yaadannoo

Efeesoon 2.10

Abbaltii

1. Waan Waaqayyoo siif kenne irraa kaasee bakkawan itti dhimmaa baasuu dandeessu mee battala 10 fudhadhuutii tooraan kaa'i. Waa'ee qabeenyaa kee fi horii keetiis yaadi. Isaan kun akkamittin waldaa kirstiyaanaa ooluu danda'aan galee dhuunfaa kee keessatti caafi.
2. Battala 10 fudhadhuutii ofii kee garaa gammachuu qabduu of shalagi. Gaarummaa kee fi ofittimaa kee maal irratti? IddoWaaqayyoo akka sirritti si geggeesu, qabeenyaa fi wal-itti dhufeenya keetiin barbaaddu galee kee dhuunfaa irratti barressi.
3. Battala 10 fudhadhuutii akkamitti akka yeroo kee dhumma itti baatu irra deebi'ii ilaali. Akkamitti sagantoota kee salphaatti itti gargaaramuu dandeesuu fi yeroo ittiin geggessaa afuura qulqulluuf argamtuf Waaqayyoon gaafadhu. Waa'ee kanaa galmee kee dhuunfa keessatti barressi.
4. Namoota amantiitti bilchaatoo ta'an akkamitti horii isaanii, ofittummaa, fi haala jiraanya salphaa qabaatan irraa maal akka barataanii darban gaafadhu.

QULQULLEEFFAMUU NUT BARBANNU
Qaama Kirstoos Kessatti Walii Walii Keenya Ijaaruu

Dhugaatiidhaan takkaa illee hin macha'inaa, kana jechuunis waan akka wayinii innis of-qabuu dhadhabuu keessa nama galcha* kanaa manna afuura qulqulluun guutamaatii geggeeffamaa, walli wallin kessaan sagalee farfannaatii fi weedduudhaan wal jajjabeessaa walgorsaa* weeduu afuuraa, weeduu galataa fi yedaloo garaa irraa ta'e gooftaadhaaf dhi'eessaa. Keessumaa Waaqayyoo abbaaf yeroo hundumaa galataa galchaa, waan gootan hundumaa maqaa Yesuus Kirstoosiin godhaa. Jaalala fi Walli waliin keessan wal simadhaa, wal harkisaa, ulfinaa fi kabaja karaa Kirstoos ta'ee walsimadhaa.

Ergaa Pauloos gara warraa Efeesoonitti (Efe. 5.18-21)

Kayyoowwan

Dhuma barsiisa kanatti qulqulleeffamee nut barbaannu hammachuu qabna kana gad waan jiru amanuun:

- Jirrenya ammmantootaa akka inni itti qinda'a akka walli wajjin jiraatan, akka maatiitti fi qaama kirstoositii akka wallin guddataniif.
- Akka Waldaa nannoo fi amantoota kan biro wajjiin walitti dhufeenya qabachaa adeemneen waa'ee mootummaan Waaqayyoo, waaqeffanaan akkasumas akka duuka buutuu Kirstoos tokkotti barachaa adeemna.
- Akkuma Kirstoos duukaa bu'aa adeemneen, ol guddachaa (qulla'aa), amantii keenyatti qunnamntii warra kan biraa waliin qabnus wal kabachaan

....

*Garmalee of gad of dhiisuu** - garmalee of gad dhiisuu jechuun miraa garam alee ta'e keessa seenuu jechuu dha. Kana jechuun waan nu gammachiisu miira keenyaa ta'u hundumaa dhiisuu jechuu miti garu waan Waaqayyof ulfina hin taaneef nu xureessu irraa of eeguu jechuu dha. Waaqayyoo waan hundumaatti akka gammannuuf nu kenneera garu want hundumtuu safara qaba. Fakeenyaaf galanin manii isaa keessa yeroo jiru umna gaarii hojii gariif ooluu dha, garu manii isaa keessaa ba'ee yroo argamu gara lolaa lola'ee mandaraa miidhu ta'a, kan gechuun galanichi humna waa ittiin mancaasu argataa jechuu dha. Bifumna walfakkaatuun garmalee of gad dhiisuun waan gaarii Waaqayyo namaa kenne gar malee itti fayydamuu ta'a, Yeroo manii isaa ba'ee dhangalee dangaa isaa darbu namoota dhuunfaa fi warra gaga'aman miidha.

*Farfannaa fi weedduu** - Farfannaan walaaloo macaafa qulqulluu keessa qindeeffame kan namoonni waliigalli farfatan, Waaqayyoo waaqeffachuu kan kenname. Weeduu fi farfannaa afuuraa macaafa qulqulluu keessa ta'anii fi kan amantoonni bara keessa caafaa dhufan.

79

Ogummaa Argachuudhaaf Kadhannaa Banuu

Abbaa barabaraa, abba koo, sagalee keessatti an maddaa beekumsaa fi ogummaa ti jetee dubbateetta. Anis kan dhugaadha jedhee fudhadheera, jallatamaa abaa ko, sin kadhadhaa ogummaadhaan na guuti, kannanis sirritti dubbii Waaqayyoo hiruu akkan danda'utti (2Ximo 2.15). Karaan irra adeemuun anaaf ta'u na hubachiisi ana barsiisi (Far. 32.8) tarkanfii koos naaf qajeelchi. Gurra koo gara sagalee keetti naa deebisi, amma akkan itti yaadu fi dubbadhu naa sirressi, yeroo karaa irraa kaadhu at na geggeessi.

Abbaa akka waa garaagar baasee ilaaluu danda'u, akkan barumsa, afuura fi kennaa isa ta'uu fi isa hin taanee afuura garaagar baasee beekuu danda'uu na barsiisi. Fedhi kee maal akka ta'e karaa afuura qulqulluu na barsiisi, garaa kuu guutuu fedha kee rawwachuu akkan danda'uuf ilaalcha gaarii naaf kenni.

Jallataamaa gooftaa ko, dhaaga'uu fi dhaggeffachhu kanan ariifadhe haasa'uu fi aaruu immoo kanan suuta jedhe akkan ta'uu na gargaari (Yacoob 1.19). Sagaleen afaan kootii fi yaadnni garaa koo fuula kee duratti fudhatamaa naaf haa ta'u. Dhagaa kee akkan ogummaadhaan dubbadhuuf na gargaari, kanaanis amootni waliin haasa'u hundi hubachuu fi irraa gargaaramuu akka danda'aniif.

Quunnamtii

1. **"Sababa an kana dura muuxannoo gadhee ta'u qabadheef, amma Waldaa dhaquu hin danda'u"** Namootni bayyee waldaa Kirstiyaanaa dhaqanii namootuma achi keessa jiraan waliin muuxannoo gadhee qabatan jiru. Rakkoo kam illee yoota'e, waliin dhiisuu dhadhabuu, walhimachuu, hinaaffaa, dalga walhubachuu fi miidhaan dhuunfaa- kanneen kun akka dhiifnee deebinu akka quunnamtii kan biraa jalqabnu, akka waan haaraa jalqabnu godha. Waanuma amma beektu irraa ka'uudhaan amantoota haaraa waa'ee waldaa dhaqaa isaanii ilaachisee akka kirstoositti jabataniif maal gorsita, keessama yoo akka isaan waldaa keessatti muuxannoo gadhee qabachuu isaanii barte?

2. **"Waan nama dhibu, amanuu hindandeenye macaafi qulqulluun seena tokkicha itti fufaa kan ta'e kana Waaqayyo ittii uumama isaa fi sanyii namaa ittii baraare!** Maal Waaqa jaalalaa nut tajaajillu kun!" Akka macaafi qulqulluun kakuu lamatti qaadamu keektu (barreffame kan Hibrootaa macaafota 39, Seera Uumamaatii hanga Milikiyaasitti) fi Kakuu haaraa kan kirstiyanootaa (Matiwoosii hanga Mul'atatti macaafota 27). Wanta isin tarii hin hubatin immoo macaafi qulqulluun kuusa macaafotaa ti, inni macaafa tokkittii dha, seenaa hin jijjiramnee dha, seenessa jalala gddaa Waaqayyoo ilmaan namaatii fi uumama isaaf qabu kan dubbatuu dha. Karaa jalalaa fi dhimmama Waaqayyoo qophaa fayyaa dandeenye. Karaa kana Kirstiyaanummaa amantii addaa irraa tasa adda ta'a. Yeroo bayyee amanitin namootn ggochaa, lloga fi waanuma barame hordofuu gaafata, kunis waan barbaadan argatannii

guutuu ta'uuf, eeguumsa argachuuf. Kirstiyaanummaa immoo karaa biraa Yooma illee mmuf hin malu ta'e illee, yooma hin gaafane ta'ee illee, yooma ofiin argachuu hin dandeenyu ta'e illee Waaqayyoo fayyina ilamaan manaa hundaaf ittiin kennuu dha. Maaliif namootni waanuma salphaa ta'ee ergaa sagalee Waaqayyoo kana hubachuu dhadhabu jettee yaadda? Maaltu akka isaan "ayyaana Waaqayyoo," jalala isaa isa guddaa, araara isaa namootaaf eenyummaa isaanii otuu hin ilaalin, otuu waan isaan hojjitan hin lakka'in, otuu iddoo isaan jiran adda addumma hin godhin araara godhe kana hubachuu namoota jalaa dhoksee?

3. **Akkamittiin Lubi keenya namoota kana hundaa grggessuu danda'a?**
   Isa baruu hin danda'u! Want yeroo bayyee Waaqayyoo irra deddebi'ee jedhu, akkama barsiisaa fi fakkeenya luboota nama Waaqayyoo ta'an duukaa buuneen guddachaa adeemna Haa ta'uu iyyuu, Waldaa tokko tokko keessatti Lubootni otuu amantoota hidduu tarii namoota dhibbaan yokanis kumaan lakka'aman otuu geggessanii argina. Yeroo namootni amantoon gar malee bayyee ta'anii fi yeroo lubatti hojiin gar malee bayyatu, namootni hundi, maatiin lubichaa wajjiin walqunnamuu yookanis walbaruun bayyee rakkisaa ta'a kan irraa kan ka'ee bayyeen haala kan mufatanii himatu. Namichi reefuu amane tokko akkana jedhe "Yoo luba ofii sirritti beekuutu lubaan jajaajilamutti lakka'ama ta'e, egaa an gara fuula duraatti luba qabachuu hin qabu jechuu dha." "Akkmitti lubi keenya nama kana hundumaa geggessuu danda'a. Isa argachuu hindanda'u!" akkanittii namicha reefuu amanae kana kunuunsa lubaa jala jiraachuu jechuun maal akka ta'e akkanni hubatuuf maal maal gochuu qabda? Waldaa bara si'anaa keessatti akkamitti kun ta'uu danda'a?

Kutaa darbe keessatti, (**Ga'umsa ol-aanaa nut argisiifnu**) akka ijoollee Kirstoos jallatamootti isa bakka bu'uu, akkasumas akka qulqullootaa Waaqayyoo fi bakka bu'oota iddoo biyyaa lafaa isaa kufe kanaatti jallachuu. Amma egaa sirritti xinxaluu in dandeessa, hammama Waaqayyoo Waaqayyoo akka nut Waldaa keessatti geggessaa angoo lubootaa jalatti of-galchinee amantii keenyaan guddanee, walii walii keenya wal-simanee hola amantii isa garii sana loluu akka dandeenyu.

Yeroo akka uummmataatti waliin jireenyaa kanatti Yesuus akka nut tokkummaa qabanuu fi akka jabaannee waliin dhaabannu barbaada. Tokko tokkoo keenya wal ijaaruu jecha turban torbanitti wallin waaqeffachuuf, macaafa qulqulluu qu'achuuf, gurmuu xixiqqaan wal-ijooruuf wal argina. Kirstoos duuka bu'uudhaaf akkataa itti mana waliitti walsimanu, waliin xabannuu fi bashanannu, waljajjabeessinu baruu qabna. Akka amntootaatti jireenya Kirstiyaanummaa jiraachuuf, kennaa keenya, jaalala keenya, wal-itti dhufeenya keenya fi amala keenya gargaaramnee wal ijaaruu waamamne.

Kan caalaa immoo, jalala fi hojii gaariidhaaf walii keenya kakasuun akka nu irra jiru fi Karaa Kirstoos Yesuus otuu nama Waaqayyoo hin ta'in fuula dhra shakalaa kan turree hojii hammeenyaa hundumaa ganuun barbachisaa dha.

Yooma hundumnti keenyaa waan hama hojjechuudhaaf in qoramna iyyuu ta'e, jireenya afuuraa keessatti yookanis jireenya hawaasa Kirstiyaanaa keessatti wanti biyyaa lafaa kanneen abboota amantiitiin dubbataman kan akka sagagalummaa, qulqullina dhabuu, suusii foonii, fedha gadhee fi hammina'uun jireeya keenya keessatti iddoo hin qabu.

Dhugaamatti, kanniin akkasii nama hinqulqullessine irraa of qusachuun (kan jechuunis, kanneen utubaa amantii keenya jigsan jechuu dha), warra akka aarii, xabii, hammina gochuu, jecha gadhee jechuu dha. Akkama barumsa keenya isa dhumaa irratti baranetti nut qulqulloota Waaqayyoo taanee, lafa dhaqnu hundatti bakka bu'oota Kirstoos ta'uudhaaf waamamne. Nut egaa warra biroo ijaarree dhaabuuf malee diiguu fi jalala namni Kirstoosiif qabu jeequudhaaf miti.

Kanaa manna, akkama wall kadhanuun, falmii gaarii falminuun, waldaa keessatti wali walii keenya jajjabeessinuun geeggessitooti keenyaafuuraa haala fi fakkeenya isaan nu geggessaniin duukaa bu'uu. Akka namoota Waaqayyoon filmanitti, walii walii keenya jallachuu fi waltumsinee wal guddisuu fi akkataa haaraan wallin fidha guddaan, garramummaan, of gad-deebisuun, qajeellumaan fi obsaan waliin jiraachuuf waamamne. Waanuma hunda irraa immoo, jaalalli nut warra kaaniif qabnu jalala nut walii walii keenyaaf qabnu mullisuu qaba. Kana gochuu dhaan, Karaama hundumaa Kirstoosiin gammachiisuu bara geenya.

Qulqullifamuu nut barbaannu
Barumsa 6ffaa Qu'annaa Macaafa Qulqulluu

Dubbii Waaqayyoo Kanaan gadii dubbisiitii deebii Dubbichaa wajjin wal simatu deebisi.

1. Akkuma macaafa qulqulluu, caaffata qulqullumaa keessatti himametti Seenaa Waaaqayyoo hojii abbaa, ilamaa fi afuura Qulquluu of keessatti qabata. Akka amantioota Kirstoositti nut namoota qaama seena kanaa ti, akkuma seenaa barumsaa amantii keessatti yaadnu, akkuma farfannu, lallabnu, akkuma waaqeffanuu, akkauma isaan guukabuutummaadhaan ijaaramine, akku warraa kaaniif dhugaa banuu sanatti isaan ijaaramne. Dubbii Waaqayyoo Kanaan gadii dubbisi, dugda-duubee "Seenaa Waaqayyo, hundewan qulqulla'aa" jedhu. Deebii gaaffiwan kanaan gadii waliin wal-simata deebisi

Hundeen kayyoo keenyaa: Jaalala Waaqayyoo isa Waa hundaa olii.

a. Yoh. 3.15-18. Senaa uumama keessatti Waaqayyoo abbaan fayyinaa fi baraarsa keessatti ga'ee maalii godhe?

b. 2 Qor 5. 18-21. Jiraa fayyisuu lubbuu keessatti Kirstoos ga'ee maalii qaba?

c. Efe. 1.13-14. Seenaa Waaqayyoo akka itti gargaaramnuuf ga'een afuura qulqulluu maal?

d. 2Xim 3.15-17. Akkamitti dubiin Waaqayyoo seenaa Waaqayyoo akka hubanuuf nu gargaaraa danda'a

Deebii ruunfaa keenyaa: Fayyinni ayaanaan karaa amantii

e. Rom 10.9-10 akka amanaa tokkoo fi akka waldaaitti akkamitti seenaa oddeffannoo ilaalla?

f. 1Phe 2.8-9. Galmi waaqeffanaa keenyaa maal? - Kirstoos keessatti kayyoon keenya inni jalqabaa maal?

g. Qol. 2.6-10. Akkamitti seenaadhaan bu'uureffamne? Maal irratti yokanis eenyu irratti xiyyeffane?

h. Maat. 28.18-20. Kirstoos abbommii maalii nu abboome yeroo waldaan biyyaa lafaa keessa jirtu kanatti?

2. Gooftaa Yesuus Kirstoositii ija jabina amantii guutuu , abdii dhiifamaa seenaa Waaqayyoo, karaa qabatamaa ta'e karaa ittiin amantoota warra kaan jajjabeessinuu fi ijaarru barbaaduu qabna. Hibroota 10.19-25 dubbisii iddoo duwaa Kanaan gadii guuti.

a. Karaa ittiin sochofnee walii walii keenya _____ _____ (L. 24)

b. Nut_____ dagachuu hin qabnu akka amala warraa tokko tokkoo.

c. Nut_____qabna, fi irracaalaa akkuma yeroo isaa dhiitaa adeemetti (L. 25).

3. Erga karaa ayyaana Kirstoosiin fayyine, Nut seenaa haaraa, malummaa haaraa akkasumas galma haaraa eegganna. Kanaaf amantoonni amala warraa gooftaa hin qabnee akkeessuu hin qaban, garu akkaa karaa Kirstoos hurrii ba'eetti ofii keenya amaleessuu qabu. 1Phe 4.1-11 ifannaa

Phetroos akka isaan akka namoota Waaqayyoon filamaniitti hojjechuu qaban afur barressi.

a.

b.

c.

d.

4. Akkataan nut itti amantoota kan biraatti dhi'aannu amala Kirstoos of gad deebisee ittii fayyina keenyaa mo'icha argatee sana mul'isuu qaba. Fil 2.1-11 dubbisi. Amalli keenya mal fakkachuu qaba jedhe Pauloos?

5. *Abbommii haaraan Kirstoos duuka buutoota isaaf kenne waliin keenya akka jallanuu, lubbuu keenya kan biraaf dabasinee akka arsaa goonu.* 1 Yoh 3.11-18 dubbisii warra wal fakkaatu kana gadii wal-itti firoomsi.

   a. Kun ergaa at dhageessee dha   ____Walii walii keenya jallachuu qabna.

   b. Hin dinqisifatin   ____ Kirstoos lubbuu isaa nuuf kenne

   c. Du'a gara jireenyaatti akka dabarre beekna   ___ garu hojiidhaa fi dhugaan

   d. Kanaan jalalli maal akka ta'e beekna   ____ Sabab isaa obboloota keenya in jallana.

   e. Eenyu illee kan jaalaaf hin abboomamne   ____ Biyyi lafaa isin jibba

   f. Mee jechaa fi haaraa duwwaan wal hin jallannu   ___ Du'a keessa jiraata

6. Amma egaa nut kan Kirstoos, seenaa isaa keessa jiraanna, akka fayyina inni nu kenneetti jirachuu qabna, akka nagna tokkoo fi afuura tokkoon tokko taane beekuudhaa. Efesoon 4.1-6 dubbisii, akka waamicha fayyina isaa itti waamamneetti jiraachuudhaaf wanta nu irraa eegamu waan sadii tarressi.

   a.

b.

c.

7. Akka namoota seena Waaqayyoo ta'aniitti, amantoonni akkataa itti jiraatan haleelanii eegachuu qabu. Afuuraa qulqulluu duukaa bu'uudhaan walii walii ijaaruu, fi karaa Kirstoos Waaqayyoon galateeffachuu. Efesoon 5.15-21 dubbisii jechootaa fi abbommii kana gadii walitti firoomsi.

a. Akka itti adeemtu akkeekkadhuu illali

___ Gooftaadhaaf garaa kee irraa

b. Wali iyyafachuu

___ Maqaa Kirstoosiin Waaqayyoo abbaaf

c. Farfannaa fi sagalee marartoo

___ Akka nama ogummaa hin qabneetti otuu hin ta'in akka ogeessatti

d. Yeroo hundumaa galata galchuu

___ Farfannaan, weedduun, farfannaa afuuraan

e. Gowwaa hin ta'in

___ garuu fedhe Waaqayyoo maal akka ta'e bari

8. Waaqayyoo afuuraa amantoota Waldaa keesaa eeguuf jecha bulvhiinsa qajeelaa kenne, isaan nu barsiisan fi gara guutumaa seenaa fi warra kaanii wajjin tokkummaa akka qabanuuf warra nu geggeessan. Dubbii Waaqayyoo Kanaan gadii kan walitti firoomsi.

a. Hibroota 13.7

___ Geggessitoota keef abboomami fulfinas kenniif

b. Hibroota 13. 17

___ Bu'aa gara fuula duraa kan geggesitoota keetii ilaali isaan akkessi

c. 1 Tasaloonqee 5.12-13

___ geggessitoota keef ulfina kenni, warraa kara Waaqayyyotti si ifatan

9. Waa'ee karaa Kirstoos ga'oo ta'uu keenya seexanni in soba, akka waan Waaqayyoo waa nu dhuksuutti yaada kennu. Garu dubbiin Waaqayyoo waan jireenya keenyaa fi qulqullumaa keenyaa nu barbaachisu akka qabnu nu mirkaneessa.

a. See Umamaa 3.1-7 dubbisi. Maal waan boftichii Hewanitti hima akka waan Waaqayyo isaaniin waa ishee dhoksuu godhee?

b. 2 Phe 1.3 dubbisi. Iddoo duwwaa kana guuti. Karaa _____ isaa, inni _____ nu kennee, kan _____ _____ barbannuuf.

Warra karaa qajeelaa irra adeemanii wajjin wal-ta'uun bayyee barbaachisa- Warra karaan nut adeemnu irratti arginu qophaa otuu hin taane, warra faagatanii adeemanis. Warri Kirstoositti siqan namoota gara Kirstoosotti butuu in dandeetii qabu, ofii isaanitti nu simatuu.

~Teresa ishee Avila.
Richard J. Foster fi James Bryan Smith, Eds
Qooddannaa beekamaa: Maxxansa keessa deebii
Dubbisa nama dhuunfaa fi waloodhaaf filame
Renovare, Inc. (Harpers Collins mana maxxansaa), New York, 1993, F. 165.

Keessa Deebii

Waaqayyo amantooni hundumtuu akka guddatanii fi Kirstoositti bulvchaachaa akka qadeeman barbaada, akka warra kaan guddisuunis maal akka ta'e akka baran barbaada. Waaqayyoo karaa hirmannaa waldaa keessati fudhachuu amantii keenyaa akka guddanus fedha. Akka luboota Waaqayyoo ta'an jalatti barannu Waaqayyo nu abbooma, amantoota kan biroo wajjinis jalalaan of kenninee akka jallanu, akkasitti lola garii sana loluu dandeenya.

Karaa Waaqayyoo inni tokkichi karaan ittiin guddanu hawaasa amantoota jalachuu dha – Walda ishee lafa irraa. Egaa amma seenaa Waaqayyo keessatti ga'ee keenya rawwana. Kennaan ittiin wal guddinuu fi turban torbaniin walitti dhufnee akka hawaasa Waaqeffatuutti, akkasumas yeroo qu'annaa macaafa qulqulluu fi wal-ga'ii nama muraasaa tanee walarginus. Fedhe Kirstoos akkama inni nu jallate nus walii walii keenya akka jallanuu dha. Kunis akkuma afuura qulqulluu fi eegdota (Luboota) keenya nu geggessanii fi nu nyaachisanitti. Walii walii keenyaa fi amantoota kan biroo waliin hiriyyaa ta'uu, mana keenyaa fi jireenya keenya keessatti isaan simanna, akkasumas yeroo bashananaa fi yeroo taphaa wallin qabachhu dha. Nu maatiidha akkataa itti miseensota keenya walitti fidnu baruu nu barbaachisa.

Kana caalaas, Walii waliin keenya irratti dhiibbaa jalalaa fi hojii garii wal irratti fiduu qabna. Karaa Kirstoos otuu nama Waaqayyo hin ta'in waan gadhee qunnamtii isaa qabachaa turre hunda ganuu qabna. Lola amtii kan nloluu dandeenyu yoo loltoota amantii warra kaanii wajjin lollee dha, kunis hawaasa amantoota nagaa qaban keessatti, geggessaa namoota Waaqayyoo karaa fakkenya jireenya isaanii fi dubbii Waaqayootiin nu ifatanii fi warra nu jajjabeessan Wajjin jechuu dha.

Dugda-duubee

Dugda-duubewwan qu'achuu fi haalaan duukaa bu'uu qabdan barumsa kanaf barbachisoo ta'an warraa kanan gadii ti.

labsii bilisummaa ofiin ta'uu keenya: Bilisummaa karaa Kirstoos (App. 9)
Bakka bu'uuf ga'aa tauu: Duuka-buutoota mootummaa Waaqayyo bayyisuu (App. 20)
Haala Oikos (App. 10)

Siraata kayo

Abbommin koo kana: Akkuman isin jalladhe isin immoo walii walii keessan jalladhaa (Yoh. 13.14)

Qu'annaa dhimmaa

Dhimmootaa fi haalota Kanaan gadii dubbisaa, irrattis yaada kennaatii hiika rakkoo kan ta'uu deebii fi ilaalcha keessan barumsa kana olitti bartan irratti hundaa'aatii itti kennaa.

1. **"Kenna afuura Kaman qabaa, akkamittan immoo itti gargaarama?"** Maacaafni qulqulluun Kirstiyaanonni hunmdinuu kenna ittin hawaasa Kirstiyaanaa qulqullessinu (ijaarru) nu akka nu kenname nu barsiisa (Rom. 12.3-8; 1Qor 12.4-11; Efe. 4.9-15; 1Phe.4.10-11). Kennonni kun akkuma wal- itti dhufneen, akka waliin jiraaneen, akkama tajaajilaan wal qabachaa adeemneen tokkummaa yookanis qaama amantootaa keessatti itti gargaaramaa adeemna fi kunuunsa lubootaa galatti itti guddataa adeemna. Maaliif kenaa keenyaan tajajiluu fi namootaa kan biroo kunuunsuun waa'ee kennaa keenyaaf isa adda ta'e tokkoon namaan morkachuu fi falmachuun irraa bayyee barbachisaa ta'e?

2. **"Yoon waldaa turban torbaniin nan hordofa ta'ee maliif miseensa waldaa ta'uun na barbaachisa?** "Maree waa'ee waldaa ishee biyyaa lafaa keessaa ga'ee isheen duukabuutumaa fi warra kaan ol guddisuu (qulqulleessuu) keessatti, namni reefuu amante tokko waa'ee hirmaannaa waldaa keessatti qabdu mariisisuu jalqabde. "Waldaan amma dhaqaa jira nan jaalladha. Waaqeffanaa isaanii, luba isaanii, saggantaan isaaniis mi'aa fi gababaa dha. Dhugaama isaa dubbachuuf meseensa ta'uu garaatti hin yaadneen ture, dhugaama jechuuf. Namoota sanbata guddaa waldaa hirmaatan garu gara gurmuu xixiqaa yookan gara sagantaa warra kaanii hin dhaqine nan beeka. An egaa isa kanan jaalladha. Waliif miseensummaan waldichatti makamuun na barbaachise erga an turban torbaniin dhaquun anatti tolaa ta'ee?" Baruumsa barate irratti hunda'uudhaan obboleettii kana waa'ee gad

fageenyaa qaama waldaa ta'uu sagantaama waldaa dhufanii galuu irraa bayyee barbachisaa ta'uu isaa ilaalchisee maal ittiin jetta?

3. **"Amantoota keessaa hiriyaa bafachuun salphaa miti"** Waldaa hordofuudhaaf rakkoon namoota bayyee mudate hiriyaa aantee ofii ta'e dhabuu dha. Dhugaamatti bayyee kan nama aja'ibsiisu namootna amamiitu waldaa keessatti hirmaatoo yeroo hundaa ta'anii nama tokko illee nama garaa isaanii kan sirritti itti siqan hiriyyaa kan hin qanne jiraachuu isaa. Ittiin jalqabuuf jecha, hiriyyaan bayyee barbaachisaa dha garu argachuun bayyee mi'aa dha. Yoo hiriyaa argachuu barbaadde namootattii si qulln dirqama (Fak. 17.17), namootaan beekamuu fi hubatamuuf of kennaa ta'I (Yoh. 15.13-14), waa nama irraa fudhachuufis keessi kee banaa haa ta'u, ceephoof illee waan irraa sirrachuu qabdu irraa sirrachuu illee (Fak 27.6). Hiriyyoon kirstoositti akka guddanuuf kunuunsaa fi gorsa nuuf kennu, (Fak. 27.9). Kenna keenya wal-gidduutti gargaaramuun akka nama haaduu morodatti qaruu ti: Karaama wal fakkatuunis sibilli tokko sibiila isa kan biraa qara (Fak. 27.17). Waldaa keessa jirtu keessatti quunnamtii hiika qabuu fi jabaa ta'ee uumuudhaaf amma maal gochuu qabda?

Yesuus dukabuutumaadhaan guddanee lola afuuraa isa garii isa amantoota kan biroo, hawaasa antii wajjin taanee akka lollu barbaada. Yoo yeroo hundumaa waldaa hin hordoftu taate amma qaama waldaa ta'uuf waadaa seeni. Amantoota bilchaatoo ta'an barbaadiitii turban torbaniin eessatti akka walargan gaafadhuutii dhaqxee waliin hirmaachuu waadaa seeni. Waa'ee kutaa namoota haaraa gaafadhuutii barumsa sanbataa yookan wal-ga'ii gurmuu xixiqaa hirmaachuu eegali. Gara boodaatti hin deebi'in akka isaanii waliin hirmaachuu fi amantootaa waliin walbaruu itti fufuteen obsa qabachaa adeemtaa, isaan ijaaruufis isaan irraa baruufis kennaa keetti gargaarami.

Akkasumas luboota (geggessitoota, garsoolii) wajjiin walbaruudhaaf yaalii godhi, Akka waldaa hirmachaa jirtuu fi akka kadhachaafii jirtu akka isaan beekan godhi. Akka isaan mana kee dhufanii si gafatan gaafadhu, eenyuun akka taate isaaniif ibsi. Akka geggessitoonni kee sirritti sii geggeessuu danda'aniif isaan gargaari. Ajaja geggessitoota keetii fudhadhu, isaanittis maxxani, akkauma tiksee hoolaa hoolaa to'attitti akka lubuu kee to'ataniif adaraan itti kennameeraa, waa'ee kanafis fuula Waaqayyoo duratti deebii itti kennan qabuu. Geggessitoonni kee isa kana rawwachuudhaaf gungummiin otuu hin ta'in gammachuudhaan si tajaajiluu akka danda'aniif haasaan kee akka at waa itti deebiftuu garii haa ta'u, siifis deebiin akkasii dhimma si baasu hin qabuu (Hib 13.17). Amantoota warra kaanii waliin amanaa cimaa akka taatuuf sammuu kee dammaqsi. Akkuma at isaanii wajjin tokkummaadhaan itti fifteen Waaqayyo immoo ayyaana si kennaa adeemaa.

Mirkana Sababii Waaqayyoo duuka buutoota isaa akka wal-jallataniif abboome, annis ofii koo jireenya waldatti, dhiifama walii gochuu fi wal-simachuutti ofan kenna.

Kirtiyaanummaa macaafa qulqullu irratti hunda'e karoora Waaqayyooiin jireenyu isheetiin kan walii galaa ti. Malummaa adaa kami iyyuu dhaaluu in danda'a. Waliigalummaa Wangeelaa kan macaafa hojii ergamootaa keessatti in argina. Guyyaan phenxeqosxee inni yeroo wangelli qooqa biyya lafaa hundumaan itti lalabame suni, Wangelli akka inni addaa fi qooqa murta'e keessatti qabamee hafuu hin dandeenyeef raga dha. Akka kan walii galaa ta'e akkataa inni itti addaa warra Yihudotaa fi Girrkootaa keessatti faca'ee fi fudhatame jaaraa tokko keessatti arguun in danda'ama. Waamichi Wangeelaa aadaa kam iyyaa, biyya kami iyyuu ergaa fayyinaa fudhatee cabsee seenuu akka danda'uuf, kanaafis jecha namootni akka gosa gosaa isaanitti Waaqayyotti of kennuu akka danda'aniif. Kanaafis, Kirstiyaanummaa keessatti yoo aadaa kootiin Waaqayyoon hin waaqeffadhu ta'e amantii kootti itti fufee dhaabachuun hin danda'u jechuu dha. h

~ Carl. Ellis, Jr.
Bilisummaa olitti: Wangelli Muxxannoo Gurracha Ameriikaa keessatti.
Downers Grove: IL, InterVarsity Press, 1983, P. 137.

Kadhannaa *Fransiisi Nama Asiisii (1181-1226) Nama biyyaa xaliyaanii geggessituu waldaa fi lallabaa. Namma jireenya hiyyumaa jiraachaa jireenya isaanii kennanii Kirstoosiif jecha warraa kaan tajaajilan gurmuudhaan wal-itti qabee qindeesse, kanas serna Firasiskaasn jedhee moggase. Bara jireenyaa isaa keessatti seeraati addaa addaa akkan isaan hunda'aniifis gargaareera. Namoota seenaa Kirstiyaanummaa keessa bayyee kabaja qabaan keessaa nama tokko.*

Kadhata muudamaa: Fransiisi nama asiisii

Yaa gooftaa mi'a nagaa keen a godhadhu.
Lafa jibbi jiruutti jaalaala akkan argu godhi
lafa madaan jirutti, dhiifama
lafa mamiin jirutti amanttiin
laffa andii kutannaan jirutti, andii
lafa dukkanni jirutti , ifa
Lafa aariin jirutti, gammachuu.

O abba koo qulqulluu kan taate, akkan namaaf mijiisuuf anaaf mijachuu isaa hin ilaalle, hubachuu irra ofii kootii hubatamuu akkan hin barbaanne.

jaallachuu irraa akkan ofii jallatamuu hin barbaanne
kennuu irraa fudhaachuu akkan hin barbaanne
dhiifama gochuu irraa dhiifama argachuu akka hin taane
du'a keessatti jireenyi barbaraa kessaa damaqina.

~ Don L. Davis. *A Sojourner's Quest.*
Wichita, KS: The Urban Ministry Institute, 2010, pp. 95.

Gara Ofirraa Gooftaatti Bo'uu

Waaqa barabaraa, goftaa koo abba gooftaa yesuus Kirstoos, Qaama Kirstoos keessaa iddoo waan na laateef glatoomi. Waan jireenya Kirstiyaanummaa gargaarsa warraa kaanii warra si jaallan malee qophaa jiraachuu hin dandeenyeef galatoomi. Akkataa itti jireenya waldaa Kirstiyaanaa ijaarteef galatoomi, Geggesitaata fi lubootaa warra akka fedha keetti nu barsiisaniif nu geggessan waan nu laatee galtoomi. Warra kaaniif obsa qabachuu akkan danda'uf na gargaar, isaa irraa barachuu akkan danda'uu fi ceephoos fi gorsa isaanii fudhachuu akkan danda'uuf. Akkan qophaatti of hin baafne, akkan tokkummaa isaanii irraa hin baqannee fi of hin dhoksine na gargaar. Nama at akkan ta'uu barbaaddu ta'uudhaan isaan na barbaachisu, kanaaf warra kaanii wajjin ta'uudhaaf na gargaari, yeroo hunda isaanii wajjiin ta'uudhaan akkan isaan hin gannee fi akkan isaan hin dheessine na godhi. Karaa geggessitoota kootii na barsiisi, na jajjabeessi , karaa amantootaas ittiin qabanii dhaabachuu na barsiisi. Akkas gochuu kootiin, akkan gara bilchina ilma keetiitti akkan guddadhu beeka. Waaqayyo abbaa galatoomi akkanna kee kana ta'an waa'ee namootaaf. Maqaa yesuusiinina si kadhadhee amen.

Qayyabannoo Dabalataaf

www.tumi.org/sacredroots. Bakka barreffamaa fi Vidiyoof qopha'e qabna.

Don L. Davis. Hundee qulqulluu: Qajeelfama addaa guddaa sana deebisanii yaadachuu. Wichita, KS: dhabata missiyoonii magalaa, 2010.

Kutaa Itti aanuuf

Kutaan itti aanu, "Diina nut lollu" isa jedhu xiinxaltu, mata duree warra Kanaan gadii dabalatee:
1. Foonii wajjin wal'aansoo wal qabna miti.
2. Diinni keenya seexana isa biyya lafaa isa kufe kanaa fi fedha foonii keessaan hojjetuu dha
3. Diinni keenya hammina isaa oofee waan ittiin jilba nama buusu barbaaduu fi nu jeequuf.

Luqisii Yaadannoo

Yohannis 13:35

Abbaltii

1. Namoota amatiitti bulchaatan lama barbaadiitii akkamitti karaa geggessaa Waaqayyoo gorsa namootanis geggefamuudhaan waan isaan dabarsan muuxannoo isaanii gaafachu. Gorsa amantoota kan biroo irraa fudhachuu dhiisuu isaniin dogoggora akkamii akka rawwatan gaafadha.

2. Yoo amma yoonaatti akkas hin goone ta'ee, ji'a itti aanuu kaasii waldaa nannoo tokko yeroo hundaa hirmaachuu eegali, iddoo ittiin namootaa wajjin tokkummaa qabatuu fi yoo fedha Waaqayyoo ta'e miseensa ta'uu kan dandeessu. Waldaa tokkotti qabamuu fi geggeessa luba nama Waaqayyoo ta'e qabamuu yoo baatte namas qulqullessuu (guddisuu) ofiis of qolqulleessu (of guddisuu) hin dandeessu,

3. Iddoo itti gargarsaa barbadduu tarressi qabadhu. Waaqayyoo karaa kana irra akka si geggessuuf turban tokkoof guyyaa guyyaatti kadhadha, Waaqayyoo karaa sagalee isaa fi karaa amantoota kan biroo si geggessa.

4. Namoota amantiitti bilchaatoo ta'an lama barbaadi waan tooressite itti agarsiisi gorsa isaan gaafadhu

DIINA NUT LOLLU
Diina Waaqayyoo irratti mo'icha argatanii deddebi'u

Dhugaan jiru nut namoota kan biraa, foonii fi dhiigaa wajjin walansoo walqabna miti. Qooda kanaa, nut lola warra geeggessituu hammeenyaa irratti banna, maca afuura hameenyaa warra bantii waaqa irra ta'anii bara kana i seerratan, jabeessinee warra afuura hamminyaa bantii waaqa geessa jiraatan waliin wal-lolla.

Ergaa Pauloos gara warraa Efeesoonitti (Efe. 6.12)

Kaayyoowwan

Dhuma barumsa kanatti, kanneen kanaan gadii amanuudhaan waa'ee diina nut lolluu dhugaa jiru hubattu

- Ardiin kun lola afuuraa irra jirti, seexanaa, mootummaa dukkanaa fi Goftaa Jesus Kirstoosii, mootummaa ifaatu giddutti: Nut "foonii fi dhiigaa wajjin wal'aansoo walqabna miti".
- Kirstoos diinoota keenya irraatti mo'icha argateera, Seexan isaa isaa seera biyya lafaa kana isa dulloomaa fi goyyomsaa isaan akkasumas amala keeanya isaa moofaa cubbuun 9 kana jechuunis, fesha foonii) gargaaramee hojii isaa itti fufe sana.
- Yoo mo'icha Yesuus inni fannoo irraatti rawwatte amannee fudhannee diinoota keenya iiratti moicha qabna, yaalii goyyomsaa seexanaa yeroo hundaa akkeekkadhu, diina kee ittiin qabdee dhaabachuuf abdii Waaqayyootti of hirkkisi.

Ogummaa Argachuudhaaf Kadhannaa Banuu

Waaqa bara baraa, abbaa ko, sagalee keessatti jetteetta at madda beekumsaa fi ogummaa ti. An kan dhugaa ta'uu isaa nan mirkaneessa, abbaa ko, an sin kadhadha akkan dhugaa kee sirritti hiruu danda'uuf ogummaa kee anaaf kenni (2Xim 2.15). Karaa irra ba'uun anaaf ta'uu ana irra jiru adaraa anatti agarsiisi (Far. 32.8), akkasumas deemsa milla koo na qajeelichi. Gurra koo gara sagalee keetti naa qajeelchi, akka an itti yaaduu fi haasa'u naaf sirreessi, yeroo karaa irraa badu at na geggessi.

Gooftaa ko, adarra akkan dhuga"uu fi dhaggeffachuuttu nama ariifatu dheekkamsatti immoo nama suuta jedhu na godhi (Yacoob 1.19). Mee yaadi garaa kootii fi dubbiin afaan kootii fuula kee duratti fudhatamaa haa ta'u. Namootn an itti dubbadhu hundamaa dhugaa kee akka hubatanii irraa gargaaramaniif ogummaadhaan dubbachuu akkan danda'utti na gargaari.

93

Burumsa kana keessatti yeroo an sagalee kee fi qajeelfama kee fuddhu kanatti na barsiisi. Kana maqaa isa jabaa ta'e isa maqaa yeruus kirstoos fayyisaanan kadhadha.

1. **" Waarra kan kan Waaqayyoo hin taane- Isaan kun diinoota Waaqayyo mitii?"** bayya lafaa isa lolli amantii fi jeequmsi iddooma hundaa jiru kanatti, jalqaba akkuma yaadaniin lolli keenya namaa wajjin jedhanii ilaaluun ni salphaamatti in danda'ama. nannoo biyya lafaa kana keessatti namoonni Waaqayyo warra hammaatoodhaa fi sobduu ajjeesaa jira jedhanii frudhatu. Dhugaa isaa jubbachuuf dhalli namaa wanta ciiggasisaa walii walii isaanii irratti hojjetu, kanas dantaa dhabuu fi hamminaan rawwatu. Garu akka macaaf qulqulluun jedhutti lolli keenya foonii fi dhiigaa (dhala namaa) wajjiin otuu hin ta'in seexana isa ilmaan nama keessa goree hojii hamminaa dhaloota giddutti hojjetuu wajjin. Waaliif dhugaa kana hubachuun jireenya isaatto shakaliin namoota reefuu haaraa amananii yookanis kirstiyanoota guddachaa jiraniif barbaachisaa ta'e?

2. **"Meeshaa dhoksaa hin taa'e hiccitii diinaa"** Akka lolli diinaa agarsiisa warra fiilmii hojjetaa Haaliwood hin fakkanne macaafin qulqulluun addressee nutti hima. Waa'ee hamajaajii ilalchisee meeshaa isaa inni guddaan soba, dubbii mi'eessee akka waan nama hin minee, akka amanamutti fi waan dugaa guutuu qabu fakkessuun. Sobni kunis kan inni gumachu Waaqayyoo hin jiru jechuu dha, waan afuuraa waanuma lafaa fuudame dha, nama rakkina isaa irraa olchuu kan danda'u sayinsii duwwaa dha jedha. Kun meeshaan diina tasumaa akka hiccitii hin taane mullisa. Salphaamatti hamajajiin sobduu fi abba sobaa ti jechuun hin ga'a. Maaliif diinni sobaa fi goyyomsuu meeshaa isaa isa guddaa godhate uummata keessatti gargaraama jettanii yaaduu? Inni kunis sayinsiidhaan masakamee, hamayyummaadhaan kan argame.

3. **"Yooma ille mo'ichi kan kee ti ta'e iyyuu mo'icha sanaaf loluu qabda"** Waan tokko waan ergamootn barumsa isaanii keesstti irratti xiyyeffatan nut seenaa Waaqayyoo keessatti ga'ee keenya ba'uu dha. Salphaamatti, yooma illee Waaqayyoo abba mo'ichaa ti illee, diina of irraa dhowwuu qabna, dhowwunis in danda'aama. Yerooma Kirstoos fannoo irraatti mo'chaa nu gonfachiiseera ta'e iyyuu mo'ichi akka tasaa miti. Yooma Waaqayyo karaa dhangala'uu dhiiga kirstoos bilisa nu baaseera yoo ta'e iyyuu kut mo'icha kan dhugaa dhugomsuu fi soba ganuun mirkanessuutu nu irraa jira. Akkuma kan shaakalaa adeemneen amala keenyaa fi hariiroo keenyaa jijjiraamaa fi geeddaramaa adeemna. M'ichichi kan keenya garaa lolamuufii qaba, eegamuu qanba akkasumas

guyya guyyatti jireenya keenyaa argamuu qaba. Waaqayyoo amanttonni akka isatti of kennanii fi diina akka mormaniif yoo kana ta'ee diinni isaan irraa baqata. Maal sitti fakka waan erga walansoo qabnee aggamii diinaa fi goyyomsaa isaa moonee qophaa boode Waaqayyo kan mo'icha keenya nu laatu?

Barsiisa darbe keessatti (**Qulqulleffamuu nu bardaannu**) Waldaa nannoo keessatti wali walii keenya jallachiidhaa fi walitti madaquu baranne. Egaa amma lola amantii isa gaarii isa keessatti diina nu qunnamuu danda'u barre. Sababiiseexanaatiif hardiin lola keessa jirti, nu immoo warra lola kana keessa hirmaatuu dha. Giddu galeessa ta'uun hin danda'amu. Hamajaajiin keenya seexana isaa maca afuuraa hameenyaa fi blaafamaa sana. Isaanis kan gargaaraman biyya lafaa isa kufe kanaaf fi fedha foon keenyaa isa hojii Waaqayyoon mortmuu dha; kanaaf seerrata diinaa irraa of eeguutu nu irra jira. Itti dabaleesi waan hubachuu qabnu namni diina keenya akka hin taanee dha. Yooma waan fedhe keessa dabarre iyyuu lola amantii isa gaarii sana keessatti Waaqayyoo nu wajjin, amma fedhe diinni yoo yaale iyyuu.

Yooma illee Yesuus diina Kirstiyaanoota hundaaf diina isaanii mo'eera ta'ee, nut garu amalaa diina loluu qabaachuu qabna, ofii keenya of qabuu fi dammaqoo ta'uu qabna. Diinni keenya (Seexanni) yeeroo hundumaa nu miidhuu fi nu ballessuuf carraa barbaada waan ta'eef yeroo hundumaa of eeggatoo fi dammaqoo ta'uu qabna. Otuma nut Kirstoos duu kaa buunuu Karaa sobaa nu madeessuu, humna nu buusuu, amantoota liqimsuu, afuuraan nu mo'achuu barbaada.

Kanaafis karaa ittiin haleellee diina of irraa dhowwinu baruu qabna jabannee dhaabannee isa qabuudhaaf. Miidhaa isaa irraa ooluuf jedha of irraa ittisuu qabna, dhugaa isana ofitti himuudhaan guutuu guutummatti Kirstoositti hirkanna. Humna afuura qulqulluudhaan adeemaa dhugaa amantii keenyaa jabannee dhaabbanna. Waan yaadachuu qabnu, lola kana keessatti nut qophaa keenya miti, Kirstiyaanotni biyya lafaa kana keessa tattamsa'anis lola afuuraa kana keessatti hirmaachaa jira.

Waant nu sirritti beeknu lolicha hamaa, kan itti fufu, kan guyyaa guyyaattii ti, garu dhuma irratti ayyanni Waaqayyoo mo'icha isa fiixaan ba'e fida. Dhiphinni keeya yeroo gababduu boodee in raawwata, garu ayyanni nut karaa Yesuus argannu kan barabaraa ti. Waaqayyo mataan isaa deebisee nu ijaara, nu jabeessa, akka jabannee dhaabannu nu gargaara, akka warra dhimmamman amma dhumaatti taanu nu godha.

Yooma illee mootummaa dukkanaa keessaa gara mootummaa jallatamaa ilma Waaqayyootti dabarre iyyuu amma iyyuu aadaa isa diina Waaqayyoo ta'een (Seexana) marfamnee jirra. Battala Kirstoosiin akka fayyisaa keenyaa goonee fudhannee kaasee hanga guyyaa firdiin gad bu'uutti isa keessa jiraanna. Nu isa yeroo tokko gooftaa keenya ture, garu amma diina keenya ta'een marfamna. Kirstiyaanni otuu qabiyyee diinaa keessa jiraatuu lola afuuraa keessaa qooda hin fudhanne dhugumaan gowwaa dha.

~ Francis Schaeffer.
Hojii Francis Schaeffer isa guutuu.
Qabee 2: Iyyaasuu fi yaa'a Seenaa macaafa qulqulluu.
Westchester, IL: Crossway book, 1975, fuula 210.

Diina nut lollu
Barumsa 7ffaa Qo'annaa Macaafa Qulqulluu

Dubbii Waaqayyoo harmaan gadii dubbisiitii gababamatti deebii gaaffilee barsiisa macaafa qulqulluu walsimate deebii kennaa.

1. Seexanni fedha fi mootummaa Waaqayyoo jalqabumaa kaasee morme, Waaqayyo ammessituu kana fayyisaa isa dhufu sanaan gad qabamu murteeesse. Sagalee Waaqayyo harmaan gadii walitti firoomsi.

   a. S. Uma 3.1-15 ___ Biyyi lafaa guutummaa isaa to'anna seexanaa jala jira

   b. Isa. 14.12-17 ___ Seexanna kan mudaa hin qabne ta'ee uumame, garu Waaqayyoo irratti fincile

   c. His 28.12-17 ___ Seexanni akka Waaqayyo of gochuu barbaade

   d. 1Yoh 3.8-10 ___ Yesuus hojii seexanaa diiguuf gara biyya lafaa dhufe

   e. Mul. 12.7-11 ___ Innis maqaan isaa seexana jedhame, goyyomisituu biyyaa lafaa

   f. 1Yoh 5.19 ___ Seexanni namoota waliin ta'abn lamaanitti jalqaba sobee kuffise

   g. 2Qor. 2.11 ___ Seexannii waan waanuma tooftaa beekama ta'e gargaaramuuf mala isaa irratti baruu in danda'ama

2. Yesuus hojii hamajaajii seeanaa mo'uu, cabsuu fi ballessuuf dhufe-ilmaan namaa abarsa Waaqayyoof aboomamuu diduun itti dhufee irraa baraaruudhaaf. Luq. 11.14-23 dubbisiitii kanneen kanaa gadii deebisi.

   a. Yeroo seexanni ifatee, namaanni maaliin Yesuusiin hammessu?

   b. Yesuus akkamitti kissii waa'ee inni seexana humna seexanaatiin (Beelzebuul) baasa jedhanii akkmitti deebise?

   c. Yesuus waa'ee barbaachisina "nama cimaa sanaa" want isaa inni gaarii akka fudhatamuuf jecha. Jechoonni kun maal jechuu akka ta'e ibsi.

3. Seexanni soba, himmina fi kissii akka mi'a goyyoomsaatti gargaarama, akkuma amnatoonni Kirstoosiin biyyaa lafaa keessatti bu'aniin seexanni immoo humna isaan buusa. Sagalee Waaqayyoo harmaan gadii kanneen isaan ibsanitti firoomsi.

   a. Yoh. 10.1-18 ___ Yesuus tiksee gaarii dha, seexanni garu hoolaa hatuudhaa fi balleessuudhaaf dhufa.

   b. Yoh. 8.1-44 ___ Seexanni sobduu dha, abbaa sobaatis

   c. Mul. 12.9-10 ___ Fuula teessoo Waaqayyoo duratti seexanni Kirstiyaanota hammeessiti

   d. Qol. 2.15 ___ Yesuus seexana fannoo irratti mo'ee ishee saaxile

4. Amantoonni sammuu hin daganne, of- eeggataa fi dammaqaa qabachuu qabu, sababiin isaas yooma illee seexanni mo'ameera ta'e iyyuu kan liqimsuu danda'uu itti fufee barbaada. 1 Phexiroos 5.8-11 dubbisiitii iddoo duwwaa harmaan gadii guuti.

   a. Nut _____ fi _____ ta'uu qabna, hojii seexanaadhaaf (L.8)

   b. Seexanna nannoo keenyaa aada akka _____ hama _____ barbaaduuf (L.8)

   c. Nut_____ dhaaf waamamne amantiidhaan, waanuma gosa tokko ta'e _____ akkasii obboloota dhiiraa fi durbaan biyya lafaa irratti amaleeffatameera (l.9)

d. Yeroo nut lol asana jabannee dhaabbanutti Waaqayyo immoo ofii isaatii 1 _____, 2 _____, 3 _____ fi 4 _____ amantii keenya irratti (L.10)

5. Biyya lafaa fi waan biyya lafaa jallachuu hin qabnu, kan gochuun jaalala abbaan nuuf qabu ganuu dha. 1Yoh 2.15-17 dubbisii gaaffilee kanaa gadii deebisi.

   a. Dhagaa ykn Soba. Yoo nammi tokko biyya lafaa kana jaallate jaalalli Waaqayyoo jireenya nama kana keessatti boqota.

   b. Maal wantoonni sadii biyyaa lafaa biraa dhufan kan waaqayyoo biraa hin taane?

      i. Fedhaa _____

      ii. _____ ijaa

      iii. _____ qabiyyee keessa jiru

   c. Maal kan Yonnis waa'ee kutaa biyyaa lafaa kana jedhe? Maal jedhe waa'ee namicha isa fedha Waaqayyoo rawwatuu?

6. Afuurri qulqulluun nu keessa jiru Waaqayyoof akka jiraannuf humna nuuf kenna, fi akka nut kufaatii fi amala moofaa fi qorumsa biyyaa lafaa ciigganuuf. Roomee 8.1-17 dubbisiitii iddoo duwwaa harmaa gadii guuti.

   a. Warraa _____ irra abarssi hin jiru (L.1).

   b. At _____ keessa hin jirtu _____ kessa malee (L.9)

   c. Nut gatiitu nu irraa, fooniif otuu hin ta'in _____ dhaaf (L. 12)

   d. At afrrua _____ hin fudhanne, garu afuura guddiifatamuu akkaa _____ malee (L. 15)

7. Yaadnni waa'ee Kirstoos yookan hojii isaa dhageenyu hunduma isaatu dhugaa dha jiechuu miti, kanaaf afuura qoruutu nu barbaachisa, sababiin isaa waan inni guddaan sun nu keessa jireuuf. 1Yhoh. 4.1-6 dubbis

a. Akkamitti afuura qoruu dandeessa, kana jechuunis, akkamitti afuura Waqqayyoo addan baafatta? (L. 1-3)

b. Afuurri qulqulluun (inni sii keessa jiru sun) isaa _____ keessa jiru in caala (L. 4)

8. Yeroo gara malee hubatamnu bayyee nu dinquun yookanis nu dhiphachuun nu irra hin jiru, waa'ee amantii keessanii jecha jibbanuu fi ari'atamuun jira. Faana Kirstoos duukaa buuna, isa isa waan sana hunda shaakale. Dubbii Waaqayyoo harmaan gadii dubbisiitii gaaffiwan kanaaf deebii deebisi.

a. Yoh 15.18-25 dubbisi, maaliif biyyi lafaa nu jibba?

b. 1Yoh 3.11-15 dubbisi, Waaliif yoo biyyi lafaa nu jibbe iyyuu nu dinquun irra hin jiru?

c. Yacoob 4. 1-7 dubbisi, Akka seexanni (inni biyya lafaa to'atu sun) nu irraa faagaate baruuf maal gochuutu nu irra jira

Keessa Deebii

Akka dubbiin Waaqayyoo jedhutti namoonni cimdiin sun lamanii fi seexanni seeraa bulchiinsa Waaqayyoo irratti fincilan, fincilli isaanii biyya lafaa lola buuseef. Erga kufaatiitii ilmaan namaaedeen jennata keessatti kaasee Waaqayyoo karaa ilmaa isaa uumatuma sanatti erguudhaan seexana mo'uu murteesse. Yessun gara biyya lafaa kan seenuudaan hojii seexanaa diigee gatii cubbuu keenyaa baasee gutummaa mootummaa isaa iddotti deebise. Waaqayyoof galanni haa ta'u, sababii hojii Yesuus nama Nazireet biyya lafaa kanatti rawwateen seexanni mo'ame, mootummaan Waaqayyo dhufee waarra amanu hundumaaf kenname.

Egaa amma isa fudhachuun kerenyaan mootummaa dukkanaa keessaa bane motummaa ilma isaa isa jallatamaatti galuu dandeenye. (Qol 1.13). Egaa amma lolichatti seennee isaa wajjin falmitti galleerra. Gooftaa keenya bakka bu'uuf waamamne diina uumama Waaqayyoo irratti mo'uudhaaf. Namni giddugaleessa ta'ee hafu hin jiru. Diinni amajaajiin keenya maca afuura hammeenyaa geggeesuu fi karaa qabachiisuudhaan gara keenyaatti jireenya namootaa diiguuf, kanans kaniinni godhu abshalumaa fi yoggoomsaadhhan. Biyyi lafaa inni kufe kun yaada keenya isa foonii wajjin waliigaluudhaan fedhaa Waaqayyoo isaa nu keessa jiru tuffachisa. Isa kana human Afuura qulqulluutiin of irraa facisuu in dandeenya, kunis akkama dubbii Waaqayyooti maxxanee fi akka hojii diinaa isa sobaairraa dheessineen ta'a. Akkuma nut lola afuuraa isa gaarii sana loluun Waaqayyo human isaa nuuf kemnna.

Seenaa hundumaa fi hiika jireenya ilmaan namaa keessatti giddu galeessumaa Kirstoos karaa isaatti nu afeera, isaisumaanmacaafa qulqulluu jalqabaa hanga dhumatti dubbifna, Akka Luba biyya lafaatti ofii keenya gad fageenyaa senaa sadan tokkummaa Waaqa keessa of glachuun, giddu galeessummaa fi ga'ee Kirstoos seenaa namaa ta'uu keessatti hubachuun bayyee barbaachisaa dha. Waa'ee hojii Waaqayyoo isa akka nu keessa nama tokkoo ta'ee biyaa lafaa baraaruudhaaf. Ijoone baraaruu Waaqayyo akka dubbii gamachiisaa, akka, lallabaa, akka qoricha yaalaa otuu hin ta'in akkaa akka giddu galaa fi hadhuura waldaatti ilaalama. Kun haala barsiisaa fi dubbisa ergamootaa duwwaa otuu hin taanee, akka amaleeffanaa abboota duraa, keessumaa immoo garri irra caalaan waldoota Waaqeffanaa durii-gara fulduraas rawwatanii dha.

~ Robert E. Webber
Waaqeffanna Kandurii-fuuldree: labsuudhaa fi seer-dumuu Toor-dubbii Waaqa
Grand Rapids, MI: Macaafota Baker, 2008, f.121

Dugda-duubee

Dugduubee at qu'achuu fi yaadaan qabachuu barsiisa kanaaf barbaachisoo kan ta'an warraa harmaan gadii ti.

Barumsa amantii Kirstus Vikter (App. 11)
Kirstuus Victer: Mul'ata walsimataa jirrenyaa fi dhuga ba'umsa Kirstiyaanotaaf (App. 12)
Yesuus nama nazireet: Duldureen jiraachuu isaa (App. 4)
Yesuus Kirstoos, maallumaa fi ijoo Macaafa Qulqulluu (App. 22)
"A" turban Waaqayyoon barbaaduu fi ho'a isaaf eebbisuu (App. 23)

Siraata kayo

Yeroo qoramuun nama dhukkubsu sirra ga'uu akkama waan keessumaa ta'e tokko si irratti rawaateetti dinqisiifachuu hin qabdu (1Phe 4:12).

Qu'annaa dhimmaa

Dhimmootaa fi ilaalchiwwaan gadiitti yaada kenniitii, barumsa harmaan ool barateen qabuudhaan yaada hiika ta'u kenni.

1. **"An amatiidhaan jabatanii dhaabachuu"jechuun maal akka ta'e hubachuufan adeema, garu hubachuu danda'uu koo nan shakka."**
   Ergaa qu'annaa macaafa qulqull gaarii tokko godhatee booda, gurbaan dargaggeessi tokku waa'ee hiika 1phe 5.8-9 sammutti yaadachuu ture. Hundumt keenyaa yeroo hundumaa of eeggatoo fi of-bitoo, dammaqoo yeroo ta'uu qaba. Diinni kee inni kakate, inni naannoo kee nanna'u nannnoo kirstiyaanaataa akka lenca beella'ee nanna'ee aada, bineensotaa

dhadhaboo tokko tokko liqimsuudhaaf abdatee. Biyya lafaa hundumaa keessatti amantoonni rakkooma walfakataadhaan akka dararamaan yaadachuu qabda. Ishee amantii ofitti jabatanii dhaabachuu jechuun maal jechuu akka ta'e huubachuu barbadde. Barumsa sana keessatti jechaa" ittiin qabuu" dhageesse barumsa sana keessatti afaan Giriikiin antistete, jedhu waanuma kana wajjiin tokko ta'e Efesoon 6.11-13 fi yacoob 4.7 irratti gargaaramaniiru. Kana jechuun amanamoo ta'uu, yooma illee waanti yaadnee faallaa isa yaadnee ta'e iyyuu Waaqayyoon amanachuu. Isheenis gaaffii cimaa waliin wal'ansoo walqabaa turte. "kan jechuun shakku hin danda'uu yookaan hin qabu jechuu dhaa? Maaltu ta'a yoon amma hamleen koo bu'e? Maaltu ta'a yamma mucuucaadhee kufe? Deebi'ee dhaabachuun nan danda'aa? Yaada kana akka hubatuuf ddurbee dargaggeettii kana akkamitti gorsita?

2. **"Yerguma gooftaan keenya Yesuus nu mo'ee iyyuu maaliif Waaqayyoo yeroo diinni keenya akkas nu jeequ hayyamaaf?"** Wanti yeroo hundaa amantoota reefuu amananiif hin gallee fi gaaffii guddaa ta'u erguma yesuus mo'atee asitti iyyuu maaliif amatoonni faallaa sobaa jabaatanii dhaabachuun barbaachise. Dhugaamatti yesuus seexan fannoo irratti mo'eera (Qol. 2.15), amantoonni karaa dhiiga hoolichaa fi karaa dubbii dhuga ba'uumsaa isaa mo'atanii, dubbuu isaanii qusaachuu dhiisuudhaan du'aaf (Mul. 12.9-10). Amma iyyuu maaliif loluun isaan barbaachise? Maaliif Waaqayyoo akka seexanni namoota isaa loluuf eeyyama, dhufaatii isaa isa duraa booda erga yesuus hojii isaa diigee booda iyyuu (1Yoh 3.8)? (yadachiisaaf: Yesuus hojjetaan isa hojjechiifatu irra hin caalu jedhe (Yoh 13.16)

3. **"Eeyyu illeedhiphinaa fi mata-dhukkabii an keessa dabre hubachuudhaaf hin danda'uu, eenyu illee."** Yeroo waan cimaa fi rakkoo keessa dabarru eenyutuu waan akka kanaa keessa darbe jennee hin yaadnu. Amalli dhiphinaa akka abba isaa ta'uu mala, rakkoon keenya daran cimaa ta'ee eenyu tokko illee akkataa nut nutti dhaga'ameetti itti dhaga'ameera jennee waan hin yaadneef rakkoon keenya eenyuuf iyyuu in gala jennee hin amannu. Macaafa qulqulluu keessa iddoo bayyee garu dhimmi kun akkas miti jedha. Yooma qorumssi keenya ammam illee cimaa ta'e amantoonni biyya lafaa irra jiran hundi haaluma mal fakkataan akka koramaan. Ilaali waan Pauloos 1 Qorontoos 10.13 keessatti warra Qorontoosiin jedhu: Rakkonn isin irra ga'uu waan isin qophaa irra ga'u miti, kanneen akka kanaa namoota kan biroo irraas hin ga'a. Garu Waaqayyo keenya amanamaa dha, humna keenya caalaa akka qoramnu hin godhu, Inni yeroo hundumaa cina keenya jira karaa ittiin baanus nuuf hin kenna, karaa at humna diinaaf karaa otuu hin kennin jabaattee dhaabattu siif kenna. Akkamittiin hubannan kana irra ga'uun yeroo dhiphinaatti qurumsaa diinaa keessatti jabanee akka dhaabannu nu godha?

Waliiti fiduu

Guru mee yeroo hundumaa galata garaa irraa ta'ee Waaqa keenyaa isaa karaa Yesuus Kirstoos warraa mo'an nu godheef haa laatnu (1 Qor. 15.57)! Nut humna seexana fi mootummaa dukkanaa jalaa baraaramnee karaa dhiiga Yesuus fannoo irratti dhangala'een deebinee bitamne, akka lammii haaraatti mootummaa Waaqayyoo keessatti simatamne, mootumaa ilama jallatamaa abbaa keenyaa9 Qol. 1.13). Mo'ichi kun kan keenya garu akkamitti akka diina of irraa dhowwinu baruu qabna, akkamitti ifa isa gaarii sana keessa seennu, lola keessatti immoo akka loltuutti akka hirmaanu. Yaadaa kallaqtii kamiin Kirstuus Vikiteer (Ta'itaa Yesuusiif kenname, jechuunis "Mo'ichi Yesuusiif" bakka bu'uuf akka waamamne, maatii keessatti, ollaan kee keessatti, iddoo hojii keetti fi namootuma wal argitu biratti. Egaa amma at loltuu Kirstoos (2 Xim. 2.1-8) Lola diinaa yeroo hundaa sitti dhufu ittiin qabuudhaaf iddaa kee irraa jabatee dhaabachuu.

Waan qalqaba lola kana keessatti barachuu qabnu, jechuu keenya akkamittiin dubii Waaqayyoo wajjin wal-simachiifna isa jedhuu dha. Haala nu irra ga'uu otuu hin ta'in akkamittiin akka nut yaadnuutu waan goonuu fi waan yaadnu sanatti roga godha. Egaa amma nut waa'ee lolaa guddaa fi eenyummaa keenyaa akkasumas waa'ee mo'icha Kirstoos ilaalchisee dhugaa of itti himuu qabna. Sababii isaa yaad nut ofii keenyatti himnu (wantoota nut itti amanu) amala nut argisiifnu waan murteessuuf akkataa haaraa nut ofitti haasa'uu dandeenyubaruu qabna. Waaqayyoo wajiin akkamitti akka wallin galuu qabnu, mo'icha Yesuus diina irratti qabu immoo mirkaneessuu. Yeroo nut Waaqayyotti of llatnee soba diinaa immoo dheessinu seexanni immoo nu dhiisee baqata.

Amma jalqabee (har'a), Affurri qulqulluun akka at waa'ee soba diinaa isa at itti amantu akka si beekisisuuf gaafadhu. Jireenya kee dubbii Waaqayyoodhaan ilaaluudhaaf. Yaada ilalcha haaraa baruu yeroo fudhata, anaf obsa qabeessa ta'i. Akkuma dhugicha mirkaneeffatee mo'ichaa kee karaa Yesuusiin ta'e immoo akka dhuunfateen lola afuuraa sana keesatti humni kee daran jabaataa dhufa. Har'a jalqabi, Waaqayyoon akka yaada haaraa, amala haaraa fi deemsa haaraa akka sii kenuuf gaafadhu. Akkuma kan gochaa adeemteen moi'chaa Yesuus is mo'ee keessa jiraataa, hamilee cabuu fi jeequmsa sammuu of irraa dhowwitee, jireenya Kirstiyaanummaa keessatti bilchattee itti guddataa adeemta.

Mirkana

An seexana hojii mootummaa irraa mogolee na buusan qaba, kanaaf an yeroo qorumsi dhufuu an aja'ibsiisu.

Kadhannaa

Anselm nammi kanterburii (1033-1109), biyyaa Faransiyitti dhalatee booda biyyaa Eonglaand kessatti geggessa waldaa kirstiyaanaa ta'e. Innis abbaa "bu'uuressaa Scholasticism" jedhamee waamame, sabamiin isaas gumaacha inni barumsaa amantii irratti qabuuf. Akka nama mullisaa "falmii

Ontological" jedhamuu ta'etti nama beekamaa dha. (Waa'ee jiraataa ta'uu Waaqayyoo ibsa)

Kadhata qajeelfama Anselm

Yaa gooftaa Waaqa ko
Har'aa garaa koo barsiisi eessatti, akkamitti akkan si arguuf
Essatti akkamitti akkan si argadhu
At na tolchite irra deebitees na tolchite
At an irratti dhangalaafte
Waan gaarii an qabu hundumaa
Amm iyyuu anoo sin beeku
Amma iiyyu an sana hin hin goone
Isan hojjetameef
Si barbaaddachuu na barsiisi
See barbadachuun waanan hin dandeenyaaf
Yoo at na barsiisuu baatte
Yookaan si barbadachu
Yoo at ofii kee anatti argisiisuu baatte
Mee fidha koo keessatti akkan si barbaadu na godhi
Mee barbaacha koo keessatti kan si fedhu godhi
Mee jaalalan akkan si argadhu na godhi
Mee yeroo si argaduu immoo akkan si jalladhu na godhi

~ Don L. Davis, A gaafii quubataa
Wichita, KS: Dhaabii tajaajila magalaa, 2010, F. 98.

Gara Ofirraa Gooftaatti Bo'uu

Jallatamaa abba keenyaa Waaqa irraa, Abba gooftaa keenya Yesuus Kirstoos, seexan hamajaajii irraatti mo'achuudhaan kennaa at ijoollee keef laateef si galateeffana. Jaalala at nuuf qabdu mucaa kee akka at nuuf laattu si godhe egaa nutti amma mootumaa dukkanaa keessaa baanee mootummaa ilma kee keessa seenneerra. At cubbuun ko naa irranfatte, Karaa dhiiga fannootiin nagaa anaaf buufte maqaa isaatiin jirrnya barabara naaf kenne.

Jallatamaa abbaa koo galatoomi, an amma mucaa kee ti, afuurri qulqulluun na geggessa, kanaaf mo'icha maqaa Yesuus keessa deddebi'uu nan dabda'a. Qorumsatti na galchin hamaa hundumaa irraa nu oolchi. Fedhi koo inni tokkichi Waan ta'ee fi godhu hundaa keessatti maqaan kee akka ol-ol jedhuu fi ulfaatun barbaada. Ayyaana kee naaf kenni har'a akkan si gammachiisuuf

Qayyabannoo Dabalataaf

Vidiyoodhaaf barrefama dabalataa toora *www.tumi.org/sacaredroots* irraatti in argama

Neil T. Anderson. Dukkana irratti mo'icha, Blomington, MN mana maxxansa hawoosi, 2013.

Kutaa Itti aanuuf

Kutaa itti aanu keessatti, Meeshaalee itti gargaaramnu kan jedhu xinxalla, kanneen kanaa gadii of keessa qaba.

Luqisii Yaadannoo

Yohannis 16.33

Abbaltii

1. Dhimmoota kan turban dhufu keessatti yoo xiqqaate si'a sadii keessa deebi'uudhaaf sagantaa karoora kee godhadhu. Guyyicha keessa yeroo dabartu dhugichaa duddubbachaa ofii keesstti himuu shaakali. Fakeenyaaf akkana jechuu dandeessa, "galatoom yaa Waaqayyo abbaa waan karaa mantii koo karaa Yesuus Kirstoos hojii seexanaa mootee" yookaanis immoo " yaadi kun Waaqayyo biraa miti. Innoo soba, kanaaf an hin fudhadhu" Guyyicha keessatti amantiidhaan yeroo deddebitu, ofii keetti haasaa'uu amala haaraa argatta deemta.

2. Karaa tokko karaan itti seexana mo'annu karaa na'umsaa soomaa ti. Sooma jechuun yeroo nyaataa fi waan tokko tokko yeroo bayyee goonu irraa of qusannee lola amntii isa gaarii sana keessatti Waaqaaf yeroo addaab ba'e laatnuu dha. Nyaa tokko dhiisanii kadhachuu fi waa'ee Waaqayyoo yaadaa yaadii qalbeeffadhu (yoo haala fayyaa irraa kan ka'e nyaata dhiisuu hin dandeenye immo telvijina ilaaluufii bashannana sagateeffame tokko dhiisuu dha).

3. Waa'ee sagantaa sooma keetii tartiibaan galmeessiitii waldaa keessaa nama amatiitti bilchataa tokkoo wallin yaada isaa qooddadhu.

4. Yeroo soomaa kee karoorfadhuutii sagantaa kee irra ka'wwadhu

MEESHAALEE NUT GARGAARAMNU
Mi'a lolaa isa kan Waaqayyoo guutummaati hidhachuu

Egaa mi'a lolaa isa kan Waaqayyoo guutumma hidhachuu, guyyaa haxxumaa kanatti haxxumaa seexanaa mormuu akka dandeessanitti, jabatanii dhabachuudhaaf waan dandeessan hunda godha. Egaa akka nama sabbata hidhatuutti dhugadhaan mudhii keessan jabeeffadhaa, qajeelummaas akka madda sibilaatti uffadhaatii dhaabadhaa. Akka nama kophee kaa'atuuttis, wangeela nagaa fudhattanii, isa lallabuudhaaf qopha'aa. Fayyina akka gonfoo sibilaatti. sagalee Waaqayyoo akka billatti fudhadhaa. Waa nisin qunnamu hundaa keessatti gaachana mantii sana fudhadhaa. Isaan xiyaa isa hamaa sana warra akka abiddatti bobo'aa adeema dhamsuu dandeessu. Dubbii Waaqayyoo isaa afuura qulqulluu biraa fudhadhaa.

Ergaa Pauloos gara warraa Efeesoonitti (Efe. 6.13-17)

Kaayyoowwan

Dhuma barumsa kanatti Meeshalewan itti gargaaramne hammchuu qabna, kunis waraa kana gad jiran amanuudhaa:

- Waaqayyo amanytoota hundumaaf mi'a lolaa isaan barbachiisu kenneeraaf, kunis diinota isaanii lolanii dhaabachuu akka danda'aniif.
- Dhugaa dubbicha (kana jechuunis, dubbii Waaqayyoo) dhugaan kunis soba diinaa ballessuu fi dhimoota addan bafachuu, soba jiruus dhugaadhaan bakka buusuudhaaf.
- Afuurri qulqulluun karaa shakala naumsaa eeguu keenya human ittiin deenoota keenya lollu nuuf kenna.

Ogummaa
Argachuudhaaf
Kadhannaa
Banuu

Waaqayyo abbaa isa Waaqa irraa, sagalee kee keessatti at maddaa beekumsa fi ogummaa hundaa akka taate dubbateettaa. An kana dhugaa ta'uu isaa nan mirkaneessa, jalatamaa abbaa ko, at ogummaa kee isa qulqulluu sanaan akka na guuttuun si gaafadha, anis sirritti dubbii dhugaa sana hiruu akkan danda'uuf (2Ximo 2.15). Adaraa karaa irra adeemuun anaaf tu'u anatti agarsiisi nabarsiisis (Far. 32.8) akkasumas deemsa koo na qajeelchi. Sagalee kee dhuga'uu akkan danda'utti gurra koo gara keesstti na deebisi, akkataa yaada kootii na sirressi, yeroo karaa irraa ce'u at na geggessi.

Ya abbaa, kennaa waa addaan baasanii hubachuu naaf kenni, an afuuraa fi kennoota isa ta'uu fi isa hin taane garaagar baasee baruuf yeroo baradhu at na dandeessisi. Karaa afuura qulqulluu fedi kee maal akka ta'e na agarsiisi. Yaada kee garaa koo guutuun fiixaan baasuu akkan danda'uuf yaada koo na ballisi.

Gooftaa ko, adaraa dhageeffachuu fi dhaga'uuf kanan ariifadhe, haasaa'uudhaa fi aaruuf immoo akkan suuta jedhu na godhi (Yacoob 1.19). Mee waanan si duratti afaan kootiin dubbachu, garaa kootinis yaadu si biratti naafa fudhatamu. Dhugaa kee ogummaadhaan akkan dubbadhu, namootan waliin dubbadhu na hubachuu akka danda'anii fi afaan koo irraa bu'aa akka argataniif.

Quunnamtii

1. **"Nammi hundumuu lola afuuraa keessatti in hirmaataa? Kun akka hojjetoota Haliihood natti fakkata!"** Waa'ee lallaba lubaa lola afuraa irratti humnda'e hiriyyaa hin amanni tokko Kirstoo wajjin otuu mari'annuu, dargageettin duuka buutuu Kirstoos tokko mudanoon ishee jalqabaa waa'eema dhimmi afuuraa kun shakkii guddaa godhatee turte. Hiriyaa Debbie kan taate Raalf yeroo Debbie waa'ee amantii Kirstoosinii isheen dubbatu in dhageeffatti turte, addaba cubbuu jala nubaasuuf jedha akkataa Kirstoos fannoo irratti du'ee, humna hamajaajii mo'uu, hamajaajii isa soda du'aan qabee ilamaan namaa hidhaa cubbuu jala galchu. Maal jette Deb, akka nut lola afuuraa jala jiru amanta moo?" Debbienis deebifteefii, Eyyee macaafi qulqulluun akka jedhutti addunyaan kun guutuu lola jala jirti, kanaaf diinni ilamaan nama walii walii isaanii miti isaa hamaa sana, seexana, isa sobaa fi mancaasuudhaan namaan Waaqayyoo fi nama irratti akka ka'an godha. Ammam akkan sana fudhachuu danda'u hin beeku, Deb. Hundumti namaa lola afuuraa keessaa qooda qaba jechuu keetii?' Kun akkama waan lafaa kee uumame wa'ii fakkaata anatti" Debiin hiryaa isheeRaalfiifwaa'ee dhugaa dhimmaa lola afuuraa kana akkamitti deebisuuf qabdi jettaanii gorsitu

2. **"sobi meeshaa balafamaa kan biyyaa lafaa ti, miishaa waraanaa misa'eelii isa guddaa caalaa jabaa dha."** Kun ilaalcha barsiisaa cimaa macaafa qulqulluu kan ta'e biyyi lafaa hundumtuu kan isa beeku Luba doctor Yohannis stooti. Innis waa'ee lola afuuraa fi isaa duuka buutoonni Yesuus itti hirmaatanii fi ijoo lolaa waa'ee dhugaa irratti ta'uu dha; kana jechuunis maaluma hiiki in dhugaan biyya lafaaf, jirenyaaf, fi waa'ee wantoota gara fuula duratti dhufanii. Waa'ee dhugaa sagalee Waaqayyootti falme (kan jedhuunis, Dubbii Waaqayyoo) garagar baafachuuf, jabatanii diinaan qabuuf, iddoo soba diinni nu irratti oofu waan gaarii buusuuf dubbiin Waaqayyoo nama gargaara. Waa'ee jechoota kanaa maal yaadda: "Sobni meeshaa nama ajjeesu kan biyya lafaa ti" Seenaa sobaa keessatti waan namoota irratti hamaan akka dalagamuuf nasma geggessu ni yaadataa, salphamatti sababii namootn waan sobaa akka dhugatti fudhataaniif jecha?

3. **"Akkuma bayyee hojjetteen, hojichaa gaarii gootee barta."** Hundumti keenya uumama amalaa ti, innis, akkuma as ba'aa adeemeen, dhuma irrattis rakkoo ilmaan nama mudatu keessaa tokko ta'a. Seerri isaa bayyee salphaa dha. Yoo waan tokko bifa kamiin iyyuu shakalaan adeemte, waan sana salphaamatti irraa deebiteegodhuu dandeessa. Seeruuman iyyuu want gaariin hojjechuu keessa dhufa. Waaqayyoo shakala tokko tokko akka inni karaa afuraa nu tolchuuf nu kenna (yeroo bayyee adabbii jedhama), kunis diina keenya loluu akka dandeenyuuf human keenya dabala. Irraa caalaa yeroo na'umsa Kirstiyanummaa shaakallu (kana jedhuunis, Kadhachuu, namoota amantoota kan biroo wallin tokkumaa qabachuu, waa dubbisuu, qua'achuu, dubbii Waaqayyoo shakalanii mataatti qabachuu fi Waaqayyoon waaqessuu) year cimaa adeemnutti akkasuma diina keenya addaan baafnee beekuuf amantiidhaanis of irraa ittisuu dandeenya. Galatiyaa 6.7-9tti dubbisi. Kutaan kun akkam godhee gara bulchina afuuraatti karaa Kirstoos akka guddanuuf nu gargaara, jechuunis jabinaa fi obsaan karaa naumsa afuuraa?

Kutaa isa dhumaa keessatti (**Diina nut lollu**) waa'ee malummaa diinaa baraneerra. Kutaa isa kana keesstti immo akkamitti dhimma baana "meeshaa lola idsa kan Waaqayyo "meshaa Waaqayyo lola amantii isa gaarii sana akka ittiin lolluuf nu kenne.

Uumamnni dhugaan kan Kirstiyanummaa lola, garu namaa wajjin otuu hin taane human afurra hamjaajii isa sababii nut kan kan kirstoos taa'eef nu lolu. Waa'ee diini kan irraa hin deebinee fi lolli isaas yeroo hundumaa balaafamaa fi kan garaagar hin cinnee dha. Waaqayy meeshaa lalaa isaa sirrii nuuf kenne, mi'a waliigala kan afuuraa loluuma afuuraa irra oolchuu dha. Lolli nut keessa jirru akkaataa inni itti ibsamu qabsoo diinaa akka nut amantii keenya gochuu kan fedhan, dhimmama nut Kirsttos irraa qabnuu hojii foonii fi badiisa jala galchu kan fudhuu dha.

Waaneelli sba diinaa kana akka ibiddaa meshaa waraanaa misa'eelii, xiyya isa hamaa sanaa, kanis wanta ibidda amantiidhaan dhaamuu dana'uu dha. Amantii keenya gachana isaatiin" isa hamaa sana" seexana iyyuu irraa of eegnuu dha. Jesuus gooftaa keenya goota lolaa seexana humna du'uu fi du'aa ka'uu isaatiin injifatee dha. Egaa nut mo'icha guddaatiin dhaabana inni matii isaa iyyu mo'icha waan ta'eef, Kirstoos mo'ichaa, Gooftaa Keenya Yesuus Kirstoos.

Kanafis amantoonni gootota afuuraa ti, loltuu Kirstoos, warra mo'e lolli afuuras maal of keessa akka qabu warraa beekanii dha. Waan hojjennu keessatti kirstoos ulfina akka argaatuuf sammuu diina lolu qabachuu qana. Akka ijoollee Waaqayyootti fi Yesuus kirstoositti maxxananii amanamuudhaan lola afuuraa irra dhaabbachuu qabna. Waan diinni nutti seeru hunda humna waaqayyootiin lollee dhaabachuu dandeenya.

Malli seexanaa inni guddaan soba waan ta'eef, meeshaan keenya inni gudaan dhugaa mirkaneessuu fi soba fudhaachuu dhiisuu dha. Soba diinni akka fudhanuu ittiin nu qoru hallellee irratti damaquu qabna. Meeshaa Waaqayyo jedhaman kun hundi karaa itti dubbii Waaqayyoo wajjin wal argatu qaba. Kanaaf mi'a lolaa kan waaqayyo kan sirritti baruu qabna. Kanaanis ittiin shaakaluudhaan muuxannoo jaba argannee diina ittiin loluudhaaf qopha'oo taana. Yoo bayyee meeshaa lola Kanaan hojjenne akkasuma bayyee akka loltuu Kirstoositti ittiin loluu dandeenya

---

Seexanni gara dhaabaa dhufee Adamii fi Hewaanitti asaasekaraa isaanii immoo hunduma keenyatti – "Garaa Waaqayyoo amanuu hindanda'amu…inni isin gad-qabuu barbaada… isin aboo of jala galfachuu qabdu."

"Yohannis Eldredgee. Epic: Seenaa Waaqayyo himu. Nashiviil: THmas Nelson, Inc., 2004, p. 55.

Meeshaa nut gargaaramnu
Barsiisa 8 Qo'annaa Macaafa Qulqulluu
Dubbii Waaqayyoo Kanaan gadii dubbisiitii gabaabamamatti gaaffiwan kan akkataa isaan walitti dhuffenya barsiisa dubbii waaqayyoo qabaniin deebisi.

1. Yeroo biyya lafaa kana irra jiraanu akka biyya lafaatti hin lollu. Mi'I lolaa keenyya Waaqayyo biratii nu kennama, innis lola firii qabuuf nu leenjisa. 2Qor 10.3-5 dubbisiitii waa'ee mi'a lolaa ittiin lolluu kan ilaallatu iddoo duwwaa kana gaditti guuti.

   a. Meeshaan Waaqayyoo nuu hidhachiise kan _____ miti.

   b. Meeshaa qulqull'aan kun humna qulqull'aa qaba _____ ballessuuf

   c. Meeshaa Kanaan _____ ballessuu dandeenya, akkasumas _____ isa beekuumsa Waaqayyoo irratti ka'u.

   d. Fayaadamuun meeshaa isaa akka nut _____ goonu nu fayyada.

2. Haxxumaa fi tooftaa diinaa cimnee dhaabannee akka ittiin qabnuuf Waaqayyoo meshaa lolaa nuuf kenne. Hamajaajii isa ittiin amantoota doorsisu. Mee dubbiwan Waaqayyoo kana gadii kan wal-fakkaatuu waliin firoomsaa.

a. Rom. 13.11-12 _____ Meeshaan lolaa inni kan Waaqayyoo akka nut hojii diinaa morminuuf nu dandeessisa.

b. Efe. 6.11-12 _____ Hojii dukkanaa of irraa baasaatii meehaa lolaa isa ifaa uffadhaa

c. 1Tse. 5.8 ____ Gachana amantii fi jaalalaa, gonfoo fayyinaa

3. Amantoonnio lolatti jiruu amajaajii wajjiin qophaa otuu in ta'in wamnta macaafi qulqulluun "biyya lafaa" jedhuu fi foonii wajjinis malee (uumama jireenya isaanii cubbuu). Seexanni Seexanni karaa alaa gojomii adda addaatiin amantoota rukutti. karaa keessaa immoo amatoonni yaada isaaniin garaa amajaajiif iddoo kennuutti of kennu. Warra kanaan gadii mee hiika isaanii waliin wal-qabsiisi.

a. Yacoob 4:4 _____ Hamajaajiin qunnamtii nut Kirstoosiin wajjin qabnu tuffatti

b. Yihuda 3-4 _____ biyya lafaatti firoomuun Waaqayyoof diina ta'uu dha

c. 2 Qor. 11.13 _____ Seexanni amantoota fuula Waaqayyo duratti hadheessuu barbaada

d. Mul. 12.10 _____ Walalchisuun meeshaa waraanaa hamajaajii isa ittiin inni deemsa amantootaa gufachiisuu dha.

4. Amantoonni meeshaa lolaa isa kan Waaqayyoo ol- fudhachuu qabu akka guyyaa hamaa sana jabatanii dhabachuu danda'aniif, erga hamajaajii of-irraa ittisanii immoo amantiidhaan jabatanii dhabachhu dha. Efe. 6. 13-18 kan jiru dubbitii kanneen kana gadii meshaa lolaa Waaqayyoo wajjiin wal-itti froomsi.

a. Qabattoo _____ kan fayyinaa

b. Gaachana qomaa _____ kan afuuraa fi kan dubbiin W Waaqayyoo

c. Kophee _____ Qophee Waneela fayyinaa

d. Gaachana _____ kan dhugaa

e. Gonfoo mataa _____ kan amantii

f. Billaa _____ kan qajeelumma

5. Lola afuuraa keessatti gooftaan jabina fi gachana keenya, isa hamaan, abbaa sobaa fi goyyomsituu sanaa wajjiin akka wal'ansaa qabnuu nu hidhachiisa.

    a. Mat. 4.1-11 dubbisi. Akkamittii Yesuus lolaa fi qorumsaa hamajaajii danda'e?

    b. Far 18:31-48 dubbisi. Karaa itti Waaqayyoo loltoota isaa afuuraa akkataa isaa diina isaanii jabatanii dhabatanii haxxummaa diinaan qaban godhu waan sadii barressi.

        i.

        ii.

        iii.

    c. Far 144. 1-10 dubbisi. Gooftaan akkamitti akka "hamajaajii" lolluuf nu barsiisa, kan jechuunis isaa sobduu fi abbaa sobaa isa nut guyyaa guyyatti nu mudatu?

6. loltuu afuuraa dirqamumatti meeshaa lolaa isa kan Waaqayyoo fudhatee, waan isaas ta'e ishee gufachiisu irraa of qulqulleessuu qaban.1Xim 6.11-16 dubbisi. Lola aamantii isa garii sana loluuf maal hordofuu qaba?

7. Cubbuu akka gocha keenya tuffanuu fi akka abdii kutannu nu goddha. Amm iyyuu yoo cubbuutti kufnee Waaqayyoo kan nuuf falmu, fuula abbaa duratti kan bakka nu bu'u.1Yoh 2.1-2 dubbisi. Yoo cubbuu hojjenee, eenyu nu falmaan keenya, inni iddoo keenya bu'ee nuuf muggutu?

8. Yooma ammami illee lolli cubbuu irratti godhamu yoo cime iyyuu, Jaalalli Waaqayyoo dhima irratti mo'ichaa akka nuxumrsiisa. Rom 8:28-9 dubbisii, iddoo duwwaa harmaa gadii guuti.

    a. Waan hundumtuu wal qabatee warra _____ warraa akka akeeka isaatti wamamaniif (L. 28)

    b. Yoo Waaqayyoo gara keenya erga ta'ee _____ nu irratti ka'a? (31)

    c. Enyuutu _____ Kirstoosii irraa garaa gara nubaasa? (L. 35)

d. Waan hundumma keessatti nu irraa caalaa _____ karaa isaa isa nujaallatee.

e. Waantootaa Kirstoosii irraa garaagar nu baasuu hin dandeenye hunda tooraan barressi (L. 38-39)

9. Billaan afuuraa sagalee Waaqayoo ti, afuura bafannaa Waaqayyoo, Waanta nut obsaan dandeenyee keessa darbuun nu irra jiru hundaatti nu qopheessa, akkasumas waamicha keenyaa jabannee akka dhaabanuuf. 2Xim 3. 16-17 dubbisiitii waa sadii karaa Waaqayyoo hojii garii hundumaa akka hojjenuuf nu hidhachiisu tooraan barressi.

10. Lola afuuraa keenyatti bu'a qabeessa akka tanuuf, jireenya amantii keenyatti nama Waaqummaa fi qulqullina godhaa itti dabaluutu nu irraa jira. Kunis jireenya kirstiyaanummaa jirrenya keenya hundaatti bu'a qabeenyii akka taanu nu godha. 2Phe. 1.3-11 dubbisi gaafii kanaa gadii deebisi

a. Humni Waaqayyoo innni qulqulla'aan maal nu kenne? (L. 3)

b. Nu abdii gatii jabeessaa fi guddaa waan qabnuuf, maal keessaa hirmaanna? (L. 4)

c. Amatii keeyya erga garummadhaan deggerree booda maal gochuu qabna? (L. 5-7)

d. Akkamitti beekumsawaa'ee Waaqayyo qabnuu kan dhimma hin baafneefii fi kan firii hin qabne akka hin taane of irraa eegna? (L.8)

e. Waa'een nama ga'umsa akka kanatti hin qabannee dhugaan ta'uu malu maal? (l.9)

Keessa Deebii

Amanaan kam iyyuu kan kirstoositti amanu biyyaa lafaa, foonii fi seexanaa wajjin loa irra jiraa. Kun lola nama foon qabeessa miti, garu lola maca afuuraa hamminaa, humna waaqa keessa isaa soban, ballessuun, mancaasuun, amalaa sobaatiin hammeessu sana malee. Seexannii akka lenca nanna'ee nama liqimsuu barbaaduuf aaduu in aada (1 Phe. 5, 8-9) , egaa nut yeroo hundaa haxxumaa diinatti dammaqoo ta'uu nu irraa jira. Lola inni samuu fi garaa keenya irratti hamaadhaa fi yeroo hundumaa kan jiruu dha.

Guyyaa lolaa sanattii diina kee jabatee dhaabattee qabuu akka dandeessuuf, waaqayyoo amantoota meeshaa waaqa irraan hidhachiiseera," mi'a Waaqayyoo isa guutuu, isaa lolaa afuuraa akka itti lolluuf nu kenname. Mi'I deenan in filatamaan soba, dubbiin Waaqayyoo akka xiyaa boba'aa adeemuu ti jedha. Innis kan inni ittiin dhaamuu danda'u gaachana amanitin qofa (mi'a lolaa waaqayyoo keessa tokko kan ta'e). Itti dabalees teepha amantii itti mudhii hidhatan amantii, qajeelummaa akka maddaa siibilaatti, wangeela akka qopheetti, fayyina akka gonfootti, afuura Waaqayyoo akka billaatti, dubbiin Waaqayyoo nu kennameera.

Yeroo lola afuuraa kan keessa jirtuu takka illee humna laafuu hin qabdu: Akka loltuu kirstoositti dhiphina sana keessaa qooda qabadhu. Loltuu kam iyyuu hojii lolaa irra jiruu hojii isaa fiixaan bafachuu jecha hojii warra kaanee keessa hin galu. Sababiin isaas isaa loltuu isa godhate sana gamachiisuuf jecha godha (2Xim 2.3-4). Loli diinaan karaa sobaa, hammessuu, fi dhiibii ittuma fufa. Lola baruun yeroo hundaa dhimmamuu, jabatanii dhabachuu fi amantii barbaada. Ammuma mi'a lolaa isa kan Waaqayyoo itti gargaaramte mo'ichi at diina irraa qabdus ol-aanaa ta'a. Obsa qabadhuutii Gooftaa eeggadhu.

Dugda-duubee

Dugda- duubeen qoa'tamuu fi yaadatti qabatamuu abataan kanneen harmaa gadii ti.

Akkamitti macaafa bqulqulluu dubbisuu akka eegalan (D.D 3)
Maccafa Qulqulluu qooda qoodaa fi walgala isaa hubachuu (D.D 13)
Cuunfaa toora dubbii Waaqayyoo (D.D 17)
Toora barreffama Kakuu haaraa (D.D 18)
Walii-dubbii barsiisaa: Wal-itti dhufeenya Wangeelotaa (D.D 19)
Mee Waaqayyo ol-haa ka'u, Torban "A" Waaqayyoon barbadachuu fi
     oolmaa isaa isuu (D.D 23)

Rakkoon Kirtiyaanaa inni mul'ataan yerooma ganama irribaa katanii dha. Fedhi fi abdiin kee guyyaa sanaa akkama bineensaa bakktti sitti fiigaa dhufa. Dhimoota kan of irraa dhiibuu mhojii ganamaa isa jalqabaa ta'a; sagalee kan biro dhageeffachuu, ilaalcha kan biro fudhachuu, inni irra caalee sufe akka iddoo qabatu gochuu, fi guyyaa guutuu kan kana fakkaatan. Yeroo yalqabaa yeroo tokkichaaf goona. Isa booda haalli jireenyaa akkauma haala isaatti faffaca'uu jalqaba, sababiin isaa inni (Waaqayyo) akka yeroo isaatti hojjetuuf itti laachuu jalqabna. Dhimmi isaa akka halluu dibuu ti, inni kaan irra keessatti dibama, inni kaan immoo keessa gad daruudhaan itti qabata.

~ C. S. Lewis.
Richard J. Foster and James Bryan Smith, Eds.
Devotional Classics: Revised Edition:
Selected Readings for Individuals and Groups.
Renovare, Inc. (HarperCollins Publishers), New York. 1993. p. 9.

Mi'a waraana keenya kan isa biyya lafaa miti (2 Qor 10.4)

Dhimmootaa fi yaadota harmaan gadii dubbisii yaada itti kenni, barusa kana ol-itti barte irratti hunda'uudhaan hiika isaanii irratti yaada kee kenni.

1. **"Waanuma sammuu keenyatti dhufe hundatu Waaqayyo biraa ti jechuu miti. madda isaa baruutu barbaachisa!"** Amantoonni haaraan sammuun isaanii dirree waraanaa ta'uu isaa beekuu qabu. Diinni summuu keenya keessa galee soba, hojii sobaa yookanis diigamsa amatootatti fida. Yoo gaga'umsa isaanii kun itti amanameef sammuu aarii, ilaalcha sobaa fi garaa jeequmsaa fi amala manca'aatti geessu. Yooma illee mi'a ittii of irraa ittifnu yoo qabanne iyyuu, amma iyyuu itti daballee "akkamitti deebifnee diinatti alkka haasofnu" baruu qabna. kana jechuunis dubbii Waaqayyootiin waan diinni nutty balaliisu of irraa cabsuu qabna.

   Ammas irra deebi'ii waa'ee Yesuus dhimma seexanaa ilalchissee jiruuf Mat. 4:1-11tti dubbisi. Akkamitti Gooftaan qulumsa diinaa of irraa dhorkuu danda'e? Mi'a lolaa isaa maal ture? Akkamitti kanneen Seexanni gammojii keessatti gaafate sana deebise? Ka Waa'ee lola afuuraa nut lollu ilaalchisee maal nu barsiis?

2. **"Dhimma --- kana keessaa ba'uu hin dandeenye, takkaa isaa."** Har'a yeroo ammayoome kana keessatti hundumtuu waan barbaade dafee kallatiimaan argachuu fedha. Eenyu illee waan barbade bira ga'uudhaaf yeroo dheeraa fudhachuu kan barbaadu hin jiru. Amalli akkasii kun jireenya kirstiyaanaa keessatti dhiibbaa guddaa fida. Yooma mo'ichi, eebbi, eeguumsi Waaqayyoo Kirstoositti amanuudhaan yoo ta'e iyyuu (1Qor 15:57; Yoh. 5:24; Rom. 8:35-39; Efe. 1.3), amma iyyuu akkamitti akka lolluu fi akkamitti akka mo'icha keenyaa obsinee eegganu beekuu qabna.

   Amantoonni warri dargagootaa keessumaa dafanee jilba laafuu danda'u yeroo gaaritti waa jalqaban, gara booddetti deebi'uutu isaan mudata. Dhiibamuu, qorumsaa fi jeequmsi dhadhabsiisuu fi mataa namaa gad qabuu danda'a. Kirstiyaanonni warri cimoon iyyuu qorumsaa fi soba diinaatiin abdii kutachuu danda'u. Amantoonni maal gochuu qabu jettee yaada yeroo cubbuu rawwatan, ammas yeroo dhiifama cubbuu gaafatan, kanaa fi kan kana fakkaatu. Amantoota warra haaraa warraa haalli itti cemee isaanis waan akkasii hin dandeenyu jedhanii of ilaalaniif yaada maalii qabda.

3. **Milka'insa lola afuuraa keessatti obsaan danda'uun furtuu isa guddaadha.** Barumsi **keessan inni duraas inni dhumaas abdii kutachuu deebi'uu dhiisuu dha.**" Pauloos waa'ee wal'ansoo foonii fi

afuura gidduu jira amantoota warra Galatiyaatti yemmuu dubbatu, Pauloos bardumsa isaa akka gadiitti cuunfee ka'a.

Qaramuudhaa fi gowwomuutti ofii keessan hin kenninaa: Waaqayyootti hin qoofamu ofisasas dubii irraa hin maqu, sababiin isaa namni waanuma facaaseewaan hammatuuf. Nami akka yaada foonitti facaasu yaada foon isaatii sana irra badiisa in haammata; akka yaada afuuraatti kan facaasu immoo yaada afuuraa irraa jireenya baraq baraa in galfata. Kottaa Waan gaarii hojjechuu hin dhadhabnu abdiis hin kutannuu yeroo isaatti humna otuu hin dhabin galfachuuf waan jiruuf waan gaarii gochuutti hin laafnu. Yoo abdii hinkutannu taane. Egaa akkama fucha argannetti kottaa nama hundumaa addumaan immo waraa amantii keessa jiraniif gaarii in hojjenaa (Gal. 6:7-10).

Pauloos akkana jedhee waan gaarii hojjechuu irraa hin dhadhabnu, jedha kan biraadhaan, otuu galma keenya hin ga'in waan jalqabne addan kutuu hin qabnu, haasaa amatii dhaan. Akka wara galatiyaatti dubbateetti bu'aa dhiphina isaanii in haammasu yoo abdii kutachuudhaa baatan. Waan hunduu kan lola isaanii keessaa kan inni irratti hunda'u waan kana dura baratan shaakaluu, barumsa amntii hojii irra oolchuu, jechuunis isa Pauloos isaan barsiise. Yoo abdii kutachuu dhiisan, ija hojii isaanii akka haammatan isaan abdachise.

Waa'ee ofii keetii yemmuu yaaddu, maal want jeequmsa guddaa sitti ta'u, want waan hundumaa caalaa si jeequ, waan hundumaa caalaa akka at abdii kutattu si godhu, akka irraa deebitu, fi lola keessa adda kutee ba'uu kan godhu? Maal goota lolicha keessa alkka turtuuf "Lolicha keessa turuu" mirkaneffachuuf, qorumsaa abdii kutachuu, cubbuu, sobaa fi qorumsaaf iddaa gad dhiisuum keessatti.

Waliiti fiduu

Dhugaa dha, amantiidhaan mootummaa dukakanaa keessaa baanee gara mootummaa gooftaa keenya Yesuus Kirstoositti dabarre. Sababa kanfis jecha egaa isin gootoota fi loluu Kirstoosi, akkasumas deena "macca afuuraa dukkana ti" Yooma illee diinonni kunneen karaa soba, hojii sobaa fi goyyomsaa isaaniiin si xaxuu fi si miidhuu barbaadan illee at immoo karaa amantii isa tu'uu fi isa hin taane addan baasuudhaan mo'achuu in dandeessa. Shaakala wal-itti fufiinsa qabuun isa a'uu fi isa hin taane garagar bafteebaruu in dandeessa (Hib 5:11-14). Sodaa hin qabaatin. Akkuma mi'a lolaa isa kan Waaqayyoo fudhannen, dhugaa dubbii Waaqayyoo sana bari, dhugaba'uumsaa Waaqayyoon isa waa'ee keenyya fi waa'ee guddina keenyyaaf itti fufii jiraadhu.

Seexan si hunkuruudhaa fi si xuxxuquu yaala, haa ta'u iyyuu malee battala at kadhachuu jalqabdutti si dhiisee baqata. Waan hundumaa irra hojii gaariitti qabamuu yaali, kana godhuu keetiin, diinni kee karaa ittiin isin bira ga'u dhabaa.

~Thmoas a Kempis.
Richaed J. Foster fi James Bryan Smith, Eds.
Amanamuumma ol aanaa: Maxxansa keessa deebi'ame
Dubbisa filatamoo nama dhuunfaa fi gurnuuf.
Renovere, inc. (HarperCollins mana maxxansaa), New York 1993. P. 152.

Kun akkamitti ta'uu danda'a? tooftaan diina keenyaa yeroo bayyee akka nut sona isaa amanuu fi waan sobaa dhageenye irratti akka waagoonu barbaada, meeshaan keenya inni guddaan (mi'a guddaa lola isaatiif qabnu) sagalee Waaqayyoo itti mirkaneesuu dha. Amanaan hundiinuu mi'aalolaa isa kan Waaqayyoo fudhaachuudhaan, ergaa sobaa karaa diinaa dhu irratti dammaquudhaan, soba sana dubbiin Waaqayyoo irra deddebi'anii yaadatti qabachuudhaan, dhaugaa karaa Kirstoos sana hammachuudhan of irraa dhowwu. Jirrenya kee keessa bakka kamtu irraa deebi'a mee ilaalamuu fi irra deebi'amee yaadamuu qaba garaa dhugaa dubbii Waaqayyoo yemmuu ilaallu? Maal fa'itu dubbii dhugaa Kirstoosii wajjiin wal hin fudhatu? Mee tooftaa dacha sadii karaa ittiin dhugaa waliin jiraatan isa Pauloos jedhuun xinxali.

Dhugaamatti kun akkataa at Kirstoosiin barte miti! Mee akka waan waa'ee isaa dhageessanii fi bartaniitti, akka nama dhugaatti Kirstoos keessaa jiraatuutti, akka nam uffata moofaa of iraa baasee gatuutti yaada isaa moofaa fi fedhaa isaa durii, yaada isa fedhee gadhee isanaan manca'e sana baaseetti miti. Kanaa manaa afuuraan yaada sammuu keessanii haareffadhaa, dhugaa Waaqayyootiin, maalummaa keessan isa haaraa uffadhaa malummaa isa akka fakkeetii Waaqayyotti haaraa uumame sana qajeelummaa dhugaa fi jireenya qulqulla'aatti.

~ Pauloos gara Efesoonitti (Efe. 4.20-24)

Barreffami kun akkamitti Lola gaarii sana ba'eessa goonee loluu akka andeenyu yaada nuuf kenna. Tokkoffaa, namummaa namumaa moofaa of irraa baasuu (Sobaa fi goyyomsaa isaa wajjin), lammafaa, Yaada sammuu keetiin haareffamuu (ofii keetti waa'ee dhimmichaa dhugasaa himi) fi sadafaan, namuummaa haaraa uffachuu (hanga amala haaraa itti yaadan uumtuutti dhugaa wajjiin itti fufiituri, yaada sana irratti hojjedhu). Yaada qajeelfamaa Pauloos warra Efesooniif barresse sana irra deddebi'ii yaadadhuu jireenya kee guyyaa guyyaa keessatti shaakal.

Mirkana

Waaqayyo mi'a ittiin lolu waan naaf kenneef an akka loltuuttu Kirstoositti jabinaan dhabachuu, kunis karaa na'umsa afuuraa waldaa shakaluu, ofii kootti dhugaa himuu, soba dhaga'uu immoo dhiisuu dha.

Kadhannaa

Teresa de Cepeda y Ahumada (1515-1582) Spaniard (lammii Speen) kan turte nama wagga 20 taatee akka durba of kenniteetti Kirstoosiin tajaajiluu eegalte. Ishee bayyee nama of laatuu fi waa'ee jireenya afuuraa caafuu irratti dandeetti addaa kan qabdu. Hojii ishee inni bayyee beekamaan waa'ee kadhannaa ilaalichisee "keessa daannoo" kan ishee sirrimatti jireenya ishee keessatti Waaqayyoo arguu irraa kan ka'e barressite dha.

Kadhaanaa ittiin of kennan, Teresa ishee Avila.

Hundumaa hubanna kee kan bulchitu, yaa Goftaa, afuurri ko akka tajaajiluuf
Akka fedha keetti, malee akka filnnoo koo miti. Ana hin adabin, an siin kadhadha, waanan fedhee fi gaafadhe na keennuudhaan, yoo jaalala kee hin dallandsiisa ta'ee, waan yeroo hundumaa ana keessa jiraatu. Mee ofii koof malummaan koo du'ee akkan si tajaajiluuf. at ofii keetiin Waaqa dhugaa dha. Ameen.

~ Don L. Davis. A Sajooreer kuweest. Wichita, KS: Dhhabbata tajaajila magalaa,2010. P. 98.

Gara Ofirraa Gooftaatti Bo'uu

Waaqa bar baraa, Gooftaa fi hundaa kan moote, Ayyana kee isa dinqisiisaa sana bayyee galtoom, m'a lolaa isa uffannee diinoota keenya biyya lafaa kana irraa ittiin loluu akka dandeennyu waan nu laatteef. Lola guddaa kana keessatti gargaarsa malee nu hin hambifnee lola mootummaa keef lolamu kan keessatti. Nut afuura kee isa qulqulluu qabna, dhifama gochuu dhiiga Kirstoos, mi'a ifaa, dhuga dubbii Waaqayyoo, sagalee kee. Maatii keessa galle, abdii dinqisiisaa fi jiraanya barabaraa qabna, kennaa afuura qulqulluutu nuuf kenname, yaa gooftaa kenna kana gargaaramuu akka dandeenyuuf nu gargaari, kennaa jireenya barbaraa kanatti akka maxxanuuf nu gargaari, akkasumas soba hunduma irraa akka baqannu, goyyomsaa fi dubbii dharaa akka fagannu otuuma dhugaa sanaan adeemaa jiruu. Humna kee nuuf kenni akka bakka bu'aa kee taanutti, ulfina keetiin akka mi'a lolaa sana fudhanee, akka tasa abdii hin kutanneef, kana manna guyyaa hamaa sanatti jabannee akka dhaabanuuf, Maqaa Yesuusiin kadhannaa, Ameen,

Qayyabannoo Dabalataaf

Toora sororaa *www.tuumi.org/sacaredroots,* kutaa barreffama dabalataa fi vidiyoof addaan ba'e qabna.

Kutaa Itti aanuuf

Kutaa isa itti aanu keessa ka nisin keesa qorattan waa jabatanii **Dhhabachuu nut argisiifnu,** mata dureewan kaneen kan of keessaa qaba.

1. Damaqoo ta'uu qabna, warra qabaman hin taanu
2. Afuurri qulqulluun lola keessatti nu gargaara karaa kadhanna
3. Amantoota warra kaan lola isaanii keessatti gargaarra.

Luqisii Yaadannoo

Qorontoos 10.4

Abbaltii

1. Diinni waan nu sobuuf nut irra deebinee dhugaa mirkaneessina. Mee waan diinni dhi'oo ka nisin sobe tooreessa yaadannoo keessatti tooressaa: soba waa'ee fayyina keessanii, soba waa'ee keessanii, soba waa'ee namoota kan biroo. Maaliif soba kun dhugaa ta'uu hin dandeenyee sababa isaa caafi sagalee Waaqayyoo keessa kutaa sooboota kana fallessu barbaadi, waa'ee dhugaa Waaqayyoo waa'ee kanneen kanaaf.

2. Karaan biraan karaa ittiin lola amantii loluu danda'an karaa na'umsa cubbuu himachuu ti. Kadhanaadhaaf battala 10 fudhu, Waaqayyoo waan cubbuu ta'ee at itti cubbuu kee himachuu qabdu akka sitti agarsiisuu gaafadhu, Erga gaafatee booda calluma jechii dhageeffadhu. Yoo inni cubbuu gara kee fide, egaa Waaqayyoo wajjin walii galiitii rawwadhu, sababii kam illee hin barbaadin. Sana booda araara fi dhiifam cubbuu kee fudhadha kee fudhadh, isaa karaa dhiiga Kirstoos isa dhangala'ee siif kenname.

3. Amantoota bilchaatan barbaadiitii muuxannoo isaanii waa'ee qalbii jijjirannaa fi dhiifama cubbuu argachuu isaanii gaafadhu. Cubbuu kee isa/isheetti himadhu sagalee kadhataa fi dhiifama cubbuu gaafadhutii fayyinaa obboloota kan kirstoos ta'anii irraa gaafadhu.

Dhipphinaan Jabatanii Dhabachuu Nut Argsiifnu
Jabatanii dhabachuu qulqullootaa

> Yeroo hundumaa karaa afuura qulqulluu kadhaa itti fufaa, kadhataa fi himataa kallatii hallee dhi'eessaa. Dhimmamuudhaan dammaqaa warraa kan gootaa ta'an qulqullootaa akka isanii ta'atii kadhadhaafii.
>
> ~Pauloos gara warra Efeesonitii (Efe. 6.18)

Kaayyoowwan

Kutaa kana booda kanneen kanaa gadii amanuudhaan itii cichanii dhabachuu hammachuu qabda:

- Kirtstoositti guddachuudhaaf sirni gidduu galeessa ta'e cimanii rakkoo keessa cimanii dhabachuu, dammaqanii argamuu fi dangeffamuu dhiisuu, hanga kam iyyuu cimaa yoo adeeme iyyuu jabaatanii gara fuula durattii kaachuu dirqama.
- Waamicha keenyaa fi of-kennuun isa dhugaaf akka dhabbanuuf Afuurri qulqulluun human nuuf kenna, lola keenya kessattis kadhanaadhaan nu gargaara.
- Yeroo ofii keenyaa Kirstoosiin qabannee hafnee waamicha keenyas fakkanee argamn, Waaqayyoo amantoota warra rakkoo keessa jiranis akka jajjabeessnuuf nutti gargaaramuu danda'a.

Ogummaa Argachuudhaaf Kadhannaa Banuu

Waaqa barabaraa, abba ko, sagalee kee kessatti akkuma jette at madda beekumsaa fi ogummaa ti. An kana akka akka dhagaa fi abbaa jallatamaa nan fudha, ogummaa qulqulla'aadhaa akka na keessa keessu sin gaafadha, kanaafis sagalee qulqulluu sana sirritti hiruu akkan danda'uuf (2 Ximotwos 2:15). Adaraa karaa irraa addemuun naaf ta'u na barsiisi (Farsaa 32.8) deemsa koos karaa irra naaf buusi. Gurra koo kara keetti naaf qajelchi, amma akkan itti yaaduu fi dubbadhu naaf sirressi, yeroo karaa iiraa kaadhee argamu at na geggessi.

Abbaa koo, kennaa waa gargaagar baasee beekuu naaf kenni, yeroo baradhu barsiisa, afuurota, fi kennoota karaa waaqayyoo ta'eef hin taane addaddummaa isaanii beekuu akkan danda'u na gargaari. Fedhi kee maal akka ta'e karaa afuura qulqulluu na agarsiisi, karaa koo qulqulluudhaan yaada kee rawwachuu akkan danda'uuf ilaalcha ga'aa na kenni.

Jallataamma Goftaa ko, adraa nama dhaggeefachuu fi dhaga'uu ariifatu dubbachuu fi aaruuf immoo suuta jedhu na godhi (Yacoob 1.19). Dubbiin afaan kootii fi ilalchi sammuu kootii ija kee duratti fudhatamaa akka ta'uu naaf godh. Dhugaa keef fi ogummaa kee akkanu dhbbadhu na godhe, kanaanis namootan itti dubbadhu hundi hubatanii dhugaa kee irraa fayyadamuu akka dana.'

Otuun dubbii kee fi qajeelfama kee fudhuu qua'annaa kana keessattina barsiisi. Maqaa Yesuus kirstoos isaa jabaa sanan si gaafadha, gooftaa koo fi olchaa koo, Ameen.

Quunnamtii

1. **"Maaliif amantootn bayyeen, lubootni iyyuu dhugaatti dugda isaanii galgarchan?"** Har'a namootni bayyeen kanumt Yesuusiin beekna jechanii himan illee dhugaa isaanii otuu gatanii argamu, waldaa ganu, karaa kirstoos waamamuu isaanii balaallefftu. Dhimmi Kun namoota waldaa keessa ta'anii dhageeffatan qophaa otuu hint ta'in namoota iddoo arsaa irra dhabatan birattis dhugaa dha. Waldoonni hedduu cufamaa jiru, tajaajiltoonni hedduu dubbii Waaqayyoo fi Kirstoostti dugda galagalchaniiru. Namoonni bayyeen deemsa kana ibsuuf in yaalu, kaan immoo dubbichi gara fuula duratti akka hin deeniif kirstiynummaa caalatti akka "qoosaa" fi caalatti immoo "waan dhimma baasu" godhu. Yeroo akkasii kanaa maal yaadda, bayyee namootaa waldaa kurfa'e dhiisanii deemaa jiru, kana irratti iyyuu lammata Kirstoositti akka hin amanne dursanii dubbatu.

2. **Hanga yoonaatti bayyee cimaadha, ofiima kootti iyyuu gadduu kootu natti dhaga'ame.** Gara boodaatti, gara jireeya koo moofaa dureetti akkan deebi'en yaade. Yeroo hedduu amatoonni warri dargagoon jireenya bu'aa ba'ii yeroo amanammummaa fi jalala Kirstoosii, karaa biraa immoo waan amanan irratti yeroo gad bu'uu yeroo qoramuu fi mamuutu jira. Ammaa amma kufuun kirstiyaanoota warraa haaraa fi kan guddachaa jiraan bayyee human buusa, yerooma yerootti kufanii ka'uun yeroo itti fufee ta'us human nama buusa. Waa'ee dhimmaa jireeny marsee namtti deebi'uu kana dubbiin Waaqayyoo akkana jedha, tolan torba kufee torba deebi'ee ka'a, naminni jalaan garuu yeroo rakktti gidraa hamaa keessatti in kufa (Fakeenya 24:16). Jireenyi Kirstiyaanaa bayyisee galateeffamaa dha, garu salphaatti immoo miti. Deemsa Waaqayyoo wajjin adeeman keessatti maaliif innis isheenis itti itti fufiinsaan ofii isaan wajjin obsa qabaachuu qubu?

3. **"Jireenyi warra dhi'Hojii kirstoos hojjete irraa abboomamuu barra-karaa dhibbina nu irra ga'eenis"** Wanti namoota dhi'oo amanan baruuf bayyee rakkisu keessa tokko jireenyi kirstiyaanumaa jireeya walansoo, rakkinaa fi dhiphina iraa tasuma guutuummatti bilisa ta'e ta'uu dhiisuu isaa ti. Yeroo farfaataan waan inni jedhe dhageenyu in ceepha'amna "wanti hamaan nama qajeelatti in bayyata, Waaqayyo garuu want sana hundumaa keessaa isa in baasa (Faarsaa 34:19). Yoo garramoota taane argamne, wajjin wal'aansoo wal qabuu dhiifnee kanaa

manna rakkinaa fi qorumsaa hunda iyyuu of irraa beekaa gatanii dhiisuu dha! Yeroo tokko to kessa keenya nu dhukkubsa, nu hatas, akka ijoollee waaqayyootti mata dhukkubii fi blaa bayyee obsaan danda'uu qabna. Akasums yeroo Kirstiyaana haaraa taatu ija jabiinaan rakkwan akkasii keessatti bayyee cimaa ta'uu mala.

Akkasuma Kirstoos akkuma kanatti irraa barachuu danda'e. Bara jireenya isaa lafa kana irraa turetti yeruus kadhataa fi iyyata dhiiffate sagalee boo'icha guddaa fi imimmaniin isa dura irraa isa hambisuu dand'uu kenne. Yeruus sababa obsaan danda'uu isaa fi waaqayyotti of kennuu isaatiin dhaga'ame. Yeruus yooma dhugamatti illee ilma ta'ee iyyuu waan irra ga'e hundaan waaqayyoof abboomamuu bare (Ibroota 5. 7-8). Deemsa amantii keessatti fakknyi kirstoos arggisiise akkamitti rakkoo fi obsaan danda'uu keessatti abdii nu kenna?

kutaa darbe keessatti meeshaalwan nut Gargaaramne) waa'ee meeshaa lolaa keenya barre. Kutaa isa kana keessatti immoo lola amantii is gaarii sana keessatti obsaan dhabachuu fi rakkuu danda'uu akka guddifatan isin jajjabeessa.

Waa keessa obsaan danda'uunf, irra dheessuu hin qabnu. Wanta itti amanee fi beeknu tokkotti seexaa garaa irraa ka'ee qabannee waan keessa dabruu mallee haala itti fufiinsa qabuun hordofuu. Yoo dhimmichi ulfaataa, jeeqaa, fi haamilee nama buusaa dhufe illee, sammuu ofii amasiisuudhaan gara fuula duratti dhiibuun, Waaqayyoo irratti amantii ofii gatuudhaan geggessaa isaa fi jabina isaa eeggachuu. Haala tokko irratti ititituun, achii immoo, akka waan ofittuumaa qulqula'aatti ilaalamu, himatamuu yookaan qoramuu simachuu dhadhabuudhaan amantii keenya irraa gara biooddetti deebi'uu. Dhimmi qabatan irratti ititituun akkana jedha "Waan fedhe iyyuu haa ta'u malee an dhimmamaan gooftaaf qabu hin gatu"

Karaa jajjabina amantoota kan biroo, karaa kadhaata afuura qulqulluun ta'uu, karaa kakuu Waaqayyotti amantii qabachuu, karaa kirstoos Yesuus galma keenya bira ga'uudhaaf gara fuula duratti gulufna. Yoo jabannee dhabanne duwwatatu dhimmamaa Waangeelaa fi mootummaa gooftaa keenya Kirstoos Yessus isa du'aa ka'eef ulfina laachuu dandeenya. Yoo abdii hin kutannu ta'e in moona.

Dhimmamanii dhabachuu lola amantii isa gaarii sanaa, egaa, kan inni ittiin mullifamuu danda'u fakkeenya loltuu, warra ispoortii adda addaa hojjetan, fi qotee bulaa fudhachuu (2 Xim. 2.1-8). Lotuun gidiraa guddaa dannda'ee keessa darbuu qaba, yeroo bayyee dhama'uudhaan., bututuu fi of nama jibbisiisuu akkasumas ballaa keessa nama buusuu illee mala. Nama ispoortii hojjetu haalaa fi qillensaa hundumaa keessatti lenjifama, yeroo bayyee dhadhabanii fi midhaman illee ofii isaanii of qoru. Qatee bullan yooma illee haala qillensaa fi midhaanii irratti aboo dhabani illee obsaan yeroo makaraa eeggatu.

Akkuma fakkeenyota kanaa nu jabannee dhabannee keessa darbuu qabna. Waa galqabnee yoo kufne ille, ammasirraa deebi'anii jalabuuf of qopheessuu qabna, kana kessatti dhuma irratti lolichi kana Waaqayyoo ta'uu isaa beekuu. Sanyii facaasuu dandeenya, absa qabachuu, Gooftaa eeggachuu beekuu. Yoo nut akkana goone gooftaan yeroo isaatti makara keenya keenya yeroo isaatti fida.

Kadhanaan dubbii walitti deddebisuu yeroo lolaa ti, kunis misiyoonii waldaaf innis fallaa human dukkanaa fi amanuu dhiisuu it. Yeroo haala mijataadhaa jecha dhimma barbaanu duwaa waamnee dhageessifachuun akkasumas boollla keessa jiru keessatti of toosisuuf goona yoo ta'e kadhannaan gar-dhabaa ta'uun isaa waan nama dinqqisiisu miti. Waaqayyoo kadhata yeroo lolaa akka sagalee walitti deddebifnuuf nu kenne, kanaafis waan nu barbaachisuu hundaaf wajjira ol-aanaa waamachuuf, sababi isaa immoo motummaan Kirstoos kan biyyaa lafaa irraa bayyee tara (darba).

John Piper. Biyyootni mee haa gammadan
Girandi Raappidi MI: Bakeer, akkadaamii, 2010. p.65

Obsaan danda'uu mullisuu qabnu
Baruumsa 9 Qo'annaa Macaafa Qulqulluu
Yaadoota harmaan gadii dubbisiitii gaffilee barsiisa macaafa qulqulluu wajjin wal-simate gababamattu deebisi.

1. Gufuudhaa fi diinni amantoonni gara bilchinaatti guddatanii karaa Kirstoos akka ija hin godhannetti dhowwu. Maatewos 13. 1-9 fi 13. 18-23 dubbisaa. Haaloota sanyii arfanii tarressiitii ibsa isaa wajjin jechoota wal-tti firoomsi.

    a. Sanyii karaa irra bu'e   ___ Kan rakaatan, kan gubataan fi kan nafaatan

    b. Sanyii lafa kattaa irra bu'e   ___ kaan keessaa qoraateedhaan hudhamu

    c. Sanyii qoraattii keessa bu'e   ___ Simbirootu dhufee funaannate

    d. Sanyii lafa gaarii irraa bu'e   ___ Kan harka 30 kaan harka 60 kaan immoo harka 100 godhate

2. Egaa nutii warraa amaantitii jebaatani jiraanin marfaamne waan jiruaafi, wantaa nudaangesuu hundaama iraa ofqusaachu qabnaa, Yesuus akka nugaargaruuf karaa isaaf banuu qabnaa. Hebroota 12:1-11 dubifaadha. Gafii armaan gadii debisaa:

   a. Figiicha ke _____ garaa fulaa duraati figii ((Lak. 1)

   b. Nutti akka waraa ergaamotaa rakunaa danda'uu qabnaa;
      warra kaniin yeroo curquumfaamnu, Waqaayoo yadii isaa
      _____ (Lak 7).

   c. Ergaamoti hundinu rakinaa irraa wan jiraan yoo faka'ee iyuu
      _____ dha kan isaan warra ijaa amaanti
      qabaanif kan fakaatan (Lak. 11).

3. Warraa rakinaa kessatti jajaabinaan jiraatan yadaachu fi barnoota irra argaachu qabnaa.

   a. 1 Qoroontos 10:1-13 dubifaadhu. Fakeeyni amaantotaa nutii Macaafa qulquuluu kessaatti dubiifnu maal nubaarsisaa?

   b. Iyoob 23:8-14 dubifaadhu. Qurumsaa fi gidiraa Iyoob kessa darbee fi akkata inni itti debi lachaa turee maal nubaarsisaa?

4. Kadhaanan karaa Waqaayyo itiin warra Christiyaana ta'aani gidiraa fi rakinaa gudaa kessa darbaan ittin waan isaanis barbaachu isaanif kenuu dha, Isaa harmaan dubbisi kanneen kanaa gadii walitti firoomsi.

   a. Luqaas 18. 1-8   ___ Gaafahu, barbaadi, balbalas rukuti
                                  Waaqayyo siif kennaa

   b. 1 Tasaloonqee 5. 17;   ___ Fedha Waaqayyoo rawwadhu,
      Rome 12.12   jabadhus dhaabadhus kakuu kee in
                                  fudhataa

   c. Luqaas 11.5-13   ___ Otuu garaagar hin cutin kadhadhu

   d. Hibroota 10.36-38   ___ Yeroo hundumaa kadhadhuutu nuuf
                                  ta'a, abdii abdii kutachuu hin qabnu

   e. Efe 6. 18   ___ Gaachanaa diinaa hidhuuf, haala
                                  hundumaa keessatti kadhadhu

5. Amnantootn abdii kutachuu hin qaban, garu yeroo hundumaa itti fufanii qormaata isaan irra ga'u keessatti walii walii isaanii amantiidhaan waljajjabeessuu qabu. Ergaa Yihudaa 20-25tti dubbisiitii ittii duwwaa kana irratti guuti.

    a. Yuudanis akkana jedhe _____ amaanti keynaafi kadhaana keyna _____ amaa arjuumas gotfaa keyna garaa jireeyna bara baraati nucesisuuti.

    b. _____, araara gooftaa keenya Yesuus Kirtstoosiin eeggadhu.

6. Yoo afuuraan facaafnee yoo eeggannes, macara gaarii galfanna, kun immoo yoo andii kutachuudhaa baannee duwwaa dha.

    a. Waaqayyo in sossobamuu, waanuma fedhee iyyuu abbaan _____ isumatu _____

    b. Waan garii godhuu hin dadhabin, yeroo isaatti iji isaa in ga'aa yoo nut.

7. Yoo karaa Kirstoos jireenya Waaqayyotti tolu jiraachuu feenee, ari'atamuun waan oolu hin jirtu, garu Waaqayyoo nu jabeessa yoo dubbii isaatti qabamnee hafneef. 1Ximotewos 3. 7-10 dubbisii waa'ee warra yeroo rakkinaatti Kirstoositti hirkatanii waan sadii barressi

    a.

    b.

    c.

8. Akka duuka buutuu Yesuus tokkotti, rakkoo akka loltuu, akka nama dorgomee fiiguu, akkasumas akka qotee bulaatti obsaan danda'uu baruu qabna. 2 Xim 1.1-8 dubbisi kanneen kanaa gadii walitti firoomsi. Kaneen kun akkamitti caalamatti waa'ee amala jireenya Kirstiyaanummaa akka hubannu nu gochuu danda'u?

    a. Waanan otuun jedhuu dhageesse ___ akka seera isaatti gonfoo fudhachuu

b. Dhiphinaan hiruu   ___ Waara kan biro akka barsiisaniif warraa amanatiitti jabootti kenname

c. Akka dorgomtuu tokkotti xumuri ___ Akka ija midhaanii isa jalqabaa hirmaatuu

d. Qatee bulaa jabaa   ___ Akka loltuu Kirstoos isa jabaa

e. Kirstoos Yesuusiin yaadadhu   ___ Hidda latiinsa Dawwit

9. Yeroo qoramnee ilaalamnutti abdii kutachuu hin qabnu, akka gamachuutti lakka'uu qabnu, Waaqayyo ittiin na jabeessuu dhaaf gargarama, waanuma nutti dhufu hundaaf Waaqayyo ogummaa ittiin keessa dabarru nuu kenna. Yacoob 1. 2-8 dubbisaatii kanneen harmaa gaditti deebii laaddaa

a. Yeroo qorumsa adda addaa keessa galu maal gochuu qabna?

b. Yeroo itti jabaatanii dhabachuun iddoo ga'u maaltu ta'a?

c. Yeroo qorumsaa fi gidiraa keessatti ogummaa dhabnu, Waaqayyo maal nu gorsa? ((Lukkisii. 5-8)

Keessa Deebii

Akka loluu lola amantii isa gaarii sanaatti, hanga dhumaatti akka obsinuuf waamamne, jabatanii dhaabachuu jechuun waan tokko keessa darbuu jechuu dha. Otuu hin dhokatin otuu irraa in baqatin dhiphina sana hirmaachuu. Akka Kirstiyaana biyyaa lafaa isa hamaa kana keessatti Kirtstoosiif hojjetuutti, haala hamaa biyyaa lafaa kana keessatti qurumsa itti fufuutu nutti dhufa, keessa keenya keessa kan nu jeequ amala cubuu, sobaa fi okkora diinaa fi hamajaajii. Rakkinatu nu mudata, in dhiphna, dalgas hubatamina. Otuma dararama kana gidduu jiruu, akka gamachuutti lakka'uu qabna, Gooftaan kanneen kana gargaaramee nu leenjisuudhaan akk

Jabatanii dhabachuu jechuun yaada amantii ofitti cichanii haafuu jechuu dha, garu qulqullumaa fi ija jabinan ta'uu qaba. yeroo bayyee maaliif akka qoramnu hin beeknu, garu waan fedhee taananis Waaqayyoo in amanna. Waan akka nut dugda keenya gooftaa keenyatti galagalchinuu gochuuf abdii nu kutachiisu fi madeessuf iddoo laatuu dhiisuu dha. Obsaan danda'uu jechuun human Waaqayyo fi kennaa isaatti hirkatanii amanamuumaadhaan mimmama gooftaaf qabnu irra dhaabachuu dha. Otuma qorumsaa keessa jiruu Waaqayyo karaa amantoota kan biro, karaa kadhataa, karaa Afuura Qulqulluu fi karaa dubbii isaatii fedhaa keenya akka nuu keenya shakkii malee bekna. Yeroobaroonta kana xumurtan, kun isaa jalqabaa ta'uu isaa baraa.

Dugda-duubee

Eegewwan qu'achuu fi yaadan qalbeeffachuu qaban kan barnoota kana keessatti isin gargaaran warra kanaa gadii ti.

Hump Kan jchamu (Eegee 15)
Bakka bu'uu fi walgituu: Duka buutuu Kirtstoos babayyisuu (Eegee. 20)
Seer-naumsa kakuu haaraa: Motummaa Waaqaa gad galagale keessa
jiraachuu (Galagala heeraa) (Eegee 21)
Mee Waaqayyo ol haa ka'u! "A" torbanuu Waaqayyoon barbadachuu fi tola
isaaf dhimmamuu (Eegee 23)

Want nut amma irra deebinee hubanne, hubannoo gudaa dhaan waanuma hojii falasama sayinsii fi dorgommiwan irratti ta'utu muuxannoo anamtaa irrattis ta'a. Dhimmoota akkasii kessatti bilusumaa dhugeefachuun yeroo dhimma yeroo ta'u, warra seera sanaan hidhaman irratti olantummaa argisiisuu, garu olantummaan argisiifamau kun yeroo kana kan barri itti dabree dha. Warra seera itti bulan qabaniif abootu irraa caalaatu jira.... Amma dhugaa jabaa arguu jalqabneera kan jamadamu, kan waanjoo Kirstoosiin uffatu, kun bilisumaa duwwaa ta'e balaleffatu kirstiyaanoota. Barsiisa Kirstiyaanumma keessatti barbachisummaa haaraa argina, karaa biraa immoo karaa badisatti nama geessu immoo bal'aa yeroo ta'u kanan jireenyatti nama geessu immoo achimti isaa dhiphaa dha. Kirtiyaanni amma arginuu akka fedha isaatti isa hojjetuu otuu hin taane isaa goftaa gamachiisuu dhama'uu dha.

Elton Trueblood. Waanjoo Kirstoos
Waco, TX, Sagalee maxxansa Macaafaa, 1958, fuula 130-131.

Siraata kayoo

Amma du'atti amanama ta'i an immoo gonfoo jireenyaan siif kennaa (Mul'ata 2.10)

Qu'annaa dhimmaa

Dubbisiitii kannen harmaan olittti baratte irratti hunda'itii, yaada kennuudhaan deebii fi ilaalcha kee haala rakkoon isaa itti heekamu kennii.

1. **Akka waanan gongoo irra jiruutti natti dhaga'ame, - olan ba'a gadan bu'a, olan ba'a gad bu'a."** Dargaggessa ji'a muraasa dura gooftaa fudhate, waa'ee soda fi rakkowwan isa mudatee yeroo ibsu. Namoota mana keessaa wajjin waldhidee arguu jalqabe. Hojii irratti gar malee wal hubachuu, haala kana dura ta'ee hin beekneen dhiibbaan qorumsaa itti bayyachuu isaa. Rakkoon irra deddebi'ee itti dhufuu isaa irraa kan ka'ee dargaggessa loltoo Kirtsoos ta'e kun, karaama sirri ta'e Kirstoosiin fudhachuma isaa iyyuu shakkutti ka'e. sababiin isaa "haaluma bayyeetu isa mudachutti

ka'e, kana irratti akkana jechee "akka waanan giingoo irra jiruutti natty
dhaga'ame olan ba'a deebi'een immoo gad bu'a, olan ba'a, ammo debi'een
gad bu'a. An amma tasgabba'aa miti. Tarii waan badiin godhe laataa
jedheen yaada. Kirtiyanonni bayyeen an beeku haalan amma keessa
darbaa jiru keessa hin darban. Ija luqqisii dubbii Waaqayyoo amma
baratte irraa kaatee Kirtiyaana haaraa kanaaf dhimma rakkoo isaa kanaaf
gorsa maalii latta? waa'ee rakkoo isaaf immoo maal gochuu isaa ta'a jetta?

2. **"Saba Waaqayyoo balee akkamittiin akkan dhimma kana danda'u
   hin beekun ture! Geeddarama hunda isaantu fide."** Mana adabaa
   keessatti obboleessi gariin tokko gara Kirstoos dhufe, akkama mana
   adabatii hiikameen waldaa nannootti argamtu dhaqee waadaa seene.
   Amma isaa danda'ametti yeroo isaa amantootaa wajjin dabarse.
   Sagantoota fi barnoota hirmaatee dafees obbolootaa waldaa keessa jiranii
   wajjin hiriyyaa ta'e. Hojii tola-ooltummaa hedduu keessatti waldaa wajjin
   gad-ba'ee hojjechuu eegale akkasumas rakkoo dhunfaa qabuuf gorsa
   lubaa barbaachuu jalqabe. Waggoota dheeraaf waltti qabamni amantotaa
   kun manuma isaa ta'eef, mana dhuunfaa isaa irraa alatti manuma
   ta'eef. Waa'ee ajkkataa Waaqayyo lubichaa fi amantoota itti grgaaramu
   argisiisee akkana jedhe "saba Waaqayyo kana malee waa gochuu
   akkamitti akkan danda'u hin beeku" Garaagarummaa hundaa isaanumtu
   godhe. Sababa an har'a gooftaa tajaajiluu dandda'e deggersa, jaalala fi
   gorsa isaanii irraa kan ka'ee dha. Jabinaan dhabachuu amantii keenya
   keessatti fakkenyi kun akkamtti ga'ee namoot kaan qaban insuu danda'a?

3. **"Yoom haalli jijjiramuu jalqaba? Qorumsa kanaa wajjiin yeroo
   dheeraan wal'aansaa qabe. Abbee, innoo yeerooma dheeraa eeguu
   ta'e."** Yeroo tokko tokko jireenyi Kirstiyaanummaa namatti tole,
   baruumsaa fi mo'cha haaraatu wal-duraa booda dhufa, keessa keenyattis
   ajaiba fi gammachuu addaa fida. Karaa biraa immoo, qabbana'aa fi
   dhadhabbisiisaa, rakkinaa fi qormaataan kan guutee fi yeroo dheeraa
   kannama irraa turu akkasumas yaaduma furmataa illee kan hin qabnne
   ta'a. Rakkoo gabaa, dhukkuba yeroo dheeraa, nammi jallatan nama
   jalaa du'uu, fi hamleen namaa kuufuu irraa kan ka'e amantoonni dafanii
   abdii kutaachuu danda'u. Bilchina manatii keessaa want barbaachisaan
   baramuu qabu keessaa tokko rakkoo jabbaa walakkatti Waaqayyoo
   eeguu baruu dha. Rakkoon keessatti jabatanii dhaabatanii argamuuf
   ayyaana Waaqayyoo nu barbaachisa.

Kanaaf na'umsi jireenya Kirstiyaana kananni barbaachisaa ta'eef.
Amma fedhees nutti haa dhaga'amuu amma fedhees haalonni haa
cimanii, kadhanaadhaan, amantootaa waldaa nannoo wajjin wal-itti
dhufeenya gochuudhaan, dubii Waaqayyoodhaan, Waaqayyoo wajjin
adeemuudhaan jabannee dhaabannee argamuu nu irra jira. Rakkina
keessa dabarru keessatti diina keenyaaf jechaa dhummaa akka hin
arganneef carraa kennuufii dhiisuun maaliif bayyee barbachisaa ta'e?

Na'uumda keessttis yookanis tokkummaa kirstiyaanota hiryoota keenyaa wajjin qabnu keessatti, rakkoodhaa fi haalli keenya akkataa nut ittiin Kirstoosiin wajjin adeemnu keessatti waanuma goonu keessatti akkan inni nu aboomu godhuun faara kennufiin maaliif bayyee gadhee ta'e?

Waliiti fiduu

Dhugaamatti, seerri gudduu galeessi Kirstoositti guddaachuu jabatanii dhaabachuu baruu dha. Dhamaqanii turuu fi hidhaan qabamanii dhabachuu dhiisuu dha. Amma fedhe illee yoo cimaa ta'e gonfoo ofii argachuudhaaf jabatanii gara fuula duraatti gulufuu dha. Garuu isa kana qophaa keenya goona miti. Waamicha keenya isaa lola amantii isa gaarii isaa loluuf waamamne sana keessatti kan human nu ta'anii haalota bayyee qabna. Afuurri Qulqulluun itti fufee nu kessa jiraata, nu jajjabeessa, hojiin amantootaa kennaa qabaniis yeroo gargaarssa barbanutti nu jajjabeessa. Kirtiyaanni guddaachaa jiran hundumtuu dhiphina, wal'ansoo fi qorumsa keessaa fi alaa keessa in darbuu garu jabatanii dhaabachuu baruu qabu. Mee yeroo kadhata kee, yeroo dubbii Waaqayyoo qorattu, haa waldaa kee kessatti hirmaachaa jirtu qorii ilaali. Rakkinoota kee keessatti Jabatee dhaabattee akka argamtuuf si jabeessuudhaan Afuurri qulqulluun maalfaa akka at gootu si iraa barbaada? Har'aa jalaqabii waan tokko yookaan lama filadhuutii gooftaatti kennii human Waaqayyootiin qormaata keessa dabartee dhaabattee argamuuf. Yaadadhu, at qophaa kees miti hin gatamnes, duukabuutotumaa hundumaatu jabatanii dhaabachuu barata (2Xim. 3.12) Waaqayyo tasuma si hin dhiisu sin gatuus (Far. 27.1-3). Karaa gooftaa fi jajjabena isaa qurmsaa kee hunda jabattee keessa in dabarta, waan hundumaatti iyyuu Waaqayyoo ulfina in laatta.

Rakkoon ariidhaa fi jeeqamuun ilaalcha kan koo malee jechuu yeroo dheeraa irraa madda. An waa'ee warra macha'anii fi fakkeessanii waanan yaadaa jiru, garu waa'ee Kirstyanoota kabajamoo tarii warra dugaatiitti fi amala manch'aatti of-gad dhioisani ti. Isaan hin adabamne, dogoggarri isaanii inni balaa du'aa ta'e kun guyyaa hamaa fi firdii isatti ifatti in ba'a. Jireenya of hundaq keessatti waan salphaa duwwaa barbaaduun, rakkoo iraa baqachuun, namoota dhadhaboo irraa dheessaan, karaama salphaa barbaaduu yeroo dhummatti sammuudhaan gatii dhabuu fi waan dhimma hin baafnne nama godha. Macaafa bayyee dubbifammun, hakima bayyee bira dhaquun, barsiisota amanitinmari'achuun, kadhannaa bayyeen, dirqama amantii hedduu fudhachuun, qoricha na jajjabeessa jedhan fudhachuun, yaalli gatii isaa mi'aa argachuun waanumti furmaataa ta'ee nama boqochiisu hin jiru. Na'umsa dhabuu. Waan tokkichi fayyina dhugaa ta'u nama na'umssa qabu ta'uu dha.

~Richard Shelly Taylor
Jireenya Na'umsa qabu: Qu;'annaa Fin Artii duukabuutummaa Kirtsiyaanaa
Magalaa Kansaas, MO: Beekeen mana maxxansa Beeken Hiil. 1962., fuula i-ii.

Mirkana

Yooman mormiin na quunname illee, Afuurri qulqulluun human naa kennuudhaan yeroo hundumaa akkan dammaqee argamu na godha, hanga dhumaatti jabadhee dhaabadhee amantonni kan biroon illee akkasuma akka godhan nan gargaara.

Kadhannaa

John Wesley (1703- 1791) Ijoollee 19 Samu'eel fi Suusaanaa Wesley irraa dhalattan keessaa John Wesley tokko ture, (Isheenis jagna amantii ishee ajaaibsiistuu turte). Yeroo dargaggummaa mana barnootaa Koleejii turetti innii fi hiriyyoonni isaa jireeya qulqullummaa jirachuudhaaf wal-itti hidhatan, warri kan immoo "warra metedistii "jedhanii isaan waamuu eegalan, sababi isaas sababa jireenya tooraa qabissa hodofaniif. Akka lallaboota fi qindessitoota otuu hin dadhabin namoota jabootti hin ilaalamnee fi magalla ala ta'anitti xiyyeeffataniif namoonni seera beekan biyyaa sochii dhiiga dhangalaasu irraa hambise jedhanii iddoo guddaa kennuuf. Hojiin isaa du'a isaa boodalee darbee jiraate, Metedistoonni bayyeen dachee Amerikaa ergaa wangeelaan waliin ga'an

Kadhata kakuu Wesley

An kan booda kan ofii kootii mite, kan kee ti malee
Iddoo fedhaa keen a ka'I, abbaa fidha keetti na madali.
Hojii irraas, dhiphina irras na kaa'i.
Hojii irras na dhhabi, ofii keef na na qusadhus,
Yoo ulfadhees siif, yoon xiqqodhes siif
Yoo guutes, yoon hir'adhes
Yoo bayyee qabadhes, yoon tasa dhabes.
Gamachuudha fi garaa koo guutuudhaan waan hunduma akka sitti toluu fi
harka keettan dhiisa.
Egga amma, Waaqa abbaa, ilama, afuura qilqulluu ulfina qaabessaa fi
eebbifamaa at kan koo ti an immoo kan kee ti.
Eggaa kun haa rawwatu.
Kakuu an lafa kana irratti rawwadhe,
Waaqa irrattis mirkana haa argatu.
Ameen.

~ Akk waajjira macaafa warra Biritish Waldaa warraa Metedistitti, 1936.

Gara Ofirraa Gooftaatti Bo'uu

Waaqa bara baraa, abbaa gooftata koo Yesuus Kirstoos, Akka gooftaa koo fi fayyisaa koottan si amana. Maqaa isaatii jireya bara baraa na kennite, akka inni jiraattetti jireenya kirtsanummaa akkan jiraadhu feete, akkan amantiitti qabamee haafee Waageela kee fi abbommota keef jiraadhuuf. Ayyana karaa dubbii kee fi, karaa kadhata, karaa tokkumma duuka buutota kee wajjin waaqeffachuu, karaa kennaa qulqulluu argamu na kenni. Kananis sitti maxxanee jireenya at naaf lattee guutummatti jiraachuu akkan danda'uuf.

Akkan abdii tasa hin kutanni, yeroo hundumaa akkan kadhadhuu fi human keetti akkan hirkadhee garaa koo guutuu fedha kee dhuukaa akkan bu'u na gargaari, Kanaan immoo akka at ulfaatuu fi mootummaa kee iddoo jiraadhuu fi hojjedhutti akka argamuf. Abbaa koo sin jalladha. Akkan jabadhee dhaabadhu na gargaari. Maqaa Yesuusinan si kadhadhaa, Ameen.

Qayyabannoo Dabalataaf

www.tumi.org/sacredroot, kutaa barreffama dubalataa fi Vidiyoo qabu qabna.

Don L. Davis. A Compelling Testimony. Wichita, KS: The Urban Ministry Institute, 2012. (This resource is available at www.tumistore.org.)

Luqisii Yaadannoo

1 Ximotewos 6.12

Abbaltii

1. Rakkoo, qormaata, rakkinoota amma si mudataa jiran hundumaa tooressi tii, mee tokko tokko isaani Waaqayyotti kenni. Akkamitti akka tokko tokko isaaniif deebii laattu fi gorsa lubaa kee yookanis barsiisota bilchaatoo biraa gorsa argattu dandeessuu fi akkamitti akka keessumaa baaftee waa'ee tokko tokkoo haala keef waaqayyoon galatteffachho akka dandeessu gaafadhu.
2. Karaan tokko karaan ittiin lola amantii isa gaarii isa loluuf human argatan qaphaa ofii shakaluu dha. Challifnee Waaqqayyoon dhaggefachuu baruu qabna. Mee battala shan challisiitii Gooftaa eegadhu. Mee waan hindubbisinis hin haasa'inis, calluma jedhii dhaggeffadhu.
3. Hiriyyaan kee kan ta'e kirstiyaanni shakala kan irratti si waliin akka ta'an gaafadhu. Guyyoota ja'an itti aananitti yeroo qophimmaa kee suuta itti guddisaa adeemi, akka kanatti turban tokko keessatti sa'a tokko yroo qofummaa bartaa.

Eegee/ DUUBEE

DUGDA-DUUBEE 1

BARA KEESSATTI YEROO TOKKO
Dawwii duniyaa ija macaafni qulqulluun addnyaa ilaalu keessan

Luba Doktor Don L. Davis

Waan hin dabrree gara waan hin dabarretti, Waaqayyo keenya Gooftaa dha.

Isaa hin dabarre isa irraa, hiccitii madallii hin qabne jireeya jalqaba duraa, sadan tokkumman waaqayyoo jiraa qannoo keessa macca bara baraa ta'ee akka abbatti, ilmaatti, afuura qulqullutii jiraata. "anii" inni jedhu kan inni mullisu tokkummaa waaqa irraa mudaa hin qabne, waan tokko ille kan isaa hin barbaachifne, qulqullumaan isaa kan dangaa hin qabne, midhagumman isaa fi gammachuun isaas akkasuma kan ta'ee ta'uu isaa mullisa. Akka fedhaa isaa isa guddaa ta'etti Waaqayyo jalala irraa kan ka'e ardii fi dachee waliigala uumamaa iddoo ulfinaan itti mul'atu, idoo sabni fakkaenya isaatiin uumaman keessa buufataan, isaa wajjininis tokkummaa akka qabannuuf akka gammanuu, waan hundumtti ulfina isaaf.

Eenyu, akka Waaqa human qabeessatti, kan biyyaa lafaa isa deebi'ee seeraa isaa irratti ka'e kan uume.

Nammnnu hidhat tokko lamman gojomii hamaan, hamminaan fi of-tuuluun fedhe isaa irratti ka'an, mootii jabaa isa ta'ee sexana dabiloos isaa Waaqayyo irratti human argachuu seerratu sanaan goyyomsamanii, macca afuura hammeenyaa lottoota isaa warra lakkofsa hin aqabneen hojii waaqayyo isa qulqulluu waaqa irraa mormuudhaaf. Karaa Addami fi Hewwan abbomamuu dhiisuu'ofii isaanii fi dhaltoota isaanii du'aa fi rakkoo jabatti saxilanii, karaa waaqayyo irratti ka'uu isaanii umamaaf jeequmsa, dhiphina and hammina itti fidan. Karra Waaqayyo irratti ka'uu fi cubbuu isaanii wal-itti dhufeenyi uumamaa fi Waaqayyoo in bade, Egaa waan hundumtuu kufaatii guddaa, dhiibamuu, garaa-gar ba'uu fi firdii jala akka galu ta'e. Afanfajjii kana ergamoonni, dhalli namaa, yookaanis humamni tasa furmaata fiduu hin danda'an, human gargaarsa giddu galuu Waaqayyo malee wwaquumaan halle, biyyi lafaa fi humamni isaa hund in badu.

Amma iyyuu, araara fi jaalala-gaarummaan, Waaqayyo gooftaan fayy-isaa ergee umama isaa deeffachuudhaan kakuu gale.

Kakuun jalalaa humna qabeessa sanaan, Waaqayyo finciluu uumama isaaf furmaata akka ta'uu isa mo'ataa ta'e ilma isaa tokkicha isaa bifa warra cindii warra kufanii Sanaa uffatee garaa-gar b'insa Waaqayyoo isaan gidduu darbatee gatuuf iddoo isaan bu'ee dhiphate. Karaa kakuu isaa fi amanamummaa isaatii waaqayyo kallattidhaan fayyina isaanii jecha seenaa ilamaan namatti hirmaate. Waaqayyoo uumama isaa deebisee dhabuuf jecha gara isaanitti gad-jedhe, kanaa si'a tokkoo amma bara baraatti seexna lafatti dabaluuf. Namoota isaa gara isaa mo'eetti dabarsuu fi mootummaa isaa deebisee biyya lafaa kana irra dhaabuuf.

Kanfis, iddo bulchaa biyyaa fudhuutii namoota kaase.

Egaa, karra Nohi namoota hojii isaanii isa hamaa irraa isaan fayyise, karaa
Abraham gosaa karaa sanyii biqilu filate, karaa kakuu Abrahamiif gale itti
fufe, akkasumas karaa Yacoob (Israeel) biyyolessa uume qamoo keessa dufu
(Yihuda) addaan baase. Kara Musee kan kan ta'in acuucama jalaa basee kakuu
seeraa kenneef. Akkasumas karaa Iyyasuu saba isaa gara biyyaa kakuudhhan
ga'e. Karaa abboota firdii fi geggesitootaa saba isaa geggesse. Karaa Dawit sanyi
isaa keessan motii barabaran mo'u akka ka'u kakuu gale. Yooma illee kakuun
isaa kun hundi jiraate iyyuu sabni isaa yeroodhaa gara yerootti kakuu isaa irraa
hir'atanii argaman. Ofittumma fi irra deddebi'anii waaqayyoon ganuun isaanii
dhuma irraa firdiif, boji'amuuf, kufuudhaa fi boji'amuutti isaan geese. Haraara
guutuudhaan, kakuu isaa yaadatee hafteen isaan akka biyya isaanitti deebi'an
godhe- kakuun isaa fi oggeffannoo isaa waan hin xumurramneef.

**Eyyu inni, akka abba mo'ichatti, bantii Waaqaa irraa gad-dhufe, yeroon
isaa yeroo ga'etti inni fannoo keessan mo'e.**

Yeroo challisuu akki waggaa dhibbi afuurii ta'e. Amma illee, yeroo isaa
yemuu guutetti Waaqayyo abdii kakuu isaatiif rakkinaan, dhiphinan,
foon uffachuudhaan qoodamee, haala hamaa keessa lixuudhaan kakicha
fiixaan baase. Karaa namumma kirtstoos nama Nazireet Waaqayyoo ulaa
bantii Waaqaa irraa dhufee nu gidduu jiraate' ulfina Waaqayyo abbaa
mul'isuudhaan dubbii seera Waaqayyoo guutee, karaa dubbii isaatii, karaa
hojii isaatii fi karaa ifannaa diinaa humna mootumnaa Waaqayyoo mul'isee.
Fannoo irratti daddarbaa keenya fudhaatee, du'a ballessee, hojii seexna
hinjjifatee, uumama kufaatii irraa deebisee iddotti deebisuudhaaf guyyaa
sadaffatti du'aa ka'e; cubbutti, dhukkubatti, waraansatti xumura kennuu fi
warra fayyina isaa fudhatanii jireenya dhuma hin qabne kennuudhaaf.

**Akkasumas, amma dhi'ootti, gara biyya lafaa kanatti deebi'ee waan
hundumaa haaraa in godha.**

Gara mirga Waaqayyoo abbatti ol-ba'ee Gooftaan Yesuus Kirtstoos afuura
Qulqulluu gara biyya lafatti ergee waldaa kan ta'a namootaa haaraa warra
israeel fi warraa ormaa kan ta'an tolche. Geggessaa isaa jala ta'uudhaan
hojii irra dhaabbatanii, jechaa fi hojjiidhaan Wangeela araara kana uumama
hundumaaf dhugaa ba'anii, erga hojii isaanii xumuranii, inni immoo
ulfinaan deebi'ee dhufee hojii isaa uumama hundaa fi lubbuu hundaaf in
raawwata. Inni bara baraan cubbaa, hojii hamminaa, du'a fi daafii abarsaa
lafatti dabala. Humama hundumaa deebisee bulchinsa isaa isa dhugaa jala
galchee, waaqa haaraa fi lafa haaraa kessatti waan hundumaa deebisee
haaressa, achitti waan lubbuu qabuu fi uumamni hundinuu gammachuu fi
nagaa sadan waaqayyo tokko baraa amma baratti dhandhamatu, ulfinni fi
kabajin isaa duwwaaf haa ta'u.

Sana booda inni deebisee dhunfatu sun gammchuudhaan jiraata...

Dhuma

DUGDA-DUUBEE 2

SEENAA WAAQAYYO HIMAA JIRU

Luba Don Allsman

Mata-duree Boqonnaa	Cuunfaa Boqonnaa	Ijoo Iukkisii
Aggammii fonqolchoo (Yeroo otuu hin ga'in) Seera uumama 1.1a	Waaqayyo uumama dura qunnamtii mudaa hin qabne keessa tur. Saaxannii fi duuka-buutuun isaa fincilanii hamminni akka jiraatu ta'e.	Sagaleen jalqaba waan hundumaa dura ture, sagaleen Waaqayyo bira ture. sagalichis Waaqayyo ture. Waanti hundumtuus isumaan ta'e, waan ta'e keessas isaa malee tokko illee kan ta'e hin jiru (Yohannis 1.1-3)
Fincila (uumama fi kufaatii) Seera Uumamaa 1.1b – 3.13	Nama isa fincilee seexanaa wajjin wal itti hidhate kana, Waaqayyo akka fakkeenya isaa uummate.	Egaa, cubbuun karaa nama tokkoo akkuma gara biyya lafftti akkuma dhufe, duunnis karaa cubbuu akkuma gale, akkasumas namootni hundinuu waan yakkaniif duuni sanyi namaa hundumaa wal ga'e. (Roomee 5.12).
Weeraraaf qopha'uu (Abbootii durii, Mootota, Raajoota) Seera Uumamaa 3.14 - Malkkiyaasitti	Waaqayyo namoota addaan bafatee kan isaa godhaachuuf dhimmame, Kana keessas mootiin inni ilamaan namootaa, warra ormoo iyyuu dabalee birmaduu baasuin dhufa. Yaadnni karoorawwan yaada kanaa deemsuma keessa quba qabsiifama.	Isaan saba Israeel, ilmummaan, ulfinni isaa, kakan yeroo yerootti kakatame, seerri, waaqessuun, abdiin gara garaas isaaniif kennaman. Aboon qomoo kan isaanii ti, akka firoom foonittis Kirstoos qomoo isaanii keessa dhalate, Waaqayyo inni hundumaa garaggaa jiru bara baraan haa galteeffamu! Ameen.
Mo'ichaa fi oolchuu (Foon uffachuun, qurumsi, dinqin, du'aa ka'uun) Maatewos – Hojii ergamootaa 1.11	Fayyisaa irree isaatiin diina hikkachiisuuf dhufe.	Sababii ilmi Waaqayyo mullateef hojii seexanaa diiguuf (1 Yohannis 3.8b)
Lotaan mo'icha argatan (Waldaan) Hojii ergamootaa 1.12 – Mulata 3	Waaqayyoo karoora isaa isa namooni qabiyyee diinaa fudhatanii kan ofii isaanii godhaataniif mullisuuf, kanaanis fakkenya mootummaa isa dufuuf jiruu akka dhandhamaniif.	Ogummaan Waaqayyoo inni dacha bayyee qabu bara si'anaa karaa waldaa kirstiyaanaa warra bantii waaqaa keessaa ogummaa qaban fi warra abboo qabu jedhamanitti iyyuu akka beeksiifamuuf kun ta'e. Waaqayyo akka bara durii karaa Kirstoos Yesuus gooftaa keenya yaadee qopheessetti akeeka isaa fiixaan baaseera (Efesoon 3. 10-11)
Walii-galtee dhabuu isa dhumaa (Lammata deebi'ee dhufuu) Mul'ata 4-22	Fayyisaa kun diinoota isaa ballessu, misirittii fuudhachhu tessoo isaa isa sirrii irra ta'uu itti fufuu deebi'aa in dhufa.	Kirstoos immoo gooftummaa hundumaa, aboo hundumaa, humna hundummas golgoleessee, motummicha deebisee erga Waaqayyo abbatti kennee booddee dhumni in ta'a. Waaqayyo diinota isaa hundumaa milla isaa jala kaa'uufitti, kirstoos mo'uutu ta'a. Hundumaa booddee diina keenya du'atu golgoleeffama (1 Qor. 15.24-26).
Lola mootummoota gidduu	Dhiimmi toressuu macaafa qulqulluu in daran beekamaan lola.	Mootummaan biyya lafaa kan gooftaa keenyaa, kam Masiihii isaatiis ta'eera; inni immoo baraa amma bara baraatti jedhu in dhaga'ama (Mul'ata 11.15b).

Biyya lafaa isaa iddoo itti waan gaggadhee fi waan bayyee ba'eessa ta'es hojjetamu. Biyya lafaa isa iddoo itti gaarummaan seexana buqqisu, jalalli faallaa jibaa ta'e, ayaati fallaajeequmsaa ta'e, walansoo gudaa kana keessatti eenyuu gara isa kami akka ta'e addaan bafatnii baruun rakkoon dha sababiin isaa akkasuuman bifa yoo ilaalan nama dogoggorsa. Amma iyyuu afanfajja'uu fi gad-dhiisii isaaf, biyyaa lafaa isa lolli isaa hundumtuu gara gaarummatti geessu, iddoo yeroo boda gaarii fi gadheen hundi wal-fakkataan, maqaa isaa isa dhugaan beekama.

-Frederick Buechner. Dhugaa isaa dubbachuu

Dugda-duubee 3

Akkamittiin akka macaafa Qulqulluu dubbisuu jalqaban

Luba Don Allsman fi Luba Doktor Don L. Davis

1. Ija kallatti seenaa macaafa qulqulluutiin tokko tokkoo barrefamichaa dubbisi, Karoora deebisee fayyisuu Waaqayyoo wajjinin akkamitti wal-simata, warra yeroo kufaatii isa badan laphee isaanii mo'achuuf.

2. Haala illali. Ofii kee toora keessa galchi, nannoo hinnadhu, ilaalcha, fooliis. Maal akka inni fakkatu yaadi.

3. Akeekachiisatti, qajeelfamatti, waan jireenya keef roga kennu, akka at jalqaba mootummaa Waaqayy barbaaddattu kan si godhu abbommii isaaf qalbii kee kenni.

Karaa ittiin Macaafa qulqulluu dubbifatan

Karoora Macaafa qulqulluu dubbisuu 1ffaa: Seera Uumamaatii hanga Mul'ataatti

1. Waangeela Yohannis dubbifachuun eegali. Kun oggeffanaa waa'ee jireenya yesuus fi akkasumas macaafota kanneen macaafa qulqulluu keessa jiran yeroo dubbistutti ka'uumsa gaarii siif kenna.

2. Gara seera Uumamaa 1 dhaqiitii kallatiimaan itti fufii Macaafa qulqulluu dubbisi.

3. Waanuma gad fagoo ta'etti qabamtee achuma hin turin, badhaadhina isaa fi waan adda addaa qabachuu isaa itti bashai. Gaffilee qabdu, jechoota si galuu didan tooressii yaadannoo qabadu, akka kana yoo dhimmicha namoota kan biro gafachuu yookan iyyu booddee ilaaltaa.

Karaara macaafa qulqulluu dubbisuu 2ffaa: geggessaa dubbisa tooraa
(www.tumistore.org)
Waggama waggatti macaafa qulqullu dubbiftee danddessa, macaafota adda addaa dubbisuun akkataa beektoota macafaa jedhanitti akkan wal-duraa booda barreffamanittu dubbisuu.

Amantoonni bayyee wallin ta'anii maacaafa qulqullu idubbisu, "tooraan" (yeroo keessa), Waligala seenaa isaa, akkataa inni irraa jala seena qabeessan ka'ame sanatti hubannaa gudda argachuuf barbaaduu.

Geggeessa tooreffama kana www.tumistore.org irraa argachuu dandessa. Toreffamni dubbii Waaqayyoo kun toora dhimmichi raawateen dubbifachuu akka at dandeessu si gargaara. Kunis hubannoo walli galaa kan macaafa qulqullu do'ii rawwii mamii hin qabne, akka macaafotaa mata maa isaaniii danda'anii fi wal-hin qabanne otuu hin ta'in akka tokkotti. Akkasumas nun warra maacaafa qulqulluu wagga waggatti dubbifu akka ijooo barsiisa isaa haalaan irra turuuf nu gargaara. Akkaumas fayyisuu Waaqayyoo karaa namummaa goftaa Yesuus na mazireet, kirtstoos dha. Akkasumas hiika oddefannoo dubbii waaqayyo isa fayyina rajeffatamaa, ayyana akka hubannu godha, akkasuma du'uu, owwalaamuu, du'aa ka'uu, waaqatti ol-ba'uu isaa fi deebi'ee dhufuu isaa daran ol-qaba.

Dugda-duubee 4

Yesuus nama nazireet: Duldureen jiraachuu isaa

Luba doktor Don L. Davis

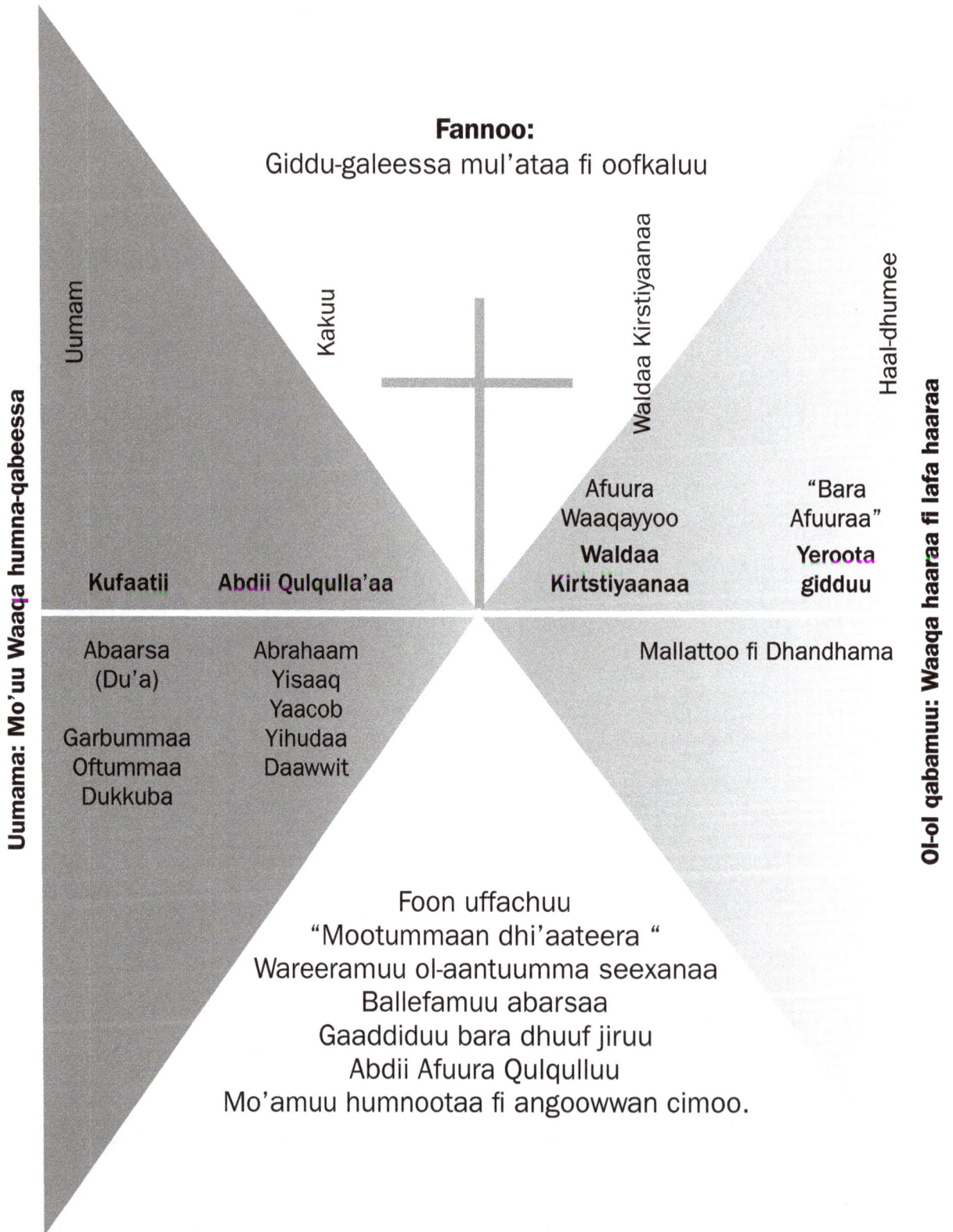

Fannoo:
Giddu-galeessa mul'ataa fi oofkaluu

Uumam

Kakuu

Waldaa Kirstiyaanaa

Haal-dhumee

Uumama: Mo'uu Waaqa humna-qabeessa

Ol-ol qabamuu: Waaqa haaraa fi lafa haaraa

Afuura
Waaqayyoo
**Waldaa
Kirtstiyaanaa**

"Bara
Afuuraa"
**Yeroota
gidduu**

Kufaatii   **Abdii Qulqulla'aa**

Abaarsa
(Du'a)

Garbummaa
Oftummaa
Dukkuba

Abrahaam
Yisaaq
Yaacob
Yihudaa
Daawwit

Mallattoo fi Dhandhama

Foon uffachuu
"Mootummaan dhi'aateera "
Wareeramuu ol-aantuumma seexanaa
Ballefamuu abarsaa
Gaaddiduu bara dhuuf jiruu
Abdii Afuura Qulqulluu
Mo'amuu humnootaa fi angoowwan cimoo.

DUGDA-DUUBEE 5

SEENAA WAAQAYYOO: HIDDA KEENYA ISA QULQULLA'AA

Luba Doktor Don L. Davis

Waaqayyoo gooftaan madda waan hundaa, jiraachisaa waan hundaa, dhuma waan hundumaa waaqa fi lafa irra jiruu ti. Waant hundumaa isaan uumamee, ulfina isaafis jiraatusadan Waaqaqa tokko, abbaa, ilmaa afuura quiqulluu (Roomee 11.36)

Alfaa fi Omeegaa	Mo'icha Kirstoos	Yaa Afuura quiqullu, kottu	Dubbiin kee dhugaa dha	Dhuga bu'umsa isa guddaa	Jireenya isaa nu keessa	Haala itti jiraatan	Tajaajiiluuf lammata dhalachuu
Of-mullisuu Waaqayyoo uumama keessattii, Israeel keessattii fi Kirstoos keessatti				Do'ii mul'ifamaa Waaqayyoo keessatti qooda fudhannaa Waldaa Kirstiyaanaa — Amantummaa dhuga bu'umsa kan Erggamootaa Kirstoosii fi Mootummaa Waaqaaf			
Kayyoo bu'uuraa — Toorressuu Waaqayyoo waa'ee hojii karaa Kirstoos fayyissuu				Shaakala dhuunfaa: Fayyinni ayyana Waaqayyoontin karaa amantii — Deebii gammachhuu warra fayyanii waa'ee hojii fayyisuu Waaqayyoo karaa kirstoos ta'e.			
Barressaa oddeffannoo sanaa	Hinjiifataa oddeffannichaa	Hiiktuu oddeffannichaa	dhuga-ba'umsa oddeffannoo Sanaa	Namoota oddeffannoo	Harreffama oggeffannichaa	Qabatama oddeffannichaa	Itti fuffiinsa oggeffannichaa
Abbaa akka oogganaatti	Yesuus akka dura bu'aa hojiin mul'isaatti	Afuura akka tooressatti	Dubbii Waaqayyoo akka barreffamaatti	Akka quiqulla'atti, qalbii jijirachisaa	Akka Waaqaqeffatootaa fi akka tajaajilaa	akka multoo fi, akka kara addemtuu	Akka gargaaraa fi akka bakka bu'aatti
Ilaalicha biyyaa lafaa Kirstiyaanaa	Mallummaa walii-galaa	Muuxxannoo kan afuuraa ta'e	Aboo macaafa quiqulluu	Barumssa amantaa warra Ortodooxsii	Waaqeffanaa lubbummaa	Duuka buuttummaa karaa Waldaa	Dhuga ba'umsa moottummaa
ilaalach warraa waaqni jiraa jedhanii fi sadan waaqa tokkummaa	Bu'uura Kirstoosiin gid-galeessa godhate	Ummmmata Afuurrui keessa bulee fi kessa guute	akka seera duura caaffata quiqulluu fi dhuga-ba'umsa erggamootaa	Amantii beeksisa amantiidhaan mirkkanaa'e Kan bara durii	Wal-itti qabamsa gurmuu amantootaa	gurmuu, jiaarsa amantummaa itti jiramu	Erggamoota collee kan bulchiinsa Waaqayyoo.
fedhaa isa hundumaa caaluu sanaa	bakka bu'insa karaa masi'ichaa	Jaijabina quiqulla'aa	Dhuga'umsa dhimmamaa	Deebisanii himuu dhugaa guutuu ta'e	Irraa caaluma gammachuu guutuu ta'e	Amanttii guutuun keessa jiraachuu	Jaijabeessuu abdii guutuu
Uumaa Tolchaa adduryaa isa dhugaa	Irra-deebisa Dagannaa fiixaan ba'insa kakkuu	Jireenya kan kennu Deebi'ee latuu fi guddifannaa	Divine Inspiration God-breathed Word	Dhugaba'umsa amantii Kirstoosiii wajjin wal-ta'uu	Ayyanneffanaa fi farfannaa Haalaan irra deddebi'uu seena qabeessa	To'annaa Lubbummaa Hoolotaa tiksuu	Tokkummaa mul'ataa Jaalala quiqullootaaf
Abbaa kabeenyaa Hundaan-ol kanta'e mullisaa uumamaa	Mullisaa Foon uffachuu sagalee	Barsiisaa Calaqqisiisaa dhugichaa	Seenaa quiqulla'aa Ol-keeyyata seena qabeessa	Kirtstoositti cuuphamuu Tokkummaa quiqulllootaa	Lallabaa fi barnoota Labsii raajummaa	Afuuraa amantii walii hirmaatamu Imala waloo sirna afuuraa keessan	keessummeessuu xiyyiffannoo Mirkana mo'uu mottummaa Waaqayyoo
Geggessituu Toa'ataa waan hundumaa eebbifamaa	Deebisaa Wal-itti firoomsaa waa hundaa	Gargaaraa Ga'umssa fi aboo	Macaafa qululluu fi barnoota amantaa Yaad-ibsee qulla'aa	Dhuga ba'umsaa amntii isaa kan erggamootaa fi dhuga ba'umsa amantii isa kan niqiyaa	Hirbaata quiqulluu Irra-deebii mirkana cuullloo	Qabatamaa Seen-duree fi tasaa wagga waldaa Kirstiyaanaa keessan	Garramummaa akka malee Hojii gaarii
Eegduu kakuu Abdachiisaa amanamaa	Iddotti deebisaa Kirstoos, isaa humna hamajaajii irraatti mo'e	Karaa agarsiisaa Argamuu quiqulla'aa fi Ulfina argamuu quiila'aa	Nyaata afuuraa Nyaachisaa imalaaf	Haanxaa hojii warra Vincent Waan iddoo hallee, waan baraa dheeraa duraa, waan walii-galaa	Agarsiisa fuullee kan seera deebi'ee dhufuu Kan ga'ee/ kan sichii	Duuka-buusuu dhimma-baasu Tolchiinsa afuuraa wal-itti qabama warra amananii keessatti	Dhuga ba'uumsa warra wangeelaa Gourmuu namoota hundaa duuka buutuu gochuu

DUGDA-DUUBEE 6

ISA DURAA KAASEE HANGA BARA GARASIITTI

Karoora Waaqayyoo fi seenaa ilmaan namaa

Suzanne de Dietrich irraa fudhatame: Dhimmama Waaqayyoo isa mul'ataa. Filadelfi-yaa: westiminiteer presii.

I. Yeroo dura (Jireenya bara baraa darbe) 1 Qor. 2.7
   A. Sadan Waaqa tokkoo kan barabaraa
   B. Akeeka Waaqayyoo isa barabaraa
   C. Tajaajila albaadhummaa
   D. Macca afuura hammeenyaa fi angoo

II. Jalaqaba yeroo (Uumamaa fi kufaatii) Seera Umamaa 1.1
   A. Sagalee uumu
   B. Namummaa
   C. Kufaatii
   D. Mo'cha du'aa fi mallattoo ayyanaa isa jalqabaa

III. Mullisa yeroo (Waaqayyo karaa Israeel mullise) Gal. 3.8)
   A. Waadaa (abbootii durii)
   B. Keessa ba'uu fi kakuu Siinaattii
   C. Lafa kakuu
   D. Magalaa, mana qulqullummaa fi teessoo (Raajii, luba, fi mootii)
   E. Warra biyyaa ba'e
   F. Warra haftee

IV. Yeroo isaa yeroo ga'etti (Foon uffachuu Masi'ichaa) Gal. 4. 4-5
   A. Mootichi gara mootummaa isaa dhufe
   B. Dugoomna mo'umsa isaa yeroo kanaa
   C. Iccitii motummichaa: waan ta'ee fi waan amma iyyuu hin ta'in
   D. Mooticha isa fannifame
   E. Gooftaa isa du'aa ka'e

V. Yeroo dhumaa (Bu'uu Afuura qulqulluu) Hojii E. 2.16-18
   A. Yeroowan gidduutti: Waldaa kirtstiyaa akka mi'seeffanaa mootuumma dhufuu
   B. Waldaa Kirtstiyaanaa akka bakka buutuu Motummichaatti
   C. Wal-dhabiinsa mootummaa dukkanaa fi ifaa

VI. Rawwii barchaa (Deebi'ee dhufaatii) Matt. 13. 40-43
   A. Debi'ee dhufuu Kirstoos
   B. Firdii
   C. Raawwatama mootummaa isaa

VII. Yeroodhaa achi (Bara-barummaa gara fuula duraa) 1 Qor. 15. 24-28
   A. Mootummaa harka Waaqayyootti dabarfamee kenname
   B. Waaqayyoo waan hundaa, hunduma keessaa

GADDIDUU FI DHAMA ISAA
Luba Doktor Don L. Davis

Farfannaa, abdatama, Waaqeffanaa fi dimmamaaf raaduu.

Gaafii qulqullootaa seera hamilee kakuu moofaa

Abbotii amantii fi kakuu

Mul'achuu erggamoota Looftaa (Mul'achuu)

Gosootaa fi nur-akeekkacchiisa kan uummataa, kan waa-qumsee fi kan dhimmootaa

Godoo qulqulla'aa

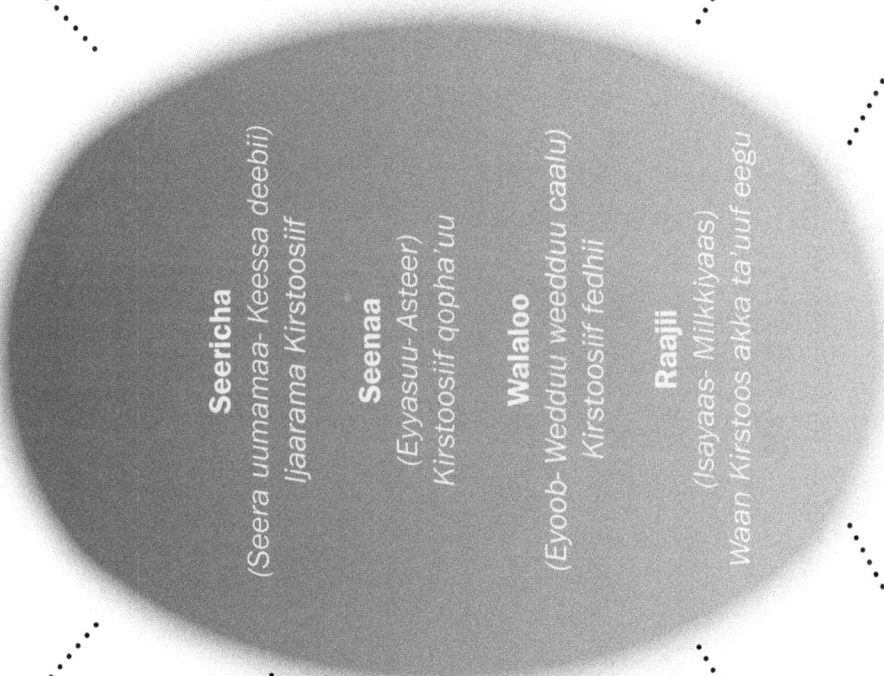

Seericha
(Seera uumamaa- Keessa deebii)
Ijaarama Kirstoosiif

Seenaa
(Eyasuu- Asteer)
Kirstoosiif qopha'uu

Walaloo
(Eyoob- Wedduu weedduu caalu)
Kirstoosiif fedhii

Raajii
(Isayaas- Milkkiyaas)
Waan Kirstoos akka ta'uuf eegu

Addammi fi seenaan Israeel akka irra-deebiitti

Fayyisuu Waaqayyoo keessatti warra ormaa hammachuu

kakuumoofaa keessatti Raajii mesi'icha ilaalatti

Tajaajila raajootaa, lubummaa, fi mootii

Raajiiwan waa'ee mootummaa Waaqayyoo ilaallatu

Arasaa fi ayyaneeffanna

DHGDA-DUUBEE 8
KIRSTOOS KEESSATTI
Luba Doktor Don L. Davis

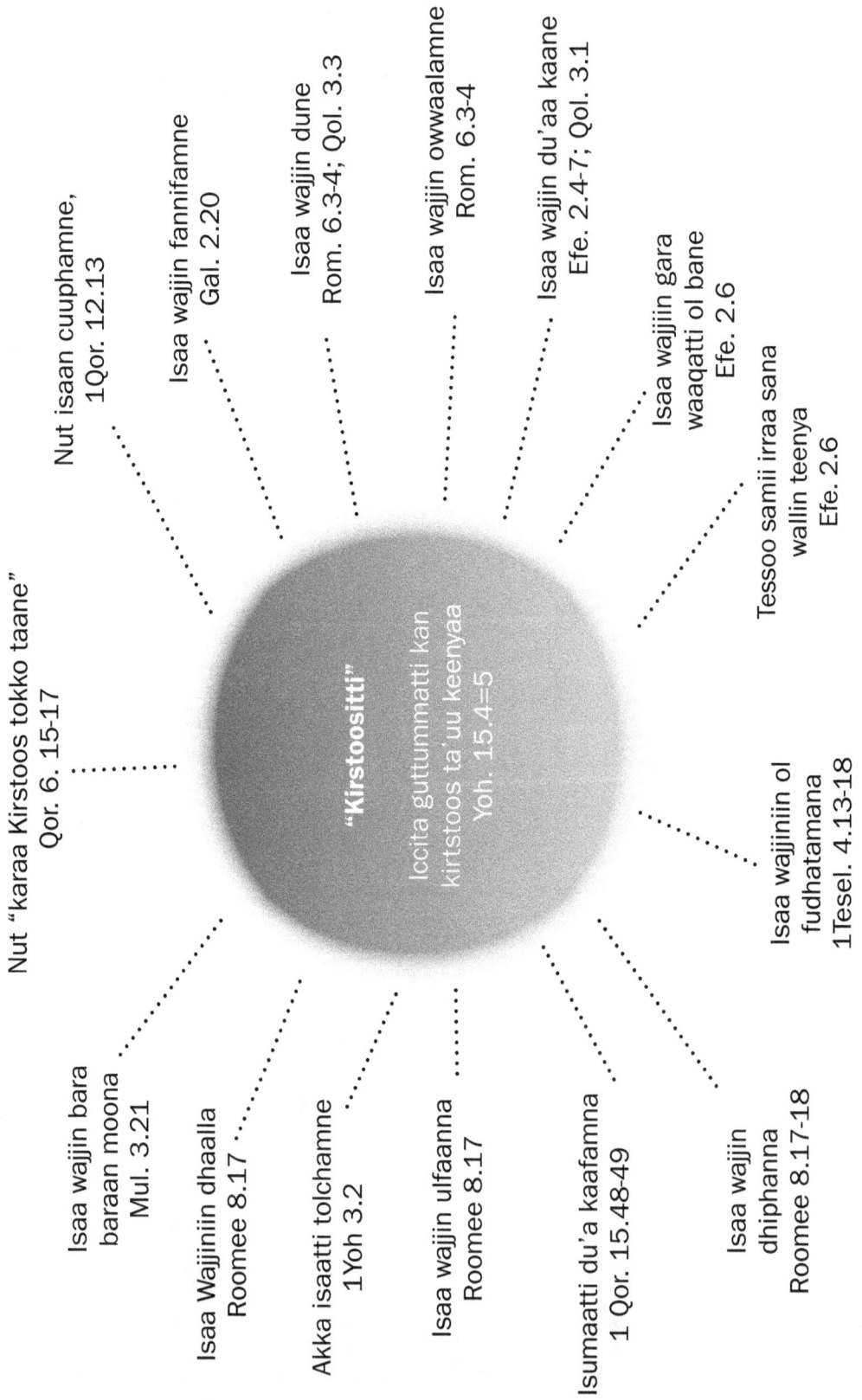

"Kirstoositti"
Iccita guttummatti kan
kirtstoos ta'uu keenyaa
Yoh. 15.4=5

Nut "karaa Kirstoos tokko taane"
Qor. 6. 15-17

Nut isaan cuuphamne,
1Qor. 12.13

Isaa wajjin fannifamne
Gal. 2.20

Isaa wajjin dune
Rom. 6.3-4; Qol. 3.3

Isaa wajjin owwaalamne
Rom. 6.3-4

Isaa wajjin du'aa kaane
Efe. 2.4-7; Qol. 3.1

Isaa wajjin gara
waaqatti ol bane
Efe. 2.6

Tessoo samii irraa sana
wallin teenya
Efe. 2.6

Isaa wajjiniin ol
fudhatamana
1Tesel. 4.13-18

Isaa wajjin
dhiphanna
Roomee 8.17-18

Isumaatti du'a kaafamna
1 Qor. 15.48-49

Isaa wajjin ulfaanna
Roomee 8.17

Akka isaatti tolchamne
1Yoh 3.2

Isaa Wajjiniin dhaalla
Roomee 8.17

Isaa wajjin bara
baraan moona
Mul. 3.21

Dugda-duubee 9

Labsii bilisummaa ofiin ta'uu keenya: Bilisummaa karaa Kirstoos

Luba Doktor Don L. Davis

Bilisummaa karaa du'a fi fannoo Kirstoosiin nuu dhalateen hamlee kirstiyaanummaa barsiisuun bayyee barbaachisa, akkasumass akka afuurri qulqulluun jireenyaa namootaa fi karoora hojii waldaa Kirstiyaanaa seenes (kana jechuunis, Galatiyaa 5.1, "akka bilisummaan jiraauuf Kirstoos bilisa nu baase"), akkasumas bilisummaa kana karaa inni Waaqayyoof ulfina kennuu fi karaa inni mootummaa kirstoos itti baballisu itti garkaaramuu dha. Karaama barreffamoota bilissummaa ciccimoo ergoota macaafa keessa jiranitti, nan amana warri kan biroo Kistoosii fi mootummaa isaa akka jiraatan "6-8-10" fi seeroota 1Qorontoos irratti xiyyeeffachuudhaan fi dhimma haamilee irra oolchuu.

1. Qor. 6. 9-11- Kirstiyaanummaa jechuun Karaa Kirstoos hareffamuu dha, mootummaa Waaqayyoo galuu dhaaf kan biraa kan itti qabachuu danda'an sababiin hin jiru.

2. 1Qor. 6.12a -Nut karaa Kirstoos birimaduu dha, garu waan nut goonu hundumaatu kan nama qulqulleessu yookans kan nama gargaaru jechuu miti.

3. 1Qor. 6.12b- Nut karaa Kirstoos birmaduu dha, garu want suusii nutti ta'uu fi kan mataa irra ba'ee nu to'atu faallaa Kirstoosii fi mootummaa isaatii ti.

4. 1Qor. 8. 7-13- Nut Karaa kirstoos birmaduu dha, garu birmadummaa keenya ittiin of argisiisuudhaaf gochuun tasumaa hin ta'u; keessumaaimmoo kirstiyaanoota sammuun isaanii jeeqamee fi namoota waan isin gootanitti gufachuu danda'annif.

5. 1Qor. 10.23- Nut karaa Kirstoos birmaduu dha, want hundinuu nuuf seera qabeessa, garu waan hundumatu nama gargaara miti, waan hunduma isaatu nama ijaara jechuus miti.

6. 1Qor 10.24- Nut karaa kirstoos birmaduu dha, birmadummaa keenya kana immoo karaa Kirstoos itti obboloota keenyaa fi obboletowan keeny a ittiin jallachuuf gargaaramuu qabna, fayidaa warra biraaf oolchuu qabna (madaali, Gal. 5.13)

7. 1Qor. 10.31 – Nut karaa Kirstoos birmaduu dha, birmaduun kun kan nuu kennameef waan goonu hundmaan Waaqayyoof ulfina akka laatnuuf, yoo in nyaanna ta'es, in dhugna ta'ee waan hundumaa ulfina issaf gochuu.

8. 1Qor. 10.32-33- Nut karaa kirstoos birmaduu dha, birmadummaa Kenya karaa inni namoota biyyaa lafaa keessa jiraatan fi Waldaa kirstiyaanaa mirga isaani hin sarbnetti ta'u qaba. Garu waan goonu hundumaan karaa isaan gara kirstoos beekuu fi jallachuutti harkisuu haa ta'u, kan jechuunis lubaan isaanii akka fayyutti

Seeoota kanatti dabalee, seeroota kanneen harmaa gadditti xiyyeffannoo addaa kennuu qabna:

- 1Petros 2.16- Akka hojjettoota kirstoositti birmmaddummaadhaan jiraachuu qabna, garu birmadummaa keenya hojii keenya isaa hamaa ittiin dhoksuuf akka hin taane.

- Yoh. 8.31-32- Yeroo isaaf abboomamnuu fi dubbii isaan geggeffamu itti fufnu duuka buutuu isaa ta'uu keenya ofitti agarsiifna, kana gochuu keenyaan dhugaa hubannaa, dhugaan immoo birmaduu nu baasa.

- Gal. 5.13- Akka obboolootaa fi obboleetowan karaa kirstoositti, birmaduudhaaf waamamne, garu birmadummaa keenya akka waqaqaa eenyuaamma isa ittiin cubbaa keenya hagugnuu gargaaramuu hin qabnu. Walii walii keenya jaalalaan akka tajaajiluuf gara birmadummaa kanatti waamamne.

Xiyyeffannan waa'ee bilisummaa kun, yaadicha keessatti waan nut namootaa ga'oo yookaan ijoolee waggaa 13 hanga 19tti jiraniin jennu sammuu koo keessa kaa'a. Yeroo bayyee karaa nut itti amanoota haaraa na'umseessinu karaa dhageeffachuu dhadhabsiisaa sagalee adda addaa, amala manca'aa haasa'uu dhaga'uudhaan waan ta'u seena , Kun immoo yaada Kirstiyanumaa amantii faallaa hojii ta'e (amantiima waanuma tokkoo hojiin hin agarsiifna) yookan immoo amantii ma waa'eema cubbuu rawwaachuu dhiisuu duwwaa fuuleeffatu akka fakkatu godha. Dhugaamatti, ijoon hamilummaa Kirstiyanummaa bilisummaa dha, bilisumaa gatii gudaadhaan argamu, bilisumaa Waaqayyoo jallachuu, bilisummaa, bilisummaa jaalalaa, kan mootummaa isaa cimaa, bilisumaa guutummaatti Waaqayyotti of kennanii fuula isaa dura jiraachuu. Itti gaafatamni hamlee Kirstiyanoota warraa wal-itti dhufanii karaa kirstoos bilisumaan jiraachuu, ulfina waaqayyoo keessatti birmadoomuu, Bilisumaa kana inni waraqaa enyummaa seeraa isa ittin cubbaa shakalan godhanii akka hin gargaramne.

Ijoon barsiisichaa egaa, kaninni irratti xiyyeeffatu bilisummaa isa karaa du'aa fi du'aa ka'uu Kirstoos nuu mo'e fi tokkummaa isaa wajjin qabannu irratti. Egaa amma nut seera jalaa, seera du'aa fi cubbaa jalaa, ceephoo fi gaabii cubbuu keenya jalaa, kissii seerri gala nu galchuu fedhu jalaas birmadoofneerra. Egaa amma nut kan Waaqayyoo hojjennu gammachuudhaa fi galata guddaadhaan akkasumas hamilee bilisumaadhaan kirstoosiif jiraachuutiin.

Bilisumaa keenya akka of-jajuu fi gowwatti itti hin gargaaramnu garu Waaqayoon ulfeessuu fi warra biraa jallachuuf dhimma itti baana. Kun dhimmoota kan garaa nama cabsan kan akka sodomummaa, ulfa baasuu fi mancainsa hawaasummma kan ta'an kan biroo haalaan ilaaluuf. Warri waan akkasii kanatti hirmaatan bilisummaa fakkessu, garu warraa beekumsa Waaqayyoo isa karaa kirstoos sana hin qabnee dha. Isaan akkasii yaaduma keessa isaanii isa dhuunfaa duukaa warraa bu'anii dha, waan akkasii kun seera waaqayyoonis jalala isaaniis waan quba hin qabamnee dha.

Bilisummaan karaa kirstoos faajii jireenyaa gara jireenya qulqullummaa fi gammachuun guuteetti akka duuka-buutuu wal-ta'eetti akka jiraanuuf. Bilisumaan kun Kirstiyaanoonni hamma warraa sammuun isaaniin nut "bilisa" jedhanii jireenya gara hidhaatti, gara qaanii fi gara gaabbitti isaan geessu keessa jiraatan giddutti warra dhimma baasanii fi warra waa uumuu danda'an isaan godhuu danda'a.

DUGDA-DUUBEE 10

HAALA OIKOS
Luba Doktor Don Davis

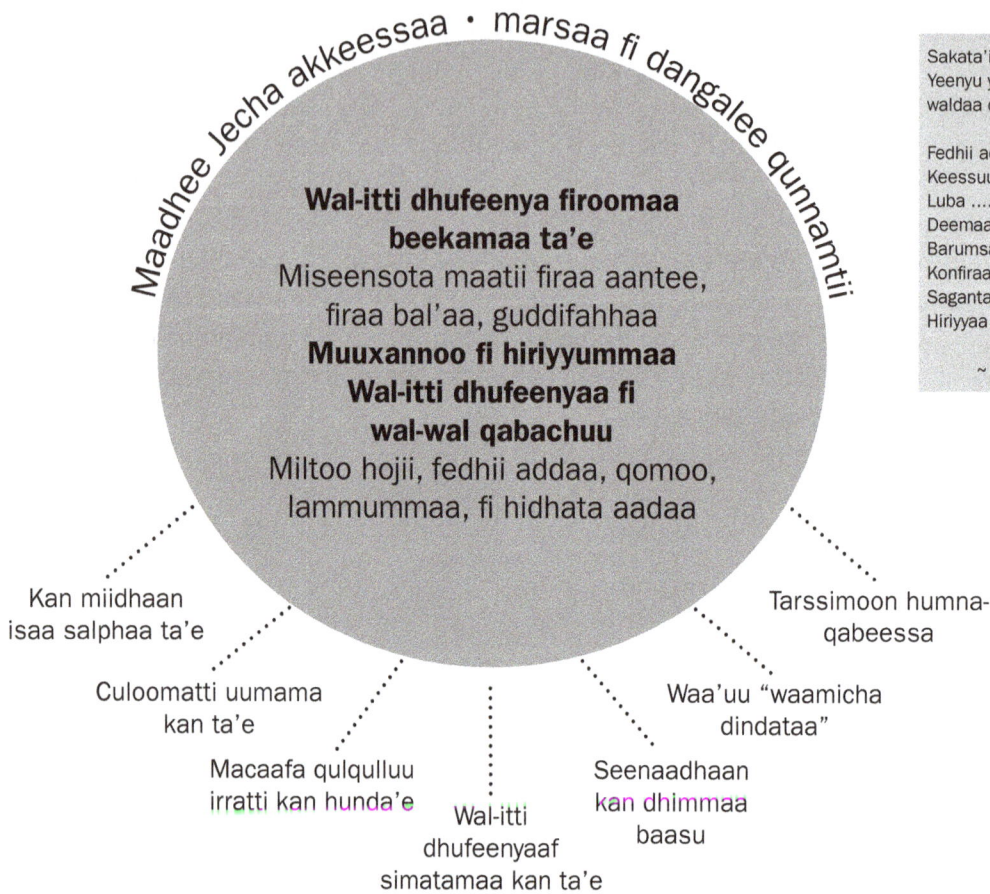

Maadhee Jecha akkeessaa • marsaa fi dangalee qunnamtii

Wal-itti dhufeenya firoomaa beekamaa ta'e
Miseensota maatii firaa aantee, firaa bal'aa, guddifahhaa
Muuxannoo fi hiriyyummaa
Wal-itti dhufeenyaa fi wal-wal qabachuu
Miltoo hojii, fedhii addaa, qomoo, lammummaa, fi hidhata aadaa

Kan miidhaan isaa salphaa ta'e

Culoomatti uumama kan ta'e

Macaafa qulqulluu irratti kan hunda'e

Wal-itti dhufeenyaaf simatamaa kan ta'e

Seenaadhaan kan dhimmaa baasu

Waa'uu "waamicha dindataa"

Tarssimoon humna-qabeessa

Sakata'insa: 42,000tu gaafatame:
Yeenyu ykn maali kan gara Kirstoosi fi waldaa dhufuu keef sababni

Fedhii addaa	1-2%
Keessuumoota	2-3%
Luba	5-6%
Deemaanii dubbissuu	1-2%
Barumsaa sanbataa	4-5%
Konfiraansii wangeelaa/TV	½ %
Sagantaa Waldaa	2-3%
Hiriyyaa fi fira	75-90%!!

~ Guddina Waldaa, Inc. Monorovia, CA

"Maatii (miseensota maatii) kakuu moofaa keessatti
Maatiwwan yeroo bayyaa dhaloota afour qabata, kan dhiira, dubartii eerumte, durba hin eerumn, garboota dhiiraa fi dhalaa, nama lammummaa hin qabne fi 'karaa adeemtuu' Ykn namoota hojjetootaa biyyaa ormaa ta'an."

~ Hans Walter Wolff, Barreessaa sonsoma walaloo fi farfannaa kakuu moofaa.

Maatii (miseensota maatii) kakuu haaraa keessatti
Tareessa kakuu haaraa keessatti wangela'ummaa fi dukabuutumaa uumuun hordaffii kallatii maatummaa waliin kan ibsamuu dha. Kuns, akkataa uumama fi beekamaa ta'e hidda wal-itti dhufeenya isaan keessa jiraatan (illali, Marq. 5.19; Luq. 19.9; Yoh. 4.53; 1.41-45, itti fufa.) Indiriyaasii hang Somoonitti (Yoh. 1.41-45), fi Korniliyoos (HoE. 10-11) fi Wardiyyaa mana hidhaa Filiphoos (HoE. 16) kan fakkenyoota beekamoo wangeela bal'insuu fi duuka buutummaa karaa maatii ta'ee dha.

Maatii (miseensota maatii) hiyyessota magalaa keessatti
Adda addummaa gudaan aadaa gidduu otuma jiraatuu, Wal-itti dhufeenyi firoomaa, gurmuu fidhii addaa, ijaarama maatii kan uummata magalaa keessaa, warri magaalaa keessaa wal-itti dhi'eenyaa fi ollummaa caalaa karaa walitti dhuufeenyaa, karaa hiriyyumaa wal-itti kan dhi'aatan ta'uu isaanii ifaa dha. Hiyyeeyyiin magaalaa keessa bayyee hirriyaa wali-itti siqan ta'an yeroo bayyee ollummaadhaan, maatiidhaan miti sababii isaa ta'umsana garaagar fagoo ta'uu danda'u. Magaalaa keessatti wangeelaa fi dukabuutumaa dagaagsuudhaaf yeroo fudhatanii haala qunnamtii itti uumuu danda'an haalaan qorachuun dhimma kana ilaalchisee hojii fiixaan ba'e hojjechuuf bayyee barbaachisaa dha.

BARUMSA AMANTII KIRSTUS VIKTER
Luba Dcktor Don L. Davis

	Masi'icha isa abdachiifame	Sagaleetu foon ta'e	Ilma namaa	Hojjetaa dhiphate	Hoolaa Waaqayyoo	Abbaa mo'ichaa isaa mo'ate	Mootii Waaqa irratti mootummaa qabu	Dhirsa misirroo mootii dhi'ootti dhufu
Bu'ura-hojii macaafa qulqulluu	Waaqa dhibamaa abdii warraa israeel kan saba isaa olchu	Namummaa Yesuus Kirstoos Nazireetichaa, gooftaan gara biyya lafaa dhufee.	Akka mooti abdachiifamee fi akka ilma namaa isa qulqullutti, Yersuus ulfina Waaqayyoo mullisee, biyya lafaa immoo fayyina lubbuu kenne.	Akka isaa balbala mootummaa Waaqayyoo saaquutti, Yesuus karaa sagalee, hojii isaa fi dinqii isaan motummaa Waaqayyoo akkan mul'ifamu godhe.	Akka hangafa lubaa fi akka hoolaa faasikaatti, Yesuus iddoo keenya cubbuu keenyaaf jecha fuula waaqayyoo duratti arsaa godhee of dhi'eesse	Karaa du'a ka'uu isaatii fi karaa garaa mirga Waaqayyootti ol ba'uu isaatti Yesuus moichaa cubbuu fi du'a irratti qabu labse.	Hanga Waaqayyoo diinota isaa ejjennaa milla isaa godhuutti, inni gara mirgaa Waaqayyoo ta'a, yerssus qama isaa irratti gaarummaa isaa dhangalasee.	Goftaa du'a ka'ee fi gooftaan gara Waaqatti ol ba'ee yeroo dhi'ootti deebi'ee dhufee waldaa Kirstiyaan misirroo isaa ishee taate wa-itti qabata kananis hojii isaa wal-itti gudunfa.
Soqiinsa dubbii Waaqayyoof	Esayaas 9. 6-7 / Ermiaas 23.5-6 / Esayaas 11.1-10	Yoh. 1.14-18 / Matt. 1.20-23 / Fil. 2. 6-8	Matt. 2. 6-8 / Seera Lak. 24.17 / Luq. 1.78-79	Marq. 1.14-15 / Matt. 12.25-30 / Luq. 17.20-21	2Qor 5.18-21 / Esayaas 52-53 / Yoh. 1.29	Efe. 1.16-23 / Fil. 2.5-11 / Qol. 1.15-20	1Qor. 15.25 / Efe. 4.15-16 / HoE. 2.32-36	Roome 14. 7-9 / Mul. 5. 9-13 / 1Tese. 4. 13-18
Seenaa Kirstoos	Foon uffachuu isaa duraa jiraachuu isaa, ulfina Waaqayyoo kan ta'ee tokkicha Ilma Isaa	Afuura qalqulluu irraa kan ulfeeffame, Mariam burbattii kan dhalate	Beeksoota urjii lakka'an bahaa fi biyya lafaatti kan mul'ate	barumsa isaa, afuura hamaa ifannaa isaa, dinqii isaa fi hojii isaa isa jajamaa	Dhiphina isaa, fannifamuu isaa, du'uu isaa fi owwalamuu isaa	Du'aa ka'uu isaa, dhuga baatootatti mul'achuu issa, gara abbatti ol ba'uu isaa	Afuura qulqulluu fi kennoota isaa erguu isaa, gara mirga abbaa isaatti ol ba'uu isaa	Akka gooftaa fi Kirstoositti dafee deebi'ee dhufuu isaa: Dhufatii lammaataa
Ibsa isaa	Abdii karaa macaafa qulqulluu sanyii abrhamiif, rajii kan akka Muse, ilma Dawwit	Foon uffachuu keessan kirstoos gara keenya dhufe, Yesuus ulfinaa Waaqayyoo uumama hundumatti akka mul'ifamu godhe.	Karaa Kirstoos Waaqayyoo fayyinni isaa biyya lafaaf akka mul'atu godhe kunis warri ormaa illee dabalatee.	Karaa Yesuus mootummaan Waaqayyoo inni abdachiifame sun biyyaa lafaaf akka mul'atu ta'e, kunis kan ta'e hojii seexanaa hidhudhaanii fi abarsa ballessuudhaan.	Akka hoolaa Waaqayyoo isa qulqullutti, Yesuus sababa cubbuu godhee Waaqayyo duratti of dhi'eessuudhaan biyyaa lafaa hundaaf harsaa ta'e.	Du'aa ka'uu isaa fi gara Waaqatti ol ba'uu isaatiin Yessus du'a diigee, huna seexanaa cabsee abasra balleesse	Jesuus akka mataa waldaa Kirstiyaanatti marga Waaqayyoo ta'uuf muudame, hangafa du'aa ka'e Waaqa irratti Gooftaa humna qabeessa.	As biyya lafatti maatii isaa keessatti miixachaa, gutamuu abdii isaatiif deebi'ee dhufuu kirstoos eegganna.
Waggaa Waldaa Kirstiyaanaa	**Dhufaatii**	**Ayyaana du'aa ka'uu**	**Yeroo mul'achuu isaa** Cuuphaa fi bifa-jijjirraa	**yeroo qorunsaa faasika dura**	**Torban qulla'aa dhimmama**	**Yeroo faasikaa** Faasikaa, guyyaa ol fudhatamuu, phenxeqoosxee	**Yeroo phenxeqoosxee booda** Sanbata sadan tokkummaa Waaqayyoo	**Yeroo phenxeqoosxee booda** Guyaa qulqulloota hundaa, Mo'uu Kirstos motichaa
Ijaarama afuuraa	Dhufaatii Kirstoos	Dhalachuu Kirstoos	Mul'achuu Kirstoos	Tajaajila Kirstoos	Dhiphinaa fi du'a Kirstoos	Du'aa ka'uu fi Waaqatti ol ba'uu Kirstoos	Yeroo Kirstoos Motummaa Waaqaa keessatti	Mo'uu Kirstoos
	Akkumadhufatii isaa eegachaa jiruun, mee kottaa abddii kirstoos in labsinaa in jabissinnas	Sagaleetu foon ta'e, garaan hundumtuu iddoo buufannaa isaaf haa qopheessu	Ilma namaa isaa qulqulluu, biyyaa lafatti fayyisuu kee fi ulfina kee argisiisi	Nammummaa Kirstoosiin humni mootummaa Waaqayyo gara biyyaa lafaa fi Waldaa Kirstiyaanatti dhufe.	Warri Kirstoosii wajjiin du'an isaa wajjiniin du'aa haa kaafaman	Kottaa amantiidhaan mo'chaa Kirstoos humna cubbuu, du'aa fi seexana irratti argisiise keessatti hirmaanaa.	Mootummaa Waaqayyoo akka baballifnuu yaa Afuura qulqulluu kottuti nu keessa bufadhu	Nut hojidhaa fi jireenyaan dafee dhufuuKirstoos eegganna, waan hundumaan isaa gammachhifna

DUGDA-DUUBEE 12

KIRSTUUS VIKTER: MUL'ATA WALSIMATAA JIRRENYAA FI DHUGA BA'UMSA KIRSTIYAANOTAAF

Luba Doktor Don L. Davis

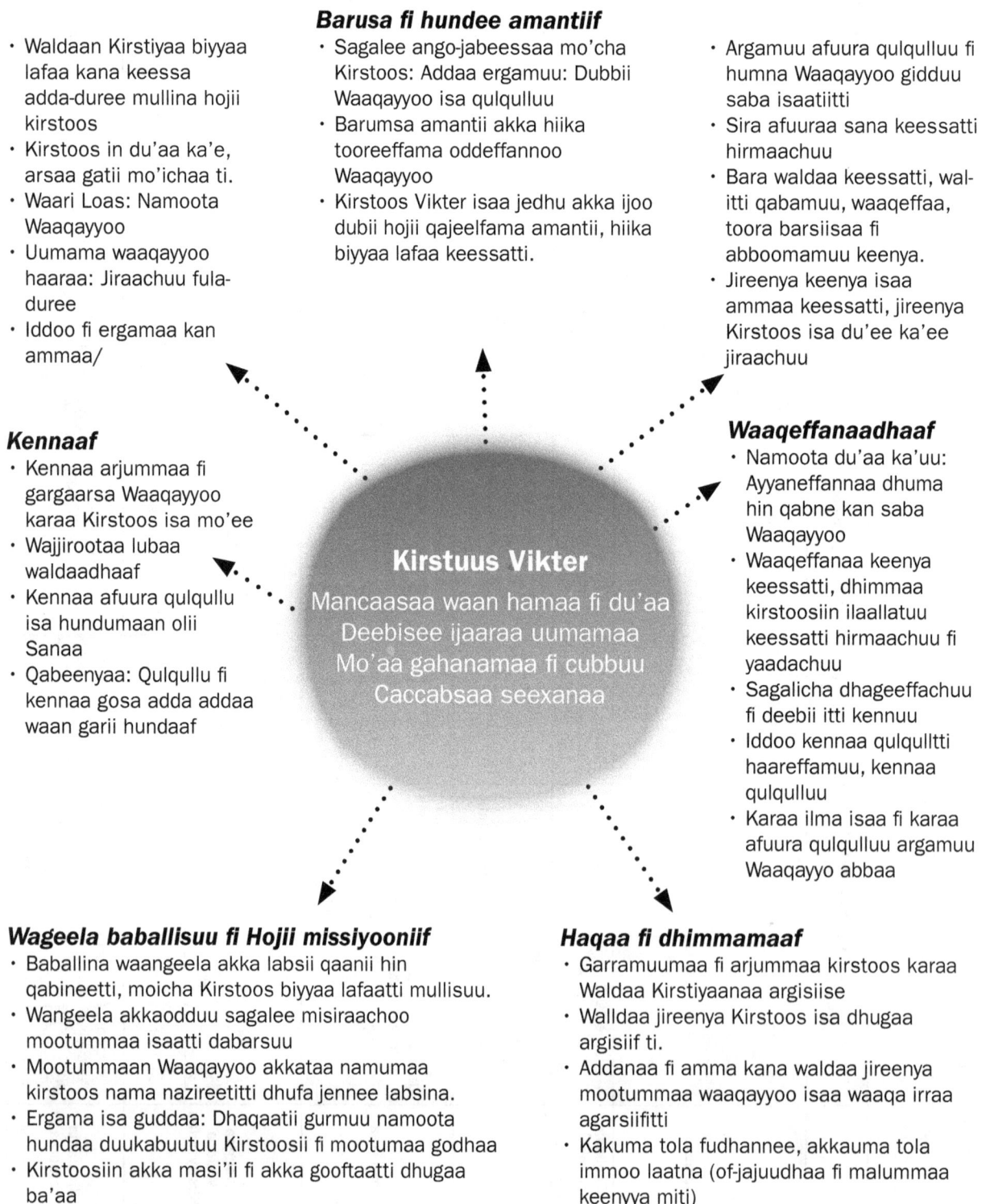

Barusa fi hundee amantiif

- Waldaan Kirstiyaa biyyaa lafaa kana keessa adda-duree mullina hojii kirstoos
- Kirstoos in du'aa ka'e, arsaa gatii mo'ichaa ti.
- Waari Loas: Namoota Waaqayyoo
- Uumama waaqayyoo haaraa: Jiraachuu fula-duree
- Iddoo fi ergamaa kan ammaa/

- Sagalee ango-jabeessaa mo'cha Kirstoos: Addaa ergamuu: Dubbii Waaqayyoo isa qulqulluu
- Barumsa amantii akka hiika tooreeffama oddeffannoo Waaqayyoo
- Kirstoos Vikter isaa jedhu akka ijoo dubii hojii qajeelfama amantii, hiika biyyaa lafaa keessatti.

- Argamuu afuura qulqulluu fi humna Waaqayyoo gidduu saba isaatiitti
- Sira afuuraa sana keessatti hirmaachuu
- Bara waldaa keessatti, wal-itti qabamuu, waaqeffaa, toora barsiisaa fi abboomamuu keenya.
- Jireenya keenya isaa ammaa keessatti, jireenya Kirstoos isa du'ee ka'ee jiraachuu

Kennaaf

- Kennaa arjummaa fi gargaarsa Waaqayyoo karaa Kirstoos isa mo'ee
- Wajjirootaa lubaa waldaadhaaf
- Kennaa afuura qulqullu isa hundumaan olii Sanaa
- Qabeenyaa: Qulqullu fi kennaa gosa adda addaa waan garii hundaaf

Kirstuus Vikter

Mancaasaa waan hamaa fi du'aa
Deebisee ijaaraa uumamaa
Mo'aa gahanamaa fi cubbuu
Caccabsaa seexanaa

Waaqeffanaadhaaf

- Namoota du'aa ka'uu: Ayyaneffannaa dhuma hin qabne kan saba Waaqayyoo
- Waaqeffanaa keenya keessatti, dhimmaa kirstoosiin ilaallatuu keessatti hirmaachuu fi yaadachuu
- Sagalicha dhageeffachuu fi deebii itti kennuu
- Iddoo kennaa qulqulltti haareffamuu, kennaa qulqulluu
- Karaa ilma isaa fi karaa afuura qulqulluu argamuu Waaqayyo abbaa

Wageela baballisuu fi Hojii missiyooniif

- Baballina waangeela akka labsii qaanii hin qabineetti, moicha Kirstoos biyyaa lafaatti mullisuu.
- Wangeela akkaoddu sagalee misiraachoo mootummaa isaatti dabarsuu
- Mootummaan Waaqayyoo akkataa namumaa kirstoos nama nazireetitti dhufa jennee labsina.
- Ergama isa guddaa: Dhaqaatii gurmuu namoota hundaa duukabuutuu Kirstoosii fi mootumaa godhaa
- Kirstoosiin akka masi'ii fi akka gooftaatti dhugaa ba'aa

Haqaa fi dhimmamaaf

- Garramuumaa fi arjummaa kirstoos karaa Waldaa Kirstiyaanaa argisiise
- Walldaa jireenya Kirstoos isa dhugaa argisiif ti.
- Addanaa fi amma kana waldaa jireenya mootummaa waaqayyoo isaa waaqa irraa agarsiifitti
- Kakuma tola fudhannee, akkauma tola immoo laatna (of-jajuudhaa fi malummaa keenyaa miti)

MACAAFA QULQULLUU GUUTUMMAA FI HANDA TOKKO KEESSA HUBACHUU

Luba Don Allsman

Kirstoosiin akka gooftaatti hunduma irratti ol-ol qabuuf maccaf qulqullun karoora Waaqayyoo isa isaa angoo qabeessa. Uumama hunduumaa olcha, diinoota waaqayyoo bara baraan gad deebisa. Eenyummaa macaafa Qaulqulluu Yesuus Kirstoosii dha (Yoh. 5.39-40)

- Kakuu moofaan eeggachuu fi abdii waa'ee kirstoos kennamee dha.
- Kakuu haaraan guttummaa fi fiixaan ba'uu karaa kirstoos ta'ee dha.

"Kakuu haaraa kakuu moofaa keessa dhokatee argama: Kakuu moofan kakuu haraa keessatti mul'fama"

Maddilee guddina waan dhimma dhokataa: jalaba, dubbiin ka'uu, hojii kufaatii, hiika rakkoo

1. **Jalqaba**: Uumamaa fi kufaatii namaa (Rakkoo fi hiikamaaf fedhuu), Uumama 1.1- 3.15

2. **Hojii ol-kaafamuu**: Karoorri Waaqayyoo karaa Israeel mullifame (Umama 3.15- Milikiyaas)

3. **Guutuu issa**: Kirstoos mootumma isaa isatu jalqabe (Maatewoos – HoE. 1.11)

4. **Hojii kufaatii**: Waldaan Kirstiyaa hojii motummaa Ki4rstoos itti fufte (HoE 1:12- Mul.3)

5. **Hiikoo**: Yessus mootummaa isaa mul'isuudhaaf in deebi'a (Mul. 4-22)

6. **Mul'isaa yaadaa**: nammotni Waaqayyoo muuxannoo isaanii kan ibsan ogummaa dabarsuudhaaf (Barreffama ogummaa) Iyoob, Fakeenya, Lallaba, Weddu weedduu caalu)

Macaafa Qulqulluu toora macaafaa keessatti:

S. Umamaa, S. Ba'uu, S. Leewwotaa, S. Lakkofsaa, S. Keessa deebii, Iyyaasuu, Moototaa, Ruut fi Samu'eel 1 fi 2	Seenaa uumamaa kaasee hank mo'uu moticha Dawwititti
Moototaa 1-2	Seenaa Isra'eel Dawitii hanga biyyaa baafamuu
Seenaa baraa 1-2	Seenoota adda addaa Uumamaa handa biyyaa baafamuu
Iziraa, Nahimiyaa, Asteer	Waa'ee Isa'eel biyyaa baqaa fi deebi'uu
Iyoob (kan baraa Abrahaam), M. Farfanaa (Dursaa Dawwit), Fakkenyaa, Lallaba, Wedduu wedduu Caalu (Bara Solomoon)	Barriffama ogummaa
Isayaas, Ermiyaas, Faaruu, Hiskeel, Dani'eel, Hosee, Yo'el, Amos, Obaadiyaa, Yonaas, Miikiyaas, Nahoom, Anbaaqom, Sefaniya, Zakariyaas, Milkiyaas	Barreffama raajoota Isra'eeloota yeroo bara Moototaatii hanga biyya baqaatii deebi'uutti
Maatewoos. Marqoos, Luqaas, Yohannis	Waa'ee Yesuus nama Nazireet (Wangeelota)
Hojii Ergamootaa, Romaa, Qorontoos 1 fi 2, Galatiyaa, Efesson, Filiphisiyus, Qolassayis, Tasaloonqee 1 fi 2, Ximotewos 1 fi 2, Titoos, Filemoon, Hibroota, Yacoob. Peteroos 1 hanga 3, Yohannis 1 hanga 3, Yihuda, Mul'ata	Waa'ee Waldaa erga Kirstoos gara Waaqatti ol ba'ee, Barreffamoota ergamootaa geggessaa waldaa Kirstiyaanaatiif barreffaman (Ergoota)
Mul'ata	Fuula-duree fi dhuma baraa (Deebi'ee dhufuu Yesuus)

DUGDA-DUUBEE 14

EEBBA WAAQAYYOO SODDOMII SADAN
Luba Doktor Don L. Davis

Beektaa akkauma at gooftaa yesuusitti amanitin waan 33 jireenya kee keessatti akka ta'u? Lewis Sperry Chafer, Presidentiin mana barumsaa macaafa qulqulluu Dalaas, fayidaleewan kan barunsaa toftalee amatii, guuboo III, (Fuula 234-266) keessatti tooreesseera. Qaphixilewan kunii fi ibsi isaanii namoota lammata dhalataniif hubannaa gaarii waa'ee ayyaana jireenya ishhee/isaa keessatti rawwatame hubachuu fi jireenya ishee/isaa isa haaraa aja'ibsiifachuuf in gargaara.

1. Akeeka Waaqayyoo isa bara-baraa keessatti, amatoonni:

    a. *Hubadhaa*- HoE 2.23; 1 Pet, 1.2,20. Waaqayyo teessoo isaa irraa deemsaa sagantaalee waa-uumaa hund beeka

    b. *Dursee yaadamuu*- Rom. 8.29-30. Waa'ee amantoota duraan dusee beekumssa garumaa waaqayyyoo isa dhumaa hin qabneenmurteeffameera.

    c. *Filamuu*: Rom 8.38; Qol. 3.12. innis/isheenis bara ammaa keessatti filatamuun bara dhufu keessatti ayyanni Waaqayyoo akka mul'atuuf.

    d. *Fo'amuu*- Efe. 1.4 Waaqayyoo war duraan dursee akeekee fi filate addann baase.

    e. *Waamamuu*-1 Tese. 6.24. Waaqayyoo namootn akka fayidaa olchuu Waaqayyoo irraa akka dhimma ba'anii afeere.

2. Amanaan deebi'ee bitameera- Rom. 3.24. Gatiin cubbuu irraaisaa/ishee deebisee bituu kaffalameera.

3. Amanan walaraarameera- 2 Qor. 6. 18, 19; Rom. 5.10. inni/ishee garaa tokkummaa waaqayyootti debifamaniiru, isaa wajjin tokkummaa qabachuufis deebifamanii dhaabachiifamaniira

4. Amanaan waaqayyo wajjin karaa didhaa wal-firoomu- Rom. 3.24-26. Karaa gammachuu Waaqayyo waa'ee ilmi isaa cubbamootaaf du'eef amanan firdii jalaa birmaduu ba'e.

5. Amanan dadarbaan isaa hundumtuu dhiifameeraaf- Efe. 1.7. Cubbuu ammaa, kan darbee fi kan gara fuula duraa hundumtuu irraa fuudhameera.

6. Amanan bayyisee Kirstoosii wajjin wal-itti maxxfameera, firdii nam moofaa fi "deemsa haaraa keessatti" Rom. 6.1-10. Inni/ishee gara tokkommaa Kirstoositti fidaman.

7. Amanan "Seera irraa bilisa"- Rom. 7.2-6. Inni/ishee karaa ceephoo isaa du'oota karaa seera murtoo isaan gad-dhiifamoo dha.

8. Amanan mucaa Waaqayyoo tasifameera- Gal. 3.26. inn/ishee haaressuu afuura humna qulqulluutiin isa deebisee ijaaruun haaraa dhalataniiru gara isaa wajjin tokko ta'uutti karra isa jalqaba aabba seeraa qabeessa ta'ee ijoollee isaa seera qabeyyii warra mira hundumaa fi aboo hundumma qaban, warra dhaaltoota, Kirstoosii wajjin kan walii dhaalan.

9. Amanan akka nama ga'eessamucaatti maatii waaqayyoo keessatti guddifatameera- Rom. 8.15-23

10. Amanan karaa Kirstoos Yesuus fudhatamaa ta'eera – Efe 1.6, inni/isheequlqulloota tasifamaniiru (Rom. 3.22), Qulqulleffaman (Addaan bafamuu) iddoodhaa (1 Qor. 1.30, 6.11); dhaabii fi iddoodhaan inni/ishee barabaraan guutuu ta'niiru (Hib. 4.10) fi fudhatamoo tasifaman karaa isa jallatamaa Sanaa (Qol. 1.12).

11. Amanan mirkaneeffameera – Rom. 5.1. Karaa labsii Waaqayyoo inni/ishee qulqulloota jedhamaniiru.

12. Amanan "sirri tasifameera" Efe 2.13. Wal-itti dhufeenyi walitti dhi'oon Waaqayyoo amana giddutti tolfameera

13. Amanan" humna dukkanna jalaa gad-dhiifameera" -Col. 1.13; 2.13. Kirtiyaanni seexanaa fi afuura isaa isaa hamaa irraa hiikameera. Garu duukabuutotn itti fufanii hunma Kanaan qabuu qabu.

14. Amanan garaa mootumma Waaqayyootti dabarfamaniiru- Qol. 1.13. Kirstiyaanonni mootummaa seexanaa keessaa gara mootummaa Waaqayyotii dabarfamaniiru.

15. Amanan katticha irra dhabachifameera, Yesuus Kirstoos- 1Qor.3.9-15. Kirstoos hundee amantooni irraa ijaajjanii fi Dundee irratti inni/ishee jireenya isaanii ijaarratan.

16. Amanan kennaa Waaqayyoo karaa kirstoos- Yoh. 17.6, 11,12,20. inni/ishee kanaa jalala Waaqayyo Kirstoosiif kennee dha.

17. Amantoonni Kirrstoos Yesuusitti nagana qabatan- Qol 2.11. innis/isheenis jireenya moofaa irraa birmadooman.

18. Amanaan dhaaltuu fi hirmaattu sanyii filataamma lubummaa qulqulluu ta'a- 1Phe. 2.5,9. innis isheenis karaa kirstoos luboota, hangafa lubaa sanaa wajjin biyya lafaa kana irratti Kirstoosii wajjin mo'u.

19. Amanan qaama sanyi filatamaa ti, saba qulqulluudhaa fi saba addaa-1Phe 2.9. Kun haaluma amantoota bara ammaa ti.

20. Amaaan lammii Waaqa irraa ti, Fil. 3.20. Kanaafis inni/isheen waa'ee lafa kanaa ilaachisee inni/ishee keessumma dha (1Phe. 2.13) nama isaan isaa barabaraa waaqa irraatti barbarian gammadu.

21. Amanaan maatii Waaqayyoo ti- Efe. 2.1,9. inni /isheen qaama maatii Waaqayyoo ti, kanis warra dhugaan fayyaa of keessatti kabata.

22. Amanan tokkummaa qulquolootaa keessa jira- Yoh. 17.11,21-23. Inni/isheen walii walii isaaniif qaama tokkummaa amantootaa walii ta'uu in danda'u.

23. Amanaan miseensa dhaaba Waaqa irraa ti – Qol. 1.27,3.1; 2Qor 6.1; Qol. 1.24; Yoh. 14.12-14; Efe. 5.25-27; Tiitoos 2.13. Inni/isheen jireenyatti, iddootti, jajaajilatti, dhiphinatti, kadhannaatti, akka misiroo kirstoositti naqatamuutti, deebi'ee dhufuu Kirstoos eeggachuutti isaa wajjin warra qqoda fudhatanii dha.

24. Amanaan Waaqayyo wajjin quunnamtii kallatii qaba. Efe 2.18 inni/isheen ayyaana Waaqayyoo isa afuuraan isaan guddisuu wajjin qunnamtii kallattii qabu. Innis/Isheenis wal-itti dhufeenya dhorkaa hin qabne abba wajjin qabu (Hib 4.16)

25. Amanaan eegumsa Waaqayyoo isa guddaa keessa jira- Rom. 5.8-10 inni/isheen malummaa jalala Waaqayyoo ti (Yoh. 3.16), ayyaana Waaqayyoo (Efe. 2.7-9), human Waaqayyoo (Efe. 1.19), amanamummaa Waaqayyoo (Fil 1.16), Nagaa Waaqayyoo (Rom 5.1), jajjabeessuu Waaqayyoo (2 Tasal. 2. 16-17), nama dubbachuu Waaqayyoo (Rom. 8.28)

26. Amanaan dhaltuu Waaqayyoo ti – Efe 1.18. inni/isheen kennaa Waaqayyo biraa Yesuusiif kenamanii dha.

27. Amanaan mataan isaa iyyuu dhaala Waaqayyoo fi waan Waaqayyo badhaase hunda – 1Phe. 1.4.

28. Amanaan Goftaatti ifa qaba- 2Qor. 4.6. Inni/isheen ifa qabu duwwaa otuu hin ta'in ifa keessa akka jiraatan abboomaman.

29. Amanaan haalaan abbaa wajjini tokko ta'an, ilmaa fi afuura qulqulluu – 1Tasal. 1.1; Efe. 4.6; Rom. 8.1; Yoh. 14.20; Rom. 8.9; 1Qor. 2.12.

30. Amanan ija afuuraa isaa jalqabaa eebbifamaa dha – Efe 1.14, 8.23. Inni/isheen afuura irraa dhalatan (Yoh. 3.6), fi afuura cuuphaame (1Qor. 12.13), innis hojii afuura qulqulluu isa ittiin amatoonni qaama Kirstoositti hidhamanii fi Kirstoosin keessa ta'an, kanaafis waan Kirstoos ta'e hundaa keessaa qoodan kan fudhatanii dha. Bartoonnis akkasuma afuurichi isaan keessa jiraata (Rom.8.9), afuurichaan mallatteffaman (2Qor 1.22), innis/isheen nageenya barbaraa akka qabatanii fi afuuraan akka guutaman godha (Efe. 5.18), kan tajaajilli isaanii kan humna isaa mullisuu fi jireenya keessa jiraatu keessatti fiixaan ba'insa mul'isa.

31. Amanaan ulfeeffameera- Rom.8.18. Inni/isheen seenaa humna Waaqayyo isa dhuma hin qabne sana keessatti warra qooda fudhatan

32. Amanaan Waaqayyoon guutuu dha- Qol 2.9, 10. Innis/isheenis waan Kirstoos ta'e hunda keessatti warraa qooda fudhatanii dha.

33. Amanaan eebba afuuraa hundaan kan eebbifamee dha- Efe. 1.3. Sooressoonni hundi warri duraan warra qabxiilee 32 lamaan keessatti lakka'aman jecha hundumaa wal-itti duguugu kessaatti hammatama, jechichi "Eebba afuuraa hundumaa"

DUGDA-DUUBEE 15

GOOBA

Luba Doktor Don L. Davis • 1 Ximoteyos 4.9-16; Hibroota 5.11-14

Kirrtiyaa bilchaataa

Hojii irraa oolchuu amanamummaa

Ayyanaan guutuu ta'uu

Deebii tasaa

Mija'ina

Itti-quufuu dhunfaa

Bayyisee gaarii

Ogummaa guddaa

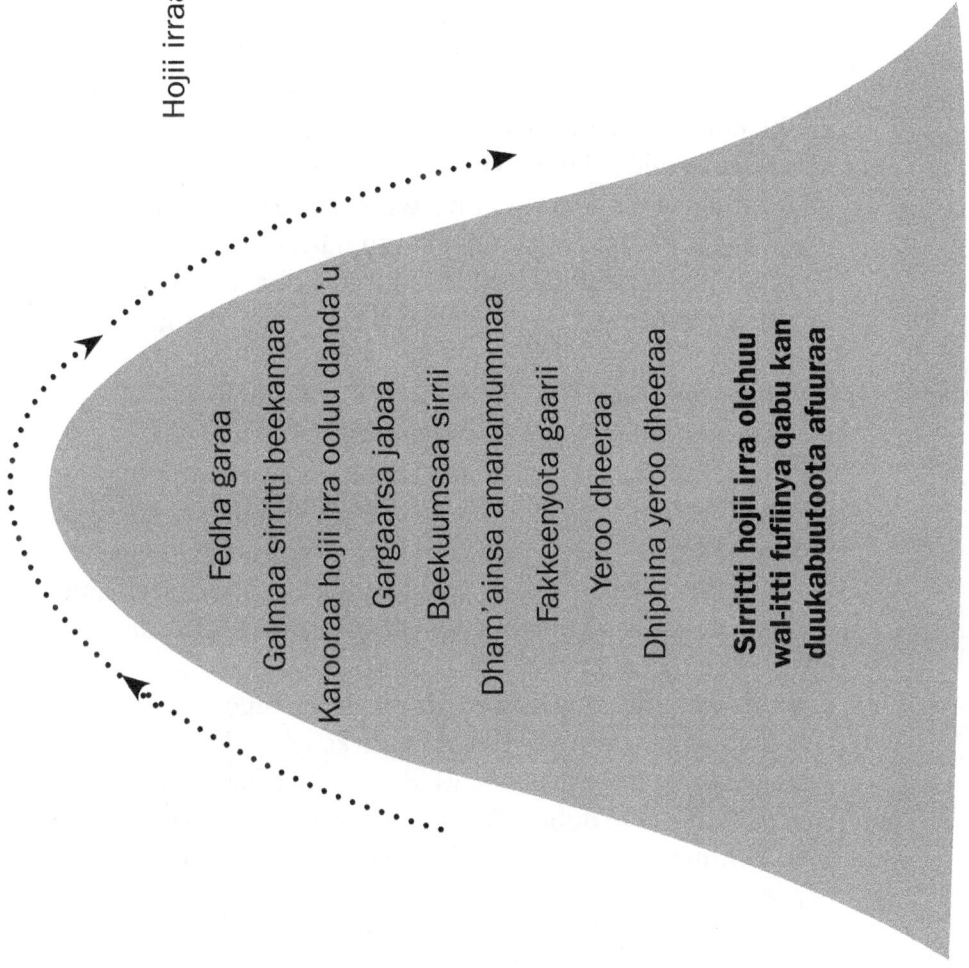

Kirtstiyaanummaa cuuraa

Amanaa haaraa fi na'umsa afuuraa

Afanfajjaa'uu

Ogummaa hojii dhabuu

Dagoggora

Hammachuu

Amala hin qabamne

Namatti toluu dhiisuu

Madallii gatii hanqachuu

Tajaajila reefu-jalqabduu

Fedha garaa

Galmaa sirritti beekamaa

Karooraa hojii irra ooluu danda'u

Gargaarsa jabaa

Beekuumsaa sirrii

Dham'ainsa amanamummaa

Fakkeenyota gaarii

Yeroo dheeraa

Dhiphina yeroo dheeraa

Sirritti hojii irra olchuu wal-itti fufiinya qabu kan duukabuutoota afuuraa

Dugda-duubee 16

Gara boodaa ilaalaa gara fuula duratti adeemuu
karaa hojii wangeelaa gara deebisanii yadachuu aadaa guddichaa

Luba Doktor Don L. Davis

"Addaa guddicha" bayyanachiisuu

Macaafa xiqqoo gaarii tokko keessatti, Ola Tjiorhom, [1] waa'ee aadaa gudichaa kan waldaa kirstiyaanna ibsa (Yeroo tokko durii aaddaa amanaa") jedhamee waamama, akka "jiraataa, umamaan, carraaqaa." [2] Aadaan inni Guddichi wagela'ummaa, ergaummaa, if waligalummaa ijoo amatii fi shakala kirstiyaanummaa irraa caalaa kan gar ijoo qabachuutti bara 100 hanga 500 baraa gooftichaa ti. [3] Maqaa guddaa fi qabeenya guddaa beekisisa waldaa kirstiyaanaa bakka bu'u fi wan yeroo hundumaa waldaan kirstiyaanaa itti amantuu dha, waaqeffanaa waldaan ishee duraa ishee gargaagar hin faca'in ayyaneeffatuu fi itti of ijaartee dha, akkaumas ergama hammatamee fi hojiin mul'atee dha. Miciraan beekisisaa amantii fi amanannan amma iyyuu saba Waaqayyoof in kennaa.

Aadaan guddichis kun kan aadaa ergamummaa bakka bu'u kan danda'u hin ta'uus yoo ta'e (kana jechuunis dubbii Waaqayyoo isaa madda angoo qabeessa), akkasuma illee mul'ataa isa ta'ee jireenya kirstoos isaa afuura qulqulluu keessaan mul'atuu haguuguu hin danda'u. Amma iyyuu angoo-qabeessa fi deebsee dhaabaa saba Waaqayyoo ti. Aadaan guddichi kun amma iyyuu yeroo keessa saba isaa mirkana amantii fi amantaataa in kennaaf. Aadaan gudichi kun warra katooliki, Ortodooksii, Angiliikaanii, fi beektoota amantaa warra protestantii, akkasumas warra bara durii ammaa ammayyoome kana birattis akka angoo qabeessatti hammatamee fudhatameera. Akkasuma ragaa mirkana'aa, dhaabii amantii, dhuga baumsaa amantii, shaakala waldaa kirstiyaanatti gumaacheera. (kana jechuunis, seera dubbii Waaqayyoo, dhhaabii amantii waa'ee sadan tokkummaa Waaqaa, Goofummaa Kirstoos. Kkf.)

....

[1] Ola Tjorhom, waldaa mul'ataa fi tokkummaa mul'ataa: Walii-ta'insa dhufaatii fi "Aadaa guddicha waldaa Kirstiyaanaa." Collegeville, Minnisootaa: barrffama sirna Waaqqeffannaa 2004. Robert Webber waa'ee aadaa isa guddaa kanaa akka kanatti ka'an" [inni] dhimmi guddaan waa'ee amantaa fi shakala kirstiyaa bara Kirstoosii fi bara jaarraa shanaffaa gidduu dubbii Waaqayyoo irraakan maddee dha. "Robert E. Webber, Majeestik Tapestery. Nashviil: Mana maxxansaa Toomaas Nelseen, 1986, fuula 10)

[2] Ibid., 35.

[3] Ijoon aadaa guddichaa jaarraa warra duraa shanan keessatti kan inni irratti xiyyeeffatu wadaatti seeroota baasuu, beekisisaa amantii fi muxannoowan irratti ture. Toomaas Oden, yeroo jedhu "ilaalcha koo keessatti, sirrimatti kana dhugoomsu'.... want itti fufee jiraatuu fi hiika macaafa qulqulluu ammayyummaa kan inni hundeeffame hanga jaaraa shanaffaatti" (maddi, Toomaas C. Oden, Sagalee Jireenyaa. San Francisco: Harper San Frincisco, 1989, fuula Xi.).

Har'a beektoonni warra wangeelaa bayyeen haromsi amantii fi afuuraa garaa booda idea ilaaluu barbaachisa, yaadaan gara waldaa ishee duii rakkoo hin qabne feduu irraa, akkasuma gowwummaadhaan gara deemsa isa gadamoojii ilaaluun miti. Xiyyeeffanaa seenaa fi afuura irra ka'uudhaadhan karaa ija haaraa, amatii guutuu, qulla'aaisa ta'e aadadaa guddicha kanaa deebisanii isa ammaa dhugoomsuu dha. Seenaa waldaa isa otuu adda addumaa fi diigamsi hamaan hin jiraatin sana deebinee isaa yaaduu fi dhimmaa itti ba'uudhaan isa ammaa haaressuun in danda'ama.

Egaa, Yoo gara booddetti deebinee waa'ee waldaa ishee duraa fi jireenya ishee ilaaluutu nuuf ta'a jennee amanne, aadaa guddicha sana deebifnee haaroomsaaf waldaaf in yaadna yoo ta'e, maaltu kan nut deebifnee yaadachuuf abdannu? Calluma jennee waanuma waldaan ishee baraa durii "waneela" jettuu fi gootu fudhannaa moo? waanuma inni waan biyyaa lafaa kana irratti waan dimnqisiisaa Yesuus Naziriitichi godhetti itti dhi'aatuufii? duloomaa dhaa? ofii isaa dagatee of-itti moo deebi'aa?

Wa'uu. Nut waan hundumaa haalaan otuu hin ilaalin hin fuudhanu, dulloomaadhas hin jennu, in ta'as, mitis inni jechu gaarii dha. Dhugaan nuuf yeroo amma yaadaa fi isa waan inni durii an kan jedhu in caala; Nuuf dhugaan nama isa ta'ee Yesuus nama Nazireet sana keessa jira, Dubbiin Waaqayyoo mul'ataa fi seenaa fayyinaaf angoo isaa ol-aanaa kenna. Nut calluma jennee waan tokko duraan ta'eera jedhamee waanuma gabafameef hin fudhachuu hin dandeenyu. yoolaan immoo waanuma dursee ta'eef hin fudhachuu hin dandeenyu. Waan nama dhibu, aadaan inni guddichi iyyuu amantaa kana duraa qulqullootatti kenname (Yacoob 3) akka nut haalicha gad fageessnee ilaalluuf nu mugguta. Aadaa ergamootaa irraa nutti darbeef afuura qulqulluudhaan hiikamee hunde qabeessas ta'ee dhuga ba'umsa amantii Kirstiyaanaa fi muuxannoo isaa kan ibsu mirkanaa'uu qaba.

Core Dimensions of the Great Tradition

Otuma Tjorhom waan kudhan waan qabiyee amantaa aadaa gudichi qabuu,[4] akkasumas irra deebi'aamee hiikamuu fi yaada keessa galuu qaba jedhee amanu tooreessuu, nan amana kallatii torba karaa itti akka Waldaan ishee duraa itti amantu, itti waaqeffatuu, itti jiraattu fi akkataa isheen itti amantii jiraataa isa karaa Yesuus Kirstoos ta'e itti iin eeggattu jira jecheen amana. Waldaan isheen durii ragalee qabatamaa, beeksisaa amantii fi shaakala yeroo sanaa qabatee namoota hin amannee fi dhaloota rakkisaa keessatti dhuga ba'uumsa fayyina karaa Waaqayyoo jiru dhugaa ba'uu dandeesse.

---

[4] Ibid., fuula 27-29. Kaabooniin TJorhom kurnan falmamera, isinis akkatta waa'ee caasa kaarboonii (elementii), walitti dhufeenya amataa irratti aadaa guddichii dhiibaa qabuu falma. An garaa guutuun dhiibaa falmichaa isaa nan fudha, akkauma amantii kootiitti qu'annaan addaa gudichaa walda ammayoome haaressuu, gabbisuu, tajaajilaa fi misiyoon ni danda'a.

Ijoon amantii fi shakala keenya ammaa kun bara sana keessatti guddate, waanan ta' (fi digdamii lammaffaa) ilaali

Yaada TJrohom kan aadaa guddichaa secca'uu, madaqsuu, bal'isuu dha; wantan in ta'a jedhe kanaa gaditti tooresseera, ittiin jalqabaaf, tarressuun salphaan kan kallatii cicataa yaada keenya hin hiramnee fi garaa guutuun xiyyeffannaa itti keenuu qabna.

1. **Aadaa ergamummaa.** Aadaa guddichii aadaa ergamummaa keessatti bu'uureffama. Kana jechuun, dhaga batummaan ijaan argame fi shakala kallattii kan Jesuus nama Nazireetichaa, dhugaba'umsi isaanii inni angoo qabeessi karaa afuura qulqulluu aaddeefamee, seeraa macaafa qulqulluu har'as. Waldaan ergamummaa dha, kan ijaarames hundee rajootaa fi ergamootaa ta'ee kirstoos immoo dhagaa golee ti. Dubiin Waaqayyoos maddee hiikaa nut mootummaa Waaqayyoof hiika laannuu ti. Seenaan fayyisuu Waaqayyoo kan jaalalaa kakuu abrahamii fi abbootii amantii, kakuu fi muuxxanoo israe'elootaa ti, mul'ata Waaqayyoo isa karaa Jesuus Kirstoos iddoo ol-aanaan kan ga'uu karaa raajotaa fi dhuga ba'umsa ergamootaan ifa kan ba'ee dha.

2. **Gumiin waligala amantii adda addaa fi meeksisa amantii, keessumaa immoo dhugaba'uumsa amantii kan warra Niqiyaa.** Aadaa guddichi akkama beekisisaa amatii kan walii-gal fi waldaa ishee duraa fi ishee hin qoqqoodaminii sanatti amatii dhugaa fi tokkicha sana labsa, kuns kan keessumaa dhuga ba'umsa amantii isa kan Niqiyaa. Labsiin isaanii akka hiikaa fi kennama-yaadaa isaa sirritti fudhatama, akka barsiisaa egamootaa isa dubbii Waaqayyoo keessa ta'eettis. Madda amanticha qophaa otuu hin ta'in dhuga ba'umsi gurumuu tokkummaa amantiwwanii fi beekisisi amantii miciraan barsiisa isaa bakka bu'a,[5] keessumaa isaan kan jaaraa shanaffaa duraaf (yeroo itti dhimmi amantii bu'uuraa waa'ee Waaqayyo, waa'ee Kirstoos fi fayyinnu lubuu wal-iit qinda'ee hammatamee dha).[6]

....

[5] Waa'ee adda addummaa madda fi qabiyee amantii fi hiika isaa kanaaf, kan lubbun kan darban doktor Robert C. webber nan galateeffadha.

[6] Gumiin wali-gala amantaa (warraa kaanii wajjin) akka seera qabeessatti warra Katolikii fi ortodooxsii biratti mirkaneeffame. Gumii isa jalqabaa arfantu akka kan bu'uuraa fi dhuga-bu'uunsaa barbaachissa kan waldaa ishee bara durrii gara-gar in diigamneetti ilaalama. Anii fi warri biroon dhimma kanaaf falmineera, sababi isaas warri arfan jalqabaa kun yeroo hundumaaf akka ta'utti wanta akka amatii tokkichatti waan qabannee itti hafnu lafa qabachiisu, kunis amantii sadan Waaqayyoo fi foon uffachhu irratti hundaa'ee ta'uu isaaf. (madda, Philip Schaff, Dhuga-ba'umsa bara Christiyanumma, Kuusa 1. Grand Rapid: Baker mana macaafa, 1996, fuula 44). Haluma walfakkatuun, Haareffamnni inni cimaan iyyuu barsiisa isa kan aadaa gudichaa kan akka dhuga ba'umsa dhimma baasu fi angoo qabeessatti dhi'eessera. Haaluma walfakkaatuun, Kalvinis iyyuu hiika barsiisa amantii isa kan mataa isaa keessatti iyyu in falamuu in danda'a ture "innis, gummin ulfina isaaf ta'u fudhachuu malu turan; garu yeroo booda dubbiima Waaqayyootu iddoo ol-aanaa irra dhaabatee hafa, want hundumtuu akka gita

3. **Seera amantii isaa bara durii.** Aadaa guddaan cumaa seera amantii isaa ijoo ofitti hammata, kana jechuun seerri amantii inni fudhataman durii, akka mukaa safaraa ittiin qabiyeedhaa fi haalli hikama mantii macaafa qulqulluu irratti hundaa'e kun itiin qoramee ilaalamuu ti. Seerri kun, yeroo gad-fageenyaa fi haalaan hojii irraa olfamu, akka ijoo dhuga-ba'umsa amantii Kirstiyaanaa isaa bara durii, waldaa ishee isaa garaagar hin hiraamiin sana akka geggeefamaa fi jechoota Vincent Lerins "isaa yeroo hundumaa, iddoo hundumaa fi hunduma namaan amaname." [7] sana hubachuuf nu dandeessisa.

4. **Illacha biyya laffa kan barreffama Kirstuus Vicktuus.** Addaan gudaan Jesuus nazireetticha akka Kirstoositti in simatu in mirkaneessas, dubbii waaqayyoo kan hibrootaa keessatti barsiisaa abdachiifame, isa du'aa ka'e, gooftaa isa ol-qabame, mataa waldaa Kirstiyaanaa jedhu. Karaa Kirstoos nama Nazireet kanaa qophaa Waaqayyo mootummaa isaa deebisee waloo uumamaa kana irratti diriirse, du'a isaatiin seexan diiguudhaan, foon uffachuu isaatiin diinoota Waaqayyoo mo'achuu dhaan, du'aan, du'aa ka'uudhaan, gara Waaqatti ol-ba'uudhaan namummaa seera irra daddarbe firdii jalaa deebisee baraare. Amma du'a keessa kaafamee, gara Waaqatti ol-ba'ee, mirgaa Waaqayyootti ol-ol qabame, waldaan kirstiyaanaa jireenyaa fi dhuga ba'umsaan akka humna argatuuf inn afuura qulqulluu gara gara biyya lafaatti erge. Waldaa akka saba mi'chaa Kirstoos jechamtee ilaalamuu qabdi. Egaa akka kantti, hojii isaa akka gooftaatti kanaan wal-itti gudunfa. Ilaalchi biyya lafaa kun dhugaba'umsa amantii, lallaba, waaqeffannaa fi dhuga ba'umsaa waldaa ishee bara durii keessatti ibsaameera. Har'a, karra seera Waaqeffannaa fi hojii isaa isa waggoota waldaa jechamu keessatti mo'umsaa Kirstoos kan waldaan karaa haalaan simachuutiin, of-itti fudhachuutiin in

....

isaa jalatti bitamutti. Karaa kanaa, nu fedhaa keenyaa fi ulfina guddaadhaan akka gummi durii qulqulla'atti, warra akka gumii Niqiyaa, Konstantipoo, kan isaa jalqabaa Efesuus I, Kalseedoon, warra waa'ee ciiggoo dogoggoraa dhimmaman- kanas warra barumsaa amatii isaanii waliiilaa-lan. Sababa isaan kan biraa otuu hin ta'in inaafama dhugaa dubbii Waaqayyoo qabaniin, warra Waaqayyo abbaan ogummaa afuuraa akka isaan diinoota amantii yeroo sana kanaa warra turan caccabsaniif kenneef. (Kunis abba qulqulluu kan ta'e Kalvin, dhaabii amantii Kirstiyaanaa, IV, ix, 8. Yohannis T. McNeill, ed, Ford Lewis Battles, trans. Filadelfiyaa: Westminister mana maxxansa, 1960, fuula 1171 hanga 1172

[7] Seerri kun, baroota keessatti ulfinaa fi fudhatama kan argate akka muka safaraa sirna barumsa amantii warraa kibbatti barsiisa dhugaa Kirstiyaanumma isaa qajeelaa sana, tooraa hidaa sadii isa ciicatee ilaalame isaa akka amantii tokkichaatti ilaalame yookanis kan barumsa waldaa hin taane. Qul. Vincent inni Lernis, inni xinxalaa sirna barumsa amantii kan baraa 450 dhaloota Kirstoos booda, wanta "Vincetian Kanon, qorumsa dacha sadii kan tokkumummaa: wanta iddoo hundumatti amaname, wanta yeroo hundumatti amanme, waanta hundumaan amaname. Qorumsa dacha sadan tokkummoomuu, kan baradurummaa fi eeyyama wwali-galtee kanan wakldaan amaleeffannaa dhugaa fi saba garaagar baafti" (madda, Toomaas C. Oden, kunuunisa lubbumma isaa durii, kuusa.4. Grand Rapids, macaafa Baker,1987, fuula 243).

mirkaneessi ti: Diigamuu cubbuu fi hamminaa, deebifamee ijaaramuu uumama hundaa.

5. **Giddu-galeessummaa Waldaa.** Aadaan guddichi ija jibinaan waldaan akka saba Waaqayyoo taate dhugaa ba'a. Amanamoota wal-itti qabamsa amantootaa, angoo tika yesuus Kirstoos jalatti, ammma iddoo fi makkamuutuu mootumaa waaqayyo kan lafa iraa ti. Karaa Waaqeffannaa, tokkummaa, barsiisa, tajaajila fi dhug-ba'umsaa isheetii kirstoos itti fufee hojjetaa jiraatas. Aadaan gudichaa waldaan akka isheen angoo fi tika lubummaa amatootaan mul'inatti har'a biyya lafaa kana keessa buufachuu isaa mul'ifti. Kirstoos inni duwwaan isa ol-aanaa dhagaa golee ta'uudhaan, waldaa mana qulqullummaa Waaqayyoo ti, qama Kirstoos, mana qulqullummaa afuura qulwquluu ti. Amantoonni hundi kan amma jiraataa jiran, kan du'an kan amma illee hind ha'latiin jiran waldaa tokkitti qqulqulooftuu ishee walii-galaa fi ishee tokkummaa ergamootaa taate sana hundeessa. Itti fufiinsaan waldaa keessatti wal-itti qabamuudhaan, waldaa isaa biyya lafaakun karaa sagalee waaqayoo fi kennaa qulqulleessuu dhaa dhugaba'umsa gaarii fi hojii dansaadhaan Wangeela labsiti. Karaa cuuphaa, namootaa haaraa amanan qaama waldaa fi mootummaa Waaqayyoo keessatti madaqisiti. Tokkumaa kanaanis jireeny agarii waliin jiraataniin dhugaan mootummaa Waaqayyoo maal akka ta'e biyya lafatti argisiifti.

6. **Tokkumaa amantii.** Addan gudaan kun karaa maminsa hin qabneen tokkummaa waldaa Kirstoos Yesuus kan mirkaneessa, akka kanaanis waa'ee tokkummaa fi itti fuufiinsa Waaqeffanna fi barumsa amantii bara hundumaa keessatti dhimama (Waldaa walii-galaa). Waan abdii, waamichi, amantii tokkittiin jiruu fi jiraachuu maltiuu jecha, aadaan guddichi sagalichaan tokko ta'uu, ijjennoo amanitin, waaqeffanaan, gargaarsaan tokummaan akka jiraatuuf qabsaa'a.

7. **Mirga Kirstoos isa du'aa ka'ee baballina Wangeelaa keessatti.** **Aadaan** gudichi mirga ergamootnni Kirstoos isa mo'e sana akka uumama hundaatti akka beekamu godhan sana mirkaneessa, fayyina karaa ayyanaa amntii maqaa isaan argamu sana labsa, akkasumas namoota gara qalbii jijjiranaa fi amantiitti afeera gara mootummaa Waaqayyootti akka galaniif. Karaa haqaa fi qajeelummaa waldaan har'a mootummaa Waaqayyoo biyyaa lafaa kan keessatti mul'ifti. Karaa lallabaa, karra jireenya waloo dhugamabu'saa fi mallatoo jireenya mootummaa Waaqayyoo biyya lafaa kanaaf dhi'eessiti (guuboo barreeffama hojii qulqullessuu), akka utubaa fi hundee dhugaatti. Akka wabii mootummaa Waaqayyoo fi akka kunuunsaa dubbii Waaqayyootti waldaan karaa ifa ta'ee itti gaafatammaa fi falmuudhaan amantii si'a tokko karraa ergamootaa kenname eeguu qabdi.

Wal-itti qabiinsa: Gara boodaa ilaaluudhaaf fuul-duree keenya barbaaduu.

Yeroo itti sagalee nama afaanfajeessuu fi wacu waaqayoofan haasa'a jedhu kanatti, nuu amma yeroo murteessa dha debifnee hundee amantii argachuun, gara booddetti dhugaba'umsa, hojii Kirstiyanumaa isa jalqabaa sanatti deebi'uudhaan ilaaluun barbachissa dha. Dhugaamatti, malummaa keenyaa deebifnee karraa Waaqeffanaa fi karaa duuka-buutummaa isaa biyya lafaa jijjire sana deeffachuun ni danda'ama. Akka yaada kootti, kun karra adaaa gudaa kana dhimmamaa fi wangeela'ummadhaan kun in hojjetama. Ijoodhaa fi muuxannoo aadaa keenyaa hundumaa isa ta'e aadaa gudaa kana yoo katolikiis taane, angilikaaniis tane yookanis warra wangeelas yoo taane muli'suu dandeenya.

Aadootiin dhunfaa itti fufanii aadaa ango-qabeessa kana (jechuunis, dubbii Waaqayoo) fi aadaa guddachi kana karaa Waaqeffanaa isaanii, karaa barsiisa isaanii fi karaa tajaajila isaanii mullisuu fi jiraachuufii itti fufu. Addaan Kirstiyanummaa inni bifa bayyee kun yeroo barsiisa dubbii Waaqayyo isa ifaa kana irratti yeroo hundeeffamee afuura qulqulluudhaan geggeffama, aadaa haaraa yookanis aadaa aadaa kan biraa jalatti hammtame keessatti Waneela bayyee ifaa godhee mullisa, kunis akka aadaa isaanitti, akka ggaffiwaan kan isaaniitti dhi'eessuudhaan haalicha keessatti abdii kirstoos hundeessuu dha. Aadaan keenya keessumaa sochii akka aadaa aadaatti wal-firoomsuudha, kun egaa yaalii isa akkataa haala adda addaa keessatti aadaa isa angoo qabeessa saanaan gara amantii isa amantummaadhaa fi fuuxaan ba'umsi keessa jiru isa kan Kirstoositti fiduu ti.

Waanti gochuu qabnu, karaa ittiin aadaan keenya ammaa, beekisisa amantii keenya ammaa kun aadaa gudicha sana waliin walsimatee gabbachuu danda'u karaa barbaaduu qabna. Wanti dagachuu nu irra hin jirre ijoo Kirstiyaanummaa amantummaadhaan dhuga-ba'uu seenaa fayyisuu Waaqayyoo ti. Egaa, nut namoota yeroo hundumaa fuula duree keenya arguuf waab booddee kaanyaa yeroo akka mul'ata, hojiiwan akka warraa waaqayoo karaa foon uffachhuu, hi'ina argsiisuu, du'aa ka'uu, gara Waaqatti ol ba'uu fi dhi'ootti deebi'ee dhufuu Kirstoosiin mul'ataa fi ifa godhe. Egaa kottaa wanta amantoonni ganama iddoon owwalaa duwwaa argamee kaasanii – seena fayyisuu waaqayyoo karaa Yesuus kirstoos nama Nazireet namoota kan isaa gochuu bitate sana in yaadannaa, in ulfeeffannaa, irra deebinee akka haaraatti barannaa, deebifnee humna qabeessas goonaa.

Dugda-duubee 17

Tooressa cuunfaa dubbiwwan Waaqayyoo

Luba Doktor Don L. Davis

Kakuun moofaan (KM)

1. **Uumama**- *Jalqaba*
   a. Addam
   b. Nohi
   c. Abrahaam
   d. Isyaak
   e. Yaacoob
   f. Yoseef

2. **Ba'uu**- *bitanii deeffavhuu (waan kanneen keessa)*
   a. Gabrummaa
   b. Hiikamuu
   c. Seera
   d. Godoo qulqulla'aa

3. **Seera Lewotaa**- *Waaqeffannaa fi tokkummaa*
   a. kennaa fi haarsaa
   b. Luboota
   c. Diggisii fi ayyaneffannaa

4. **Seera lakkofsaa**- *Tajaajilaa fi deemsa*
   a. Kan qindoomee
   b. baajjajuu

5. **Seera Keessa deebii**- *abboomamuu*
   a. Keessa deebi'ee illaluu Seeraa fi seenaa Musee
   b. Seera ummataa fi hawaasaa
   c. kakuu warraa filxiyemootaa
   d. Eebbaa fi du'a Musee

6. **Iyyasuu**- *deebi'anii birmadoomuu (keessa)*
   a. laficha qabachuu
   b. Laficha hirmaachuu
   c. Geggeffamuu Iyyaasuu

7. **Abboota Firdii**- *Birmaduu baasuu Waaqayyoo*
   a. Abbomamuu diduu fi firdii
   b. Aboota firdii isra'eel kudha-lamaan
   c. haloota seera hin qabne

8. **Ruut**- *Jaalala*
   a. Filannoo ruut
   b. Hojii Ruut
   c. Eeguu Ruut
   d. Badhaasa Ruut

9. **Samu'eel isa duraa**- *Mootii fi kallatii lubummaa*
   a. Eelii
   b. Samu'eel
   c. Sa'ool
   d. Dawwit

10. **Samu'eel isa lammaffaa**- *Daawwit*
    a. Mootii Yihuudaa (Waggoota 9- Hebroon)
    b. Mootii Isara'eloota hundaa (Waggoota 33- Yerusaalem)

11. **Mootota isa duraa**- *Ulfina Solomoon, gad deebi'aa mootummaa*
    a. Ulfina Solomoon
    b. Mootommaan gad- deebi'aa adeemuu
    c. Eliyaas raajicha

12. **Moota isa lammaffaa**- *Motummaa gara-gara cabe*
    a. Elsay
    b. Isra'eel (Mootummaan kaabaa Kufuu isaa)
    c. Yihudaa (Mootummaan Kibbaa kufuu isaa)

13. **Seenaa baraa isa duraa**- *Mija'ina mana qulqullummaa Dawwit*
    a. Hidda dhalootaa
    b. Rawwatamuu mootummaa Sa'ool
    c. Mo'uu Daawwit
    d. Qopheessuu man qulqullummaa

14. **Seenaa baraa isa lammaffaa**
    a. Solomoon
    b. Mootii Yihudaa

15. **Izraa**- *Saba xinnoo (warra haftee)*
    a. Deebii qalqabaa biyya baqaat irraa
    b. Deebii lammataa biyyaa baqaa irraa

16. **Nahimiyaa**- *Amantiidhaan deebisabii ijaaruu*
    a. Dallaa deebisanii ijaaruu
    b. Dadammaqiinsa
    c. Haarmfama amantii

17. **Seera Lewotaa**- *Waaqeffannaa fi tokkummaa*
    a. Asteer
    b. Haaman
    c. Mardokai
    d. Gad-dhiifamuu: naachisa bararamuu

18. **Iyoob**- *Maaliif nammi qulqulluu dhiphata*
    a. Iyoob nama Waaqaa
    b. Rukkuttaa seexanaa
    c. hiriyyoota afour warra falaasamaa
    d. Waaqayyoo jiraataa dha

19. **Macaafa Farfannaa**- *kadhannaa fi galata*
    a. Kadhannoota Daawwit
    b. Dhiphina qajeellummaa
    c. Waaqayyoo dhimma Isra'eelii hordoofa
    d. Dhiphinni saba waaqayyoo- Mo'uu Goftichaan rawwata.
    e. Dubbii Waaqayyoo (Dhiphina Masi'ichaa fi ulfinaan deebi'ee dhufuu isaa)

20. **Macaafa fakkeenyaa**- *Ogummaa*
    a. Ogummaa fi gowwummaa
    b. Solomoon
    c. Solomoon- Hisqiyaas
    d. Aguur
    e. Lamu'eel

21. **Macaafa lallabaa**- *of-jajuu*
    a. Xeenxala
    b. To'annaa
    c. Simannaa

22. **Wedduu Weedduu Caalu kan Solomoon**

23. **Isaayaas**- *abbaa haqaa (Firdii) fi ayyaana (mijaa'ina) Waaqayyoo*
    a. Raajii adabaa
    b. Seenaa
    c. Raajii eebbaa

24. **Ermiyaas**- *Cubbaan Yihudaa gara warra Babiloniin qabamuutti geese*
    a. Waamamuu Ermiyaas; humnneffamee
    b. Yihudaan in ifatame; Babilooniin qabamuun dura miirame.
    c. Deebi'anii ijaaramuun in abdachiifame
    d. Firdiin raajame sun in rawwate
    e. Raajii warra ormaatti dhufe
    f. Cuunfaa booji'amuu warraa Yihuudaa

25. **Faaruu**- *Jerusaalemiif boo'uu*
    a. Rukkutamuu Yerusaalem
    b. Sababii cubbuutiif balleffaman
    c. Dhiphina raajii
    d. ballefamuu ammaa fi miidhagina durii
    e. Araaraaf gara Waaqayyootti iyyata

26. **Hisqi'el**- *Kabamuu Isra'eel fi debi'ee ijaaramuu*
    a. Jerusalemii fi Yihudaa irratti firdii
    b. Biyyota orma irratti firdii
    c. Isra'eel deebitee ijaaramte; fulfina yerusaalem gara fuula duraa

27. **Dani'eel**- *Yeroo warra ormootaa*
    a. Seenaa, Nabukadanazzar, Belshazaar, Dani'eel
    b. Raajii

28. **Hose'aa**- *Amanamummaa dhanuu*
    a. Amanamummaa dhabuu
    b. Adabamuu
    c. Iddotti deebi'uu

29. **Yo'el**- *Guyyaa Gooftaa*
    a. Dha'icha qorophisaa
    b. Dhimmoota gara fuula duraa Guyyaa Gooftichaa
    c. Ajaja fuula gara fuula duraa Guyyaa Gooftichaa

30. **Amos**- *Waaqayyo cubbuu hin adaba*
    a. Olloonni in adabaman
    b. Isara'eel in adabamte
    c. Mu'ata firdii gara fuula-duraa
    d. Eebba Isra'eel adaba boodaa

31. **Obaadiyaa**- *diigamuu Edoom*
    a. Diigamsi in raajame
    b. Sababa diigamaa
    c. Eebba Isara'eel isa gara fuula duraa

32. **Yanaas**- *Fayyana warra ormaa*
    a. Yonaas abbamamuu dide
    b. Warra kaantu dhiphate
    c. Yonaas in adabame
    d. Yonaas in addomanee, kumatamni in fayyan
    e. Yonaas in dalansiise, lubbuudhaaf jaalala hin qabu

33. **Mikiyaas**- *Cubbuu Isra'eel, firdii, fi deebi'a ijaaramuu*
    a. Cubbuu fi Firdii
    b. Ayyaanaa fi deebi'anii ijaaramuu gara fuula duraa
    c. ol-iyyanna fi wawannaa

34. **Nahoom**- *Nanawween in ifatamte*
    a. Waaqayyo cubbaa jibba
    b. Badiisa Nanawwee himame
    c. Sababiin badiisaa

35. **Ambaaqom**- *Qajeelaan amantiidhaan jiraata*
    a. Komee cubbii Yihudaa isa hin adabamin hafee
    b. Kaliidoonni in adabamu
    c. Komee dhadhabii warra Kaliidotaa
    d. Adabbiitun abadachiifame
    e. Kadhata dadammaqiinsaaf; Waaqayyotti amataa qabachuu

36. **Sefaniyaas**- *Weerarri Warra Babiloon guyyaa kirstoos sana dursee mul'ise*
    a. Firdiin Yihudaa guyyaa guddaa isaa kan gooftaa sana akeekkachiise
    b. Firdiin Yerusaalemii fi kan aollota ishee firdii biyyaa lafaa isa dhumaa akeekachiise
    c. Isra'eel firdii booda deebi'tee ijaaramte

37. **Haagee**- *Mana qulqullummaa deebisee ijaare*
    a. Dagannaa
    b. hamiloomuu
    c. Graagar ba'uu
    d. Firdii

38. **Zakkariyaas**- *Dhufatii Kirstoos laman*
    a. Mul'ata Zakkariyaas
    b. Gaafii Betelii fi deebii Johoova
    c. Kufaatii biyyaa fi fayyina lubbuu

39. **Milkiyaas** - *beekaa dheessuu*
    a. Cubbuu lubaa
    b. Cubbuu namootaa
    c. Warra amantii qaban muraasa

Kakuu haaraa

1. **Maatewos**- *Kirstoos mooticha* a. Namummaa mootii b. Qophii mootii c. Olola mootii d. Sagantaa motii e. Kakka'umsa mootii f. Aboo mootii	8. **2 Qorontoos** - *Tajaajila Waldaa Kirstiyaa* a. Toosisa Waaqayyoo b. Hiyyeessotaaf waa wal-itti qabuu c. Waamamuu Ergamaa Pauloos
2. **Marqoos**- *Yeruus isa hojjetaa* a. Yohannis hojjeticha sana beeksise b. Waaqayyo abbaan hojjeticha addaan baasa c. Qurumsi hojjeticha in kakasa d. Jechaa fi hojii hojjetaa e. Du'a owwalchaa fi du'aa ka'uu	9. **Galatiyaa**- *Amantiidhaa haqoomuu* a. Seensa b. Dhuunfaa- Aboo Ergamootaa fi ulfina Waangeelaa c. Ejjennoo amantii- amantiidhaan haqoomuu d. Hojii mul'ataa- Afuura qulqulluudhaan qulqulleeffamuu e. Mallatteffamuu rawwanaa fi dhiibbaa gochuu
3. **Luqaas**- *Yesuus Kirstoos is nama mudaa hin qabne sana* a. dhalootaa fi maatii nam mudaa hin qabnee sanaa b. Qorumsaa nama mudaa hin qabnee, Qe'ee c. Tajaajila mana mudaa hin qabnee d. Ganamuu, qoramuu fi du'a nama mudaa hin qabnee e. Du'aa ka'uu nam mudaa hin qabnee	10. **Ejjennoo amanitin** a. Waamicha waldaa isa Waaqa irraa - Qaama - Mana Qulqullummaa - Iccitii b. Hojii mui'ataan- Amala Waldaa kirstiyaanaa isa lafa irraa - Nama haaraa sana - Misirroo - Loltuu hidhate
4. **Yohannis**- *Yesuus Kirstoos Gooftaa dha* a. Dursee – foon uffachuu b. Seensa c. Dhuga-ba'umsa hojii fi jechootaa d. Dhuga-ba'umsaa Yesuus ergamoota isaaf e. Dhimmama- Dhuga-ba'umsa isaa adunyaaf f. Barreeffama dugda-duubee	11. **Filiphisiiyus**- *Gamachuu jireenya Kirstiyaanaa keessaa* a. Falsama jireenya Kirstiyaanummaa b. Toora jireenya Kirstiyaanummaa c. Badhaasa jireenya kirstiyaanummaa d. Humna jreenya kirstiyanummaa
5. **Hojii ergamootaa**- *Afuurri qulquluun waldaa Kirstiyaa keessatti in hojjeta* a. Gooftaan Yesuus Kirstoos karaa afuura qulqulluu ergamootaan Yeruusaleemitti hojii irraa jira b. Yihudaa fi Samariyaa keessatti c. Biyya lafaa gara-irra caalaa keesstti	12. **Qolasaayis**- *Kirstoos guutummaa Waaqayyoo* a. Ejjennoo amantii- Kirstoos guutummaa Waaqayyoo; karaa Kirstoos amantoonni guutuu ta'an b. Hojii mul'ataan- Kirstoos guutummaa Waaqayyoo; Jireenyi Kistoos jirrenya amatootaatti dhangala'e isaan keessanis dhangala'a
6. **Romee – Gaarummaa Waaqayyoo** a. Norsuu b. Cubuu fi fayyina lubbuu c. Qulqulleeffamuu d. Qabsoo e. Jireenyaa afuuraan guutame f. Sodaa malee jiraachuu fayyina lubbuu keessa jiru g. Qophaatti dhiibamuu h. Aarsaa fi tajaajila i. Addan ba'uu fi noorsuu	13. **1 Tasaloonqee**- *Lamaffaa deebi'ee dhuu Kirstoos* a. Andii gammachiisaa b. Abdiihojii hojjetu c. Abdii nama qulleessu d. Abdii dansaa e. Abdii nama kakaasu
7. **1 Qorontoos**- *Gooftummaa Kirstoos* a. Norsuu fi galateeffachuu b. Haalota qama warra Qorontoos c. Waa'ee waneelaa ilalchisee d. Waa'ee waan wal-itti qabamuu	14. **2 Tasaloonqee**- *Lamaffaa deebi'ee dhuu Kirstoos* a. Ari'ata manatoo amma kanaa, fidii amatootaa kana boodaa (Yeroo dhufatii Kirstoos) b. Waa'ee dhufatii Kirstoos ilalchisee sagantaa biyya lafaa c. Dhimoota qabatamuu dhufaatii Kirstoosii wajjiin wal-qabatu

15. **1 Ximoteyos**- *Bulchinsaa fi ajaja waldaa nannoo*
    a. Amantii waldaa
    b. kadhaanaa hawasaa fi ga'ee dubartootaa waldaa keessatti
    c. Geggessitoota Waldaa
    d. Dhagaa irraa kaachuu waldaa keessaa
    e. Hojii geggeessitaata waldaa

16. **2 Ximoteyos**- *Yeroo dhugaa irraa kaachuu keessatti amanamummaa*
    a. Ceephoo Gangeelaa
    b. Jajaajilatti damaqaa ta'uu
    c. Dhugaa irraa kaachuun dhufaa jiruu; aboo dubbii Waaqayyoo
    d. Gooftaaf amanamummaa argisiisuu

17. **Tiitoos**- *Waldaa kakuu haaraa isa sirrii*
    a. Waldaan dhaabbata
    b. Waldaan Sagalee Waaqayyoo barsiisuu fi lallabuuf
    c. Waldaa Wajii gaarii hojjichuuf

18. **Filemon**- *Jaalala Kistoos mul'isa, jaalala obbolummaas barsiisa*
    a. Filemonii fi maatiidhaaf nagaa obbolummaa dhi'eessa
    b. Maqaa gaarii Filemoon
    c. Iyyata gara-laafinaa Onesmosiif
    d. Gabii dhiisuu bakka gaabii bu'u
    e. Ulfinaan irra dadarbssa baasanii mullisuu
    f. Gaafii dhuunfaa fi walii-galaa

19. **Hibroota**- *Olantummaa Kirstoos*
    a. Ejjennoo amantii- Kirstoos dinagdee Kakuu moofaa irra in wayya
    b. Hojiin mul'ataa- Kirstoos bu'aa gaarii fi hojii fida

20. **Yaqoob**- *Na'umsa Kirstiyaanummaa*
    a. Qurumsaa amantii
    b. Ulfatina arraa ittisuu
    c. Akeekachiisa waa'ee biyya lafaa fakkachuu
    d. Qeeqa waa'ee dhugaatii Gooftaa ilaalchisee

21. **1 Phexros**- *Abdii Kirstiyanoota yeroo ari'atamuu fi qorumsaa*
    a. Dhiphinaa fi nageenya amantootaa
    b. Dhiphinaa fi dubbii Waaqayyoo
    c. Dhiphinaa fi ari'atamuu Kirstoos
    d. Dhiphinaa fi lammaffaa deebi'ee dufuu Kirstoos

22. **2 Phetros**- *Akeekachiisa Waa'ee barumsa sobaa*
    a. Dabaliinsi ayyaana amantootaa wabii dha.
    b. Aboo dubii Waaqayyoo
    c. Dhugaa irraa kaachuun dhugaa-ba'umsa sobaa irraa madde
    d. Yaada dhufaatii Kirstoosiif jiru: Qormaata Dhugaa irraa kaachuu
    e. Karoora Waaqayyoo biyyaa lafaaf qabu
    f. Ceephoo amatoota irraa

23. **1 Yohannis**- *Maatii Waaqayyoo*
    a. Waaqayyoo ifaa
    b. Waaqayyo jaalala
    c. Waaqayyo jireenya

24. **2 Yohannis**- *Akeekachiisa Waa'ee warra nama goyyomsaanii simachuu*
    a. Dhagaadhaan adeemuu
    b. Walii-walii keessan jalladhaa
    c. warra nama gocyyomsan hin simatinaa
    d. Tokkummaa keessatti gamachuu barbaadaa

25. **3 Yohannis**- *ceephoo amatoos dhugaa simachuu jiru*
    a. Gayis, obboleessa waldaa keessaa
    b. Diyatrofes
    c. Demotroos

26. **Yihuda**- *Amantiidhaaf qabsaa'uu*
    a. Yeroo ergaa
    b. Rawwatamuu dhugaa irraa kaachuu
    c. Teessoo amantootaa guyyoota dhugaa irraa kachuun ta'utti

27. **Mul'ata**- *Ulfina kirstoos is dhokataa hin mulifamiin jiru*
    a. Namumaa Kirstoos ulfina keessatti
    b. Qabeenysaa Kirstoos- Waldaa ishee iyya lafaa keessatti argamtu
    c. Sagantaa Yesuus Kirstoos
    d. Haala mootumaa Waaqayyoo keessaa
    e. Chappaa torbanuu
    f. Nama bayyee barbachisaa guyyaa dhumaa sanatti
    g. Waciitii turban
    h. Kufaatii Babiloon
    i. Iddoo barabaraa sana

Dugda-duubee 18

Duraabooddaa gabatee Kakuu Haaraa

Robert Yarbrough

Guyyaa	Seenaa Kirstiyanaa	KH	Seenaa warra Roomaa
barii bara 28-30tti	Tajaajila Yesuus uummata gidduutti	Wangeeloota	14-37, bara Tibeeriyoos mooticha
Tilmamaan bara 33tti	Jijjiramuu Pauloos	Hojii Ergamoota 9. 1-3	–
Tilmaamaan bara 33	Erga jijjiiramee booda dawwanaa Pauloos isa duraa yeruusalemitti godhe	Gal. 1.18	–
Tilmaamaan bara 35 handa 46	Pauloos qilqilaa fi Sooriyaatti	Gal. 1.21	–
–	–	–	Tilaamaan bara 37 hanga 41tti; 41-46 Gayoos mooticha, Kaladiyoos, mootii
Tilaamaan bara 46	Dawwannaa Phauloos Yerusaalemn isa lammaffaa	Gal. 2.1; Hojii Ergamootaa 11.27-50	–
Tilmamaan bara 47-48	Phauloosii fi Barnaabaas Qophoroosii fi Galatiyaatti (Imala isaa 1ffaa)	Hojii Ergamootaa 13-14	–
Tilmaamaan bara 48?	Barreeffama warra Galatiyaaf	–	–
Tilmaamaan bara 49	gumii Yerusaalem	Hojii Ergamootaa 15	–
Tilmaamaan bara 49-50	Phauloosii fi Silaas biyyaa Siiriyaa Antsookiyaatii , Ashiyaa isa xiqqaatii garaaqidooniyaa fi Akasiyaa (Imala isaa isa lammaffaa)	Hojii Ergamootaa 15.36 – 18.21	–
Tilmaamaan bara 50ffaa	Ergaa gara warra Tesseloonqee	–	–
Tilmaamaan bara 50-52	Phauloos Qorontoos keessatti	–	Tilmaamaan bara 51-52, Gaaliyoo, bulchaa Akkasiyaa
Bana bara 52	Dawwannaa Phauloos Yerusaalem isa 3ffaa	–	Timaamaan bara 52-59 Filiqis, bakka bu'aa Yihuda
Timaamaan bara 52- 55	Phauloos Efesoon keessatti	–	Timamaan bara 54-68, Neeroo, mooticha
Timaamaan bara 55-56	Ergaa gara warraa Qorontoositti	–	–
Timaamaan bara 55 -57	Phauloos Meqidooniyaatti, eliyrikumii fi Akayaatti	Hojii ergamootaa 22-21.15	–
bara 57 gara duraa	ergaa gara warra Roomaatti	–	–
Caamsaa bara 57	Dawwannaa Phauloos Yerusaleen isa arfaffaa fi isa dhumaa	Hojii ergamootaa 21.17	–
Tilmaamaam bara 57-59	Qeesariyaa keessatti hidhamuu Phauloos	Hojii Ergamootaa	Timamaan bara 59, Fetees bakka bu'aa Yihudaa ta'ee iddoo Filiix bu'e
Fulbaana bara 59	Ilmalli Phauloos gara Roomaatti jalqabuu isaa	Hojii Ergamootaa 278-28	–
Amajjii bara 60	Phauloos Romaa ga'uu isaa	–	–
Tilmaamaan bara 60-62	Rooma keessatti Phauloos manatti ugguramuu isaa	–	–
Timaamaan bara 60-62?	xalayaa booji'amuu (Efeesoon, Filiphiisiyus, Qolasayiis, Filmoon)	–	Tilmaamaan bara 62, Du'a Fiixuus, Albiinuus bakka bu'aa Yihudaa
Tilmaamaan 65?	Dawwannaa Phauloos biyyaa Ispeen (Imala 4ffaa)	–	Timaamaan bra 64, abidda Roomaa
Tilmaamaan bara??	Xalayaa lubaa (1ffaa fi 2ffaa Ximotewos fi Tiitoo)	–	–
Tilmaamaan bara 65?	Du'a Phauloos	–	–

DUGDA-DUUBEE 19

MISI'ICHAA WALIIN QULLAMUU: WAL-ITTI DHUFEENYA WANGEELATAA

N.R. Ericson fi L. M. Perry irraa madaqfame. Yohannis. Waneela isa afuraffaaf ilaalcha haaraa

	Maatewoos	Marqoos	Luqaas	Yohannis
Guyyaa	Tilmaamaan bara 65	Tilmaamaan bara 59	Tilmaamaan bara 61	Tilmaamaan bara 90
Boqonnaa	28	16	24	21
Luqqisiwwan	1,071	666	1,151	879
Wai'tii	Waggoota 36	Waggoota 4	waggoota 37	waggoota 4
Du'aatota	Yudoota	Warra Romaa	Warra Greek	Sagaale Waqaa
Kirstoos akka	Mootitti	Hojjetaatti	namatti	mucaa Waaqayyotti
Xiyyeffannoo	Ol-aantummaa	gad-ofdeebisuu	manmummaa	Waaqummaa
Mallattoo	Leenca	Qotiyyoo	Nama	Joobira
Dhuma	Du'aa ka'uu	Owwala duwwaa	Waadaa hafuuraa	Waadaa deebi'ee lammata dhufuu
Keessatti caafame	Anxokiyaa	Roomaa	Roomaa	Efeesoon
Luqqisii ijoo	27.37	10.45	19.10	20.30-31
Jecha ijoo	Mootummaa	Tajaajila	Fayyina lubbuu	Amantaa
Kaayyoo	Dhi'eeffama Kirstoos Yesuus		Hiikma Yesuusa Kirstoos Masi'cha	
Yeroo dubbisuuf	Sa'a lama	Sa'a tokkoo fi nuusa	Sa'a lama fi nuusa	sa'a tokkoo fi walakkaa

DUGDA-DUUBEE 20

BAKKA BU'UUF GA'AA TA'UU: DUUKA-BUUTOOTA MOOTUMMAA WAAQAYYOO BAYYISUU

Luba Docktor Don L. Davis

Inni siin dhaggeeffatu anaanis in dhaggeeffata inni dugdda sitti gatu anattis dugddfa in gata inni anaan hin balfe akkasuma abbaa koo isa Waaqa irraas isa na erge in balfa (Luqaas 10.16)

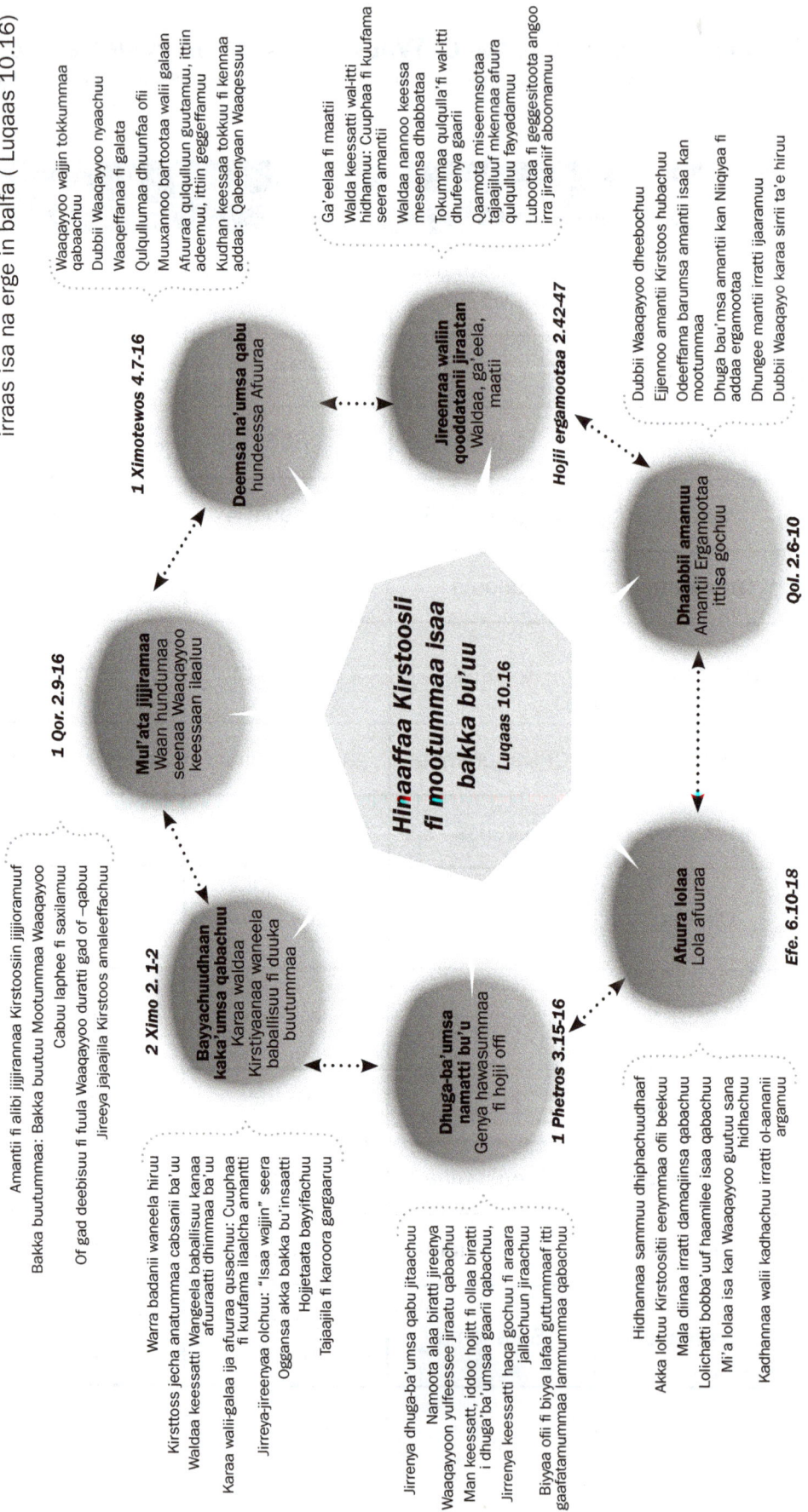

Hinaaffaa Kirstoosii fi mootummaa isaa bakka bu'uu

Luqaas 10.16

---

1 Ximotewos 4.7-16

Deemsa na'umsa qabu hundeessa Afuuraa

- Waaqayyoo wajjin tokkummaa qabaachuu
- Dubbii Waaqayyoo nyaachuu
- Waaqeffanaa fi galata
- Qulqullumaa dhuunfaa ofi
- Muuxannoo bartootaa walii galaan
- Afuuraa qulqulluun guutamuu, ittiin adeemuu, ittiin geggeffamuu
- Kudhan keessaa tokkuu fi kennaa addaa: Qabeenyaan Waaqessuu

Hojii ergamootaa 2.42-47

Jireenraa waliin qooddatanii jiraatan Waldaa, ga'eela, maatii

- Ga'eelaa fi maatii
- Walda keessatti wal-itti hidhamuu: Cuuphaa fi kuufama seera amantii
- Waldaa nannoo keessa meseensa dhabbataa
- Tokummaa qulqulla'fi wal-itti dhufeenya gaarii
- Qaamota miseemnsotaa tajaajiluuf mkennaa afuura qulqulluu fayyadamuu
- Lubootaa fi geggesiitoota angoo irra jiraaniif aboomamuu

1 Qor. 2.9-16

Mul'ata jijjiiramaa Waan hundumaa seenaa Waaqayyoo keessaan iilaaluu

Amantii fi alibi jijjiirannaa Kirstoosiin jijjiioramuuf
Bakka buutummaa: Bakka buutuu Mootummaa Waaqayyoo
Cabuu laphee fi saxilamuu
Of gad deebisuu fi fuula Waaqayyoo duratti gad of -qabuu
Jireeya jajaajila Kirstoos amaleeffachuu

Qol. 2.6-10

Dhaabbii amanuu Amantii Ergamootaa ittisa gochuu

- Dubbii Waaqayyoo dheebochuu
- Ejjennoo amantii Kirstoos hubachuu
- Odeeffama barumsa amantii isaa kan mootummaa
- Dhuga bau'msa amantii kan Niiqiyaa fi addaa ergamootaa
- Dhungee mantii irratti jjaaramuu
- Dubbii Waaqayyo karaa sirrii ta'e hiruu

2 Ximo 2. 1-2

Bayyachuudhaan kaka'umsa qabachuu Karaa waldaa Kirstiyaanaa waneela baballisuu fi duuka buutummaa

Warra badanii waneela hiruu
Kirsttoss jecha anatummaa cabsanii ba'uu
Waldaa keessatti Wangeela baballisuu kanaa afuuraatti dhimmaa ba'uu
Karaa walii-galaa ija afuuraa qusachuu: Cuuphaa fi kuufama ilaalcha amantii
Jireeya-jireenyaa olchuu: "Isa wajjin" seera
Oggansa akka bakka bu'insaatti jiraachuu
Hojjetaata bayyifachuu
Tajaajila fi karoora gargaaruu

1 Phetros 3.15-16

Dhuga-ba'umsa namatti bu'u Genya hawasummaa fi hojii offi

Jirrenya dhuga-ba'umsa qabu jitaachuu
Namoota alaa biratti jireenya
Waaqayyoon yulfeessee jiraatu qabachuu
Man keessatt, iddoo hojitt fi ollaa biratti i dhuga'ba'umsaa gaarii qabachuu,
Jirrenya keessatti haqa gochuu fi araara jallachuun jiraachuu
Biyyaa offi fi biyya lafaa guttummaaf itti gaafatamummaa lammummaa qabachuu

Efe. 6.10-18

Afuura lolaa Lola afuuraa

Hidhannaa sammuu dhiphachuudhaaf
Akka loltuu Kirstoositii eenymmaa ofii beekuu
Mala diinaa irratti damaqiinsa qabachuu
Lolichatti bobba'uuf haamilee isaa qabachuu
Mi'a lolaa isa kan Waaqayyoo guutuu sana hidhachuu
Kadhannaa walii kadhachuu irratti ol-aananii argamuu

Dugda-duubee *21*

Na'umsa kakuu haaraa
Mootummaa Waaqayyoo isa olii fi gadii keessattirachuu

Luba Doktor Don L. Davis

Seera irra-deebii

seeraa addeeffame	Dubbii Waaqayyoo
Hiyyessi sooressa ta'a sooressi immoo in hiyyooma	Luqaas 6.20-26
Warraa seera qabsistuu fi warraa hin malleftu fayye	Matt. 21.31-32
Warri gad of deebisan ol-ol in qabamu	1Phetros 5.5-6
Warri ol of qaban gadin deebifamu	Luqaas 18.14
Jaamaaf agartuun in kenna	Yoh. 9.39
Warri hin argina ofiin jecha in jaamu	yoh. 9.4-41
Garboota Kirstoos ta'uudhaan nut birmaduu taane	Rom. 12.1-2
Waaqayyoo warraa beektotaa qaaneessuudhaaf jecha warra walaalota filate	1Qor. 1.27
Waaqayyo warra jajjaboo qaneessuudhaaf jechaa warra dhadhaboo filate	1Qor 1.27
Wanta jiru akka waan hin jiree gochuudhaan Waaqayyoo warra gad-deebi'oo fi wara gatamoo filate	1 Qor. 1.28
Jireenya isa amma kana dhubuudhaan jireenya isa itti aanau arganna	1 Xim. 6.7
Jrreya isa ammaa kana yoo jallate hin dhabda, jireeya isa amma kan yoo jibbite garu jireeya isa itti aanu argatta	Yoh. 12.25
Tajaajilaa hundumaa ta'uudhaan nama guddaa ta'ama	Matt. 1.42-45
Qabeenyya kee as lafa irratti yoo tullatte isa Waaqa irraa dhabda	matt. 6.19
Qabeenyaa kee Waaqa irratti walitti qabadhu, qabeenyaa isa waaqa irraa argattaa	matt. 6.20
Du'uu keenya yoo fudhatte, jireeya guutuu argattaa	Yoh. 12.24
Ulfina lafa irraa yoo gad dhiifte ho'ina waaqa irraa argatta	Fil. 3.3-7
Inni duraa booddee inni boodaa immoo dura ta'a	Marq.9.35
Dhadhabbii kee keessaan ayyanni Waaqayyoo mul'ata, dandeettii kee keessan miti	2Qor. 12.19
Haarsaan Waaqayyoo inni guddan gaddaa fi cabiinsa	Far. 51.17
Warra kan biraa irraa fudhachuu irra kennufii wayya	Hojii Ergamootaa 2.35
Waanta qabdu hundumaa kenni, isa gaarii Waaqayyoo biraa aisaa caalu akka argattutti	Luq. 6.38

DUGDA-DUUBEE 22

YESUUS KIRSTOOS, MAALUMMAA FI IJOO MACAAFA QULQULLUU

Luba Doktor Don L. Davis

Norman Geiser, xinxalaa beekamaa Kakuu moofaa irraa maddeeffame, Grand Rapid, MI: Macaafa Baker, 1977, fuula 11 irraa

Yesuus Kirstoos, maalummaa fi ijoo macaafa Qulqulluu Luq. 24.27; Hib. 1.7; Matt. 5.17; Yoh. 5.39	Caasa dach- lamee kan macaafa Qulqulluu	Dachaa afur caaseessamuu macaafa Qulqulluu	Caaseffama dacha saddetii Macaafa qulqulluu
	Kakuu moofaa: Tilmaama Dhokataa Seera fudhatame Gaddidduu Waan amaleffatame Fakkii Akka dura himameetti Raajii Foon uffachuu dura	**Seericha** Hundeffama Kirstoos	**Seericha** (Seera Uumamaatii hanga Seera Keessa deebiitti)
			Seenaa: Kirstoosiif qopha'uu (Iyaasuu hanga Asteeritti)
		Raajota Waan Kirstoos akka ta'uu fedhu	**Walaloo:** Fedha Kirstoos (Iyyoobii hanga Solomoonitti)
			Raajoota: (Waan Kirstoos akka ta'u fedhu)
	Kakuu haaraa Jalbeeffachuu Wal'achuu Addeefamuu Mudaa dhabiinsa isaa Dhama isaa Dhugaamatti Namumadhaan Akka bakka ga'eetti Foon uffachuu keessa	**Wangeeloota** Mul'ifamuu Kirstoos	**Wangeloota:** Mul'ifamuu Kirstoos (Maatewos hanga Yohannisitti)
			Hojii Ergamootaa: (Hojii warra ergamootaa)
		Ergoota Akkataa itti Kirstoos hiiku	**Ergoota:** Hiikota Kirstoos itti kenne (Romaa hanga Yihudaatti)
			Mul'ata Rawwachuu Kirstoos

DUGDA-DUUBEE 23

MEE WAAQAYYO OL HAA KAAFAMU!

"A" turban, akaataa it goftaa barbaaddatanii fi gaarumma isaa waammatan

Luba Doktor Ron L. Davis

#		Ijoo	Dubbii Waaqayyoo	Aammaqiinsa		Dhi'eeffa kadhannaa
1	midheegfachuu	• Waaqayyo gammaduu fi itti quufuu	Far. 29.1-2 Mul'ata 4-11 Rom. 11.33-36 Far. 27.4-8	Ulfina gooftummaa Waaqayyo	Fuula Waaqayyo	Waaqefachuu fi kadhachuuf wal-itti qabamaa
2	simannaa	• Humna dhabuu • gargaarsa dhabuu • Dammaqiinsa bayyisanii Waaqayyoo barbadachuu	Far. 34.18-19 Fak. 28.13 Dan. 4.34-35 Isa. 3.1-5	Cabi keenya fuula Waaqayyoo duratti		
3	Jiraatina isaa	• Biyyaa lafaa kanaan qabamuu, ofiin qabamuu fi of • Ogummaa foonii, qabeenyaa isaaf mala isaan ija jabinni hin jiru • Ofii keenya fuula Waaqayyoo duratti arsaa jiraataa goonee dhi'eessuu	Rom. 12.1-5 Yoh. 12.24 Fil. 3.3-8 Gal. 6.14	Waaqayyoo iddoo laachuu keenya		Malummaa kee hunda Kirstoosiif bichisiisuu
4	Dammaqiinsa Nannoo fi addunyaa	• Deebi'anii hariffamuu: Saba Waaqayyo irratti dhangala'uu Afuura Qulqulluu • Haariffamuu: Seera Waaqayyo isa guddaaf abbomamuu- Waaqayyoo fi olla offi jallachuu • Mul'ata: Kirstoosiin akka Goftaatti beekuutti akka haaraatti of hubachiisuu	Hosea 6.1-3 Efe. 3.15-21 Matt. 22.37-40 Yoh. 14.15	Guutama Afuura qulqulluuf gaafachuu	Guutamuu	Warra kaana bakka bu'anii cimsanii aaduufii
5	daran itti cimaa adeemuu nannoo fi adduŋyaatti	• Sochii: Iddoo hin ga'amitti gad ba'anii bira ga'uu, iddoo jalqabitti • Sochi gochuu: Guruun hundinuu ergaa isa guddaa sana fixaan baasuu • Akka loltuutti yaaduu: Lola Afuuraa keessatti, yaada lotuun qabaatu qabatanii rakkoo fi dhiphinaaf of qopheessuu	Hojii Ergamootaa 1.8 Marq. 16.15-16 Matt. 28.18-20 Matt. 11.12 Luuq. 19.41-42 2 Xiim. 2.1-4	Sochii afuuraaf gaafachuu	Guutamuu	
6	Mirkaneessuu	• Waan Gooftaan hojieteef dhu-ba'umsa dhi'eessuu • Jalalaan dubbii dhagaa dubbachha walii-walii keenya wal-qoruu	Far 107. 1-2 Hib. 3.13 2 Qor. 4.13 Milk. 3.16-18	Bareefamuchii akkaana jedha'oo.	Amaantii	Isiinis walii kessan amaantii dhugaa dhan waal jajabessa.
7	Fudhatamuummaa	• Waaqayyoo yeroo isaa fi haala isaa ta'eetti akka hojjetuu obsaan eeggachuu • Akka Waan Waaqayyo gaaffii keenya nu deebiseetti fudhatanii laphee guutuu jiraachuu • Waaqayyo waan jedhe akka sirritti rawwatu beekanii akka sanatti ilaaluu	Far. 27.14 2 Seenaa B. 20.12 Fak. 3.5-6 Isa. 55.8-11 Far. 2.8	Ija keenya Gooftaa irra kaa'uu	Lolicha	Hojiidhaan addaan faca'aatii eeggadhaa

Rows 1–3: "Waaqayyoon barbaaddadhu" — Zakariyaas 8.18-23, Isayaas 55.6

Rows 4–7: "Gargaarsa Waaqayyoo barbaaddadhu" — Zakariyaas 8.18-23, Ermiyaas 33.3

Dugda-duubee 24

DHUGA BA'UMSA AMANTII NIQIYAA

Nu in amanna Waaqayyo abbatti uumaa wwaaqa fi lafatti, uumaa waan argamuu fi hin argamnee lafatti.

Nu in hamanna tokkicha ilma isaa Yessus Kirstoos, tokkicha ilma isa, abba irraa kan argame, baroota dura, Waaqa Waaqa irraa ta'e, ifa ifa irraa ta'e, Waaqa dhugaa Waaqa dhugaa irraa ta'e, kan argame garu kan hin uumamin, abba wajjin tokko kan ta'e, karaa isaa waan hundumatuu kan uumame.

Nuuf nama kan ta'e, fayyina keenyaa jecha Waaqa irraa kan gad bu'ee karaa afuura qulqulluu fi Mariyaam durbaa foon kan uffatee nama ta'e. Kan nuuf jecha bara Philaxoos phenxos kan fannifame, kan dhiphate, kan owwalame. Akka dubbii Waaqayyotti guyyaa sadaffatti kan ka'ee gara Waaqatti kan ol ba'ee gara mirga abbaa kan taa'e. Warra jiranii fi warra du'anitti farduudhaaf deebi'ee ulfnaan in dhufa, motummaan isaas dhuma hin qabu.

In amanna Afuura Qulqulluutti, gooftaa isa jireenya kennu, isaa abbaa fi ilma biraa dhufu. Isa abbaa fi ilmaa wajjin waaqeffamuu fi ulfeeffamu. Isaa afaan raajotaan dubbatu.

Tokkittii qulqullooftuu waldaa Kirstiyaa ergamootatti in amanna.

Dhiifama cubuudhaaf cuuphaa tokko in simanna, du'aa ka'uu warraa du'anii hin eegganna, jireenya bara dhufuus in eegganna.

DHUGA BA'UMSA AMANTII NIQIYAA DIGGERSA MACAAFA QULQULLUUN
The Urban Ministry Institute

Nu in amanna Waaqayyo (Seera Keessa deebii 6.4-5; Mar. 12.29; 1 Qor. 8.6)
abbatti uumaa wwaaqa fi lafatti, (Uumama 17.1; Dan. 4.35; Maat. 6.9; Ejjen. 4.6; Mul. 1.8)
uumaa waan argamuu (Uumama 1.1; Isa. 40.28; Mul. 10.6)
fi hin argamnee lafatti (Maca. 148; Rom. 11.36; Mul. 4.11)

Nu in hamanna tokkicha ilma isaa Yessus Kirstoos, tokkicha ilma isa, abba irraa kan argame, baroota dura, Waaqa Waaqa irraa ta'e, ifa ifa irraa ta'e, Waaqa dhugaa Waaqa dhugaa irraa ta'e, kan argame garu kan hin uumamin,
Yoh1.1-2; 3.18; 8.58; 14.9-10; 20.28; Qol. 1.15, 17; Hib. 1.3-6)
karaa isaa waan hundumatuu kan uumame. (Yoh 1.3; Qol. 1.16)

Nuuf nama kan ta'e, fayyina keenyaa jecha Waaqa irraa kan gad bu'ee karaa afuura qulqulluu fi Mariyaam durbaa foon kan uffatee nama ta'e.
(Maat. 1.20-23; Yoh 1.14; 6.38; Luq. 19.10)
Kan nuuf jecha bara Philaxoos phenxos kan fannifame, kan dhiphate, kan owwalame.
(Maat. 27.1-2; Mar. 15.24-39, 43-47; Hoji 13.29; Rom. 5.8; Hib. 2.10; 13.12)
Akka dubbii Waaqayyotti guyyaa sadaffatti kan ka'ee gara Waaqatti
(Mark 16.5-7; Luq. 24.6-8; Hoji 1.3; Rom. 6.9; 10.9; 2 Xim. 2.8)
kan ol ba'ee gara mirga abbaa kan taa'e. (Mar. 16.19; Eje. 1.19-20)
Warra jiranii fi warra du'anitti farduudhaaf deebi'ee ulfnaan in dhufa, motummaan isaas dhuma hin qabu. (Isa. 9.7; Maat. 24.30; Yoh 5.22; Hoji 1.11; 17.31; Rom. 14.9;
2 Qor. 5.10; 2 Xim. 4.1)

In amanna Afuura Qulqulluutti, gooftaa isa jireenya kennu, (S. Um. 1.1-2; Eyo. 33.4;
Far. 104.30; 139.,7-8; Luuq. 4.18-19; Yoh. 3.5-6; Hojii Erg. 1.1-2; 1Qor. 2.11; Mul. 3.22)
isaa abbaa fi ilma biraa dhufu. (Yoh. 14.16-18, 26; 15.26; 20.22)
Isa abbaa fi ilmaa wajjin waaqeffamuu fi ulfeeffamu.
(Isa. 6.3; Matt. 28.19; 2Qor. 13.14; Mul. 4.8)
Isaa afaan raajotaan dubbatu. (S. Lak. 11.29; Mik. 3.8, Hojii Erg. 2.17-18; 2Phe. 1.21)

Tokkittii qulqullooftuu waldaa Kirstiyaa ergamootatti in amanna.
(Matt. 16.18; Efe. 5.25-28; 1Qor. 1.2; 10.17; 1Xim. 3.15; Mul. 7.9)

Dhiifama cubuudhaaf cuuphaa tokko in simanna, du'aa ka'uu warraa du'anii hin eegganna, jireenya bara dhufuus in eegganna.
(Isa. 11.6-10; Mik. 4.1-7; Luq. 18.29-30; Mul. 21.1-5; 21.22-2-25)

Dhuga ba'umsa amantii Niqiyaa gargaarsa macaafa qulqulluu waliin, Tokk tokko kutaa dhugabau'msaa sanaa tokko tokko

Abbaa
Mul'ata 4.11

Ilma
Yoh. 1.1

Ergama ilmaa
1 Qorontoos 15.3-5

Afuura Qulqulluu
Roomaa 8.11

Waldaa
1Phexros 2.9

Andii keenya
1Tasalonqee 4.16-17

DHUGA BA'UMSA AMANTII ISA KAN ERGAMOOTAA

Nan amana Waaqayyotti, Abbaa barabarratti, uumaa waaqa fi lafaa,
tokkicha ilama isaa Yesuus Kirstoos, kan Ulfeeffame afuura qulqulluu
dhaan, kan dhalate Mariyaam durba irraa, kan dhiphate bara Pheltoos
Phenxenchatti; kan fannifame, kan du'e, kan owwalame; gara si'oolitti
kan gad bu'e; guyyaa sadaffattis du'a kan ka'e; gara waaqattis kan ol ba'ee
gara mirga Waaqayyo abbas kan taa'e, achiis kan deebi'u warra jiranii fi
warra du'anitti faraduudhaaf.

An amana afuura qulqulluutti, qulqulooftuu waldaa Kirstiyaanaatti,
tokkumaa qulqulootaatti, dhiifamuu cubbutti, du'aa ka'uu foonitti
jireenya bara baraattis, Ameen